KOCHAJ
wystarczająco
DOBRZE

KOCHAJ wystarczająco DOBRZE

Agnieszka JUCEWICZ | Grzegorz SROCZYŃSKI

WYSTARCZY!

Coraz trudniej być ze sobą długo. Ze statystyk wynika, że rozpadnie się aż połowa amerykańskich małżeństw obecnie zawieranych. W Polsce jest nieco lepiej, ale doganiamy Stany i w tej dyscyplinie. – Bezpośrednim powodem wielu rozstań jest to, że związek przestaje „maksymalizować szczęście". Bo dzisiaj „maksymalizacja szczęścia" stała się celem bycia razem – mówi nam psycholog Bogdan Wojciszke.

Księgarnie pełne są porad, jak to szczęście osiągnąć – w seksie, w pracy, w związku – każdy sezon przynosi nowe rady, często sprzeczne ze sobą, i coraz trudniej być z nimi na bieżąco. Prowadzenie szczęśliwego i barwnego życia staje się czymś w rodzaju etycznego obowiązku, a liczne zdjęcia wrzucane na Facebooka mają zaświadczać, jak świetnie nam to idzie.

Naszym partnerom (ale też sobie) stawiamy coraz większe wymagania – mają być najlepszymi kompanami do zabawy, empatycznymi przyjaciółmi do rozmowy, oddanymi matkami i ojcami, mają robić błyskotliwe kariery, zarabiać górę pieniędzy, a w nocy być perfekcyjnymi kochankami. Tak jakby świat składał się z superbohaterów, którzy te wszystkie role potrafią w sobie pomieścić.

Gdy coś się psuje, wymieniamy na nowe. Tę zasadę wpojoną nam przez wolny rynek stosujemy nie tylko do tosterów i odkurzaczy, ale coraz częściej do relacji międzyludzkich.

– Zamiast próbować przetrwać pierwszy kryzys, naprawiać, pary uciekają od siebie. I każde szuka nowej osoby, z którą już na pewno będzie zawsze świetnie – zauważa prof. Bogdan de Barbaro.

W tej książce mówimy: WYSTARCZY. „Kochaj wystarczająco dobrze", czyli tak, by w relacji było również miejsce na trudne uczucia, dołki, a przede wszystkim na naturalną zmianę krajobrazów, które niesie wspólne życie.

Naszych rozmówców pytamy, jak naprawiać to, co już mamy. Bo naprawianie ma sens.

Psychoterapeutka Danuta Golec mówi: – Wykreśliłabym z naszych rozważań słowa „dobrze", „miło" i „przyjemnie". W związku dojrzałych ludzi wcale nie musi być miło. Chodzi raczej o rosnącą satysfakcję z życia i większą głębię.

Wystarczająco ciekawej lektury
AGNIESZKA JUCEWICZ I GRZEGORZ SROCZYŃSKI

PSYCHOLOGOWIE, TERAPEUCI I PSYCHOTERAPEUCI, Z KTÓRYMI ROZMAWIAMY:

PROF. DR HAB. N. MED. BOGDAN DE BARBARO

specjalista psychiatra, psychoterapeuta, superwizor psychoterapii i terapii rodzin, kierownik Zakładu Terapii Rodzin Katedry Psychiatrii Collegium Medicum Uniwersytetu Jagiellońskiego. Od 1984 roku członek korespondent Amerykańskiego Towarzystwa Psychiatrycznego. Autor, współautor lub redaktor książek, m.in.: „Pacjent w swojej rodzinie" (1997), „Wprowadzenie do systemowego rozumienia rodziny" (1999), „Schizofrenia w rodzinie" (1999), „Terapia rodzin a perspektywa feministyczna" (2004), „Możesz pomóc" (2005), „Postmodernistyczne inspiracje w psychoterapii" (wspólnie z Szymonem Chrząstowskim, 2011), „Konteksty psychiatrii" (2014). W kadencji 2013-2016 przewodniczący Sekcji Naukowej Psychoterapii Polskiego Towarzystwa Psychiatrycznego.

ANDRZEJ DEPKO

neurolog, seksuolog, terapeuta, prezes Polskiego Towarzystwa Medycyny Seksualnej, certyfikowany seksuolog sądowy. Autor ponad stu publikacji popularyzujących wiedzę z zakresu seksualności człowieka. W Radiu RDC razem z Ewą Wanat prowadzi audycję „Depko i Wanat o seksie".

ALICJA DŁUGOŁĘCKA
doświadczona trenerka, pracownik akademicki i autorka książek dla młodzieży i dorosłych. Od wielu lat zajmuje się edukacją i poradnictwem psychoseksualnym. Szczególnie bliskie są jej tematy dotyczące zdrowia seksualnego i seksualności kobiet.

WOJCIECH EICHELBERGER
psycholog, psychoterapeuta, autor książek i felietonów. Współzałożyciel Laboratorium Psychoedukacji w Warszawie. Autor m.in. „Zdradzonego przez ojca", „Kobiety bez winy i wstydu", „Mężczyzna też człowiek". Współtwórca i dyrektor Instytutu Psychoimmunologii. W szkoleniach i terapii odwołuje się do koncepcji terapii integralnej, która oprócz psychiki bierze pod uwagę ciało, energię i duchowość człowieka.

DANUTA GOLEC
psycholog, psychoterapeutka psychoanalityczna, tłumaczka. Założycielka Oficyny Ingenium, która wydaje książki z dziedziny psychoanalizy i psychoterapii psychoanalitycznej.

AGNIESZKA IWASZKIEWICZ
certyfikowany psychoterapeuta i superwizor Polskiego Towarzystwa Psychologicznego. Pracuje w zespole Laboratorium Psychoedukacji w Warszawie, gdzie prowadzi psychoterapię indywidualną i grupową dorosłych zorientowaną psychodynamicznie oraz autorskie seminaria na temat pracy terapeutycznej z pacjentami nieheteroseksualnymi i na temat postrzegania ciała i płci w procesie psychoterapii. Ekspert na forum Gazety.pl pt. „Życie rodzinne".

STANLEY RUSZCZYNSKI
psychoanalityk, psychoterapeuta indywidualny oraz psychoterapeuta par z kilkudziesięcioletnim doświadczeniem. Członek Brytyjskiego Stowarzyszenia Psychoterapeutów, dyrektor w Portman Clinic w Londynie, która stanowi część Tavistock and Portman NHS Foundation Trust. Były zastępca dyrektora w Tavistock Centre for Couple Relationships – prestiżowej londyńskiej klinice specjalizującej się w terapii par. Autor i redaktor wielu książek i artykułów dotyczących terapii w ujęciu psychoanalitycznym, m.in. „Psychoterapia par. Teoria i praktyka w Instytucie Badań nad Małżeństwem Kliniki Tavistock" (wyd. Oficyna Ingenium, 2012). Prowadzi wykłady i konsultacje w Wielkiej Brytanii i wielu innych krajach, m.in. w Polsce.

ANNA TANALSKA-DULĘBA

certyfikowana psychoterapeutka i superwizorka Polskiego Towarzystwa Psychiatrycznego, współzałożycielka Pracowni Terapii i Rozwoju w Warszawie, którą kieruje. W latach 1978-2009 związana z zespołem Synapsis. W latach 1997-2003 była członkiem zarządu Sekcji Naukowej Terapii Rodzin Polskiego Towarzystwa Psychiatrycznego, obecnie jest członkiem komisji etycznej tej sekcji. Członek Polskiego Towarzystwa Psychiatrycznego, European Family Therapy Association, European Association for Psychotherapy. Prowadzi psychoterapię rodzinną, indywidualną i grupową oraz superwizuje. Szkoli grupy terapeutów i zespoły terapeutyczne w kraju i za granicą (Szkocja, Rosja, Ukraina, Australia).

PROF. DR HAB. BOGDAN WOJCISZKE

psycholog, wykładowca Szkoły Wyższej Psychologii Społecznej, wydział w Sopocie. Zajmuje się psychologią osobowości, psychologią społeczną i związków międzyludzkich. Autor wielu książek i prac naukowych, m.in.: „Psychologia miłości", „Psychologia społeczna", „Człowiek wśród ludzi. Zarys psychologii społecznej", „Kobieta zmienną jest".

Dlaczego najpierw było cudownie, a teraz jest tak źle?

Zabawa w miłość

Z BOGDANEM DE BARBARO
rozmawiają Agnieszka Jucewicz
i Grzegorz Sroczyński

Coraz częściej wchodzimy w małżeństwo z nastawieniem, że ma ono dawać wolność, rozrywkę i pozwalać na nieograniczony rozwój. **Ma być mi dobrze, a jeśli nie jest, no to związek przestaje mieć sens.**

Zamiast próbować przetrwać pierwszy kryzys, naprawić, pary uciekają od siebie. I każde szuka nowej osoby, z którą już na pewno będzie zawsze świetnie.

Po dwóch-czterech latach od ślubu, kiedy kończy się faza zauroczenia, muszą się skonfrontować z trudami życia. **I dopiero wtedy się okazuje, czy mają szansę na prawdziwy związek,** czy nie. Bo albo będą się starać to przetrwać, albo pójdą w klimat rynkowy – wymienię ją/jego na nowy egzemplarz.

Dlaczego dziś tak trudno wytrwać ze sobą?

Bo już nie chodzi o to, żeby wytrwać. Związki funkcjonują w post-modernistycznym sosie kulturowym, zresztą wpływ postmoder-nizmu widać nawet w ortografii: iPod, iPhone, duża litera w środku słowa, bo wszystko wolno łączyć, mieszać, ze wszystkim można eksperymentować. Podobnie w relacjach międzyludzkich. Trzeba się odpowiednio dobrać i popróbować, czy aby na pewno do siebie pasujemy. Jak wyjdzie – no to świetnie. Jak nie – szukam dalej.

Coraz częściej wchodzimy w małżeństwo z nastawieniem, że ma ono dawać wolność, rozrywkę i pozwalać na nieograniczony rozwój. Ma być mi dobrze, a jeśli nie jest, no to związek przestaje mieć sens. Nie chcę występować w roli przeciwnika przyjemności. Tylko chodzi o to, żeby przyjemność nie została ubóstwiona.

A została?

Mam pewien problem z naszą rozmową, bo moja perspektywa jest perspektywą terapeuty rodzinnego. A wy oczekujecie uogólnień. I chociaż mam duże doświadczenie i wielu pacjentów, to jednak zawsze są to pojedyncze, osobne przypadki.

W tych przypadkach odbija się współczesny świat.

Zgoda, ale pamiętajcie, że moje uogólnienia nie mają wartości badania socjologicznego.

Swoje pierwsze terapie par prowadziłem w 1988 roku w USA. Rok później rozpocząłem praktykę w Polsce, czyli pracuję od samego początku transformacji. I jeśli miałbym wskazać, co najbardziej w tym czasie odmieniło związki, to wybrałbym dwie rzeczy. Po pierw-sze – gender, czyli zmiana stereotypowych ról kobiecych i męskich.

Większa równość w relacjach jest ogromną zdobyczą, ale ma też rozmaite skutki uboczne. Druga rzecz wpływająca silnie na związki to swoboda obyczajowa.

To zacznijmy od swobody obyczajowej.

Czy wyjdzie mi z tą dziewczyną? Czy uda mi się z tym chłopakiem? Dzięki zmianie obyczajowej ludzie mogą się próbować. Nie muszą wyfruwać z gniazd rodzinnych i zakładać własnych rodzin, mogą testować kolejnych partnerów, ale mieszkać z rodzicami.

Niektórzy próbują tak latami.

Statystyki potwierdzają, że moment zawarcia małżeństwa znacznie się opóźnia. To dobrze, bo może nie zwiążą się z kimś pochopnie. Ale jest też w tym pułapka. Czas narzeczeństwa zaspokaja nieco inne potrzeby niż prowadzenie z kimś tzw. wspólnego gospodarstwa. Narzeczeni spotykają się w samochodzie, na łące, w kinie, chwilę pomieszkają razem, mają same przyjemności. A potem wracają do rodziców, którzy zapewniają im wikt i opierunek. Nie ma zobowiązań i trudów. Nie ma odpowiedzialności.

Zabawa w dom.

Zabawa w miłość, czyli w coś szczególnego. I właśnie takie rodzi się przekonanie: że związek to coś, dzięki czemu nieustannie mogę być na haju, mogę wciąż trwać w tym pierwszym etapie zakochania. To rodzaj uzależnienia. A gdy to się kończy – zdziwienie. Bo przecież miało być ciągle nadzwyczajnie. Zamiast próbować przetrwać pierwszy kryzys, naprawić, pary uciekają od siebie. I każde szuka nowej osoby, z którą już na pewno będzie zawsze świetnie.

Taki pomysł na życie uczuciowe ma też mocne wsparcie w okolicznościach wolnorynkowych. Przecież niczego już się dziś nie naprawia, tylko kupuje nowe. Jeżeli mam urządzenie, o którym wiem, że nie wymienię go szybko, to będę o nie dbał. Zaczyna szwankować – naprawię. A jeżeli każdy sprzęt jest obliczony na maksimum pięć lat i naprawiać się go nie opłaca, to nie będę już taki uważny. W dodatku dzięki rozwojowi technologicznemu nowa lodówka będzie zawsze lepsza i bogatsza w jakieś funkcje. Podobną ułudę wolny rynek zaszczepił w relacje międzyludzkie.

Na terapię przychodzą pary, które jednak chcą naprawiać swoje związki. Po dwóch-czterech latach od ślubu, kiedy kończy się faza zauroczenia, muszą się skonfrontować z trudami życia. I dopiero wtedy się okazuje, czy mają szansę na prawdziwy związek, czy nie. Bo albo będą się starać to przetrwać, albo pójdą w klimat rynkowy – wymienię ją/jego na nowy egzemplarz.

Im dłużej pracuję, tym wyraźniej widzę, że moment zawierania ślubu nie jest specjalnie ważny. Wszystkie pary na starcie dostają mniej więcej to samo: kochają się, chcą ze sobą być. Dopiero gdy pojawiają się pierwsze kłopoty, widać różnice w sposobie reakcji i pomysłach, co dalej. Kolejne fazy życia rodzinnego burzą początkową sielankę bardzo skutecznie.

Początek zawsze jest różowy?

Dzisiaj. Bo kiedyś taki nie był, ludzie przecież sami nie decydowali o swoich związkach, na przykład w społecznościach wiejskich chodziło o to, czyje rodzinne kawałki pola powinny się połączyć. No i żyli razem do śmierci, skoro te pola połączono. Czasem w nienawiści, jeśli się okazało, że są bardzo niedopasowani. Ale jednak często w poczuciu, że trzeba się dopasować, dogadać, ułożyć, bo innej możliwości nie ma. Łatwiej też było przejść razem przez całe życie, bo śmierć szybciej następowała. Jeśli ludzie żyli razem w parach przeciętnie 30 lat...

To szło wytrzymać.

Można było zagryźć zęby i doczekać cmentarza. Teraz sześćdziesięciolatek – jeśli jest w dobrej formie – wciąż uważa, że ma życie przed sobą. To oczywiście kolejna ułuda, która może prowadzić do życia składającego się z samych nowych początków i wiecznych prób. Być może znajdę w tym ekscytację, ale głębi raczej nie.

Konfucjusz powiedział: „Mamy dwa życia. To drugie zaczyna się wtedy, kiedy się zorientujemy, że mamy tylko jedno". VI wiek przed naszą erą, a wciąż bardzo trafne.

Czy ludzie, którzy siadają przed panem w gabinecie, są zaskoczeni, że związek to również kłopoty?

Bywają rozczarowani. Bo tak było różowo na początku i z tego klimatu nie zostało nic. We trójkę badamy, dlaczego najpierw było cudownie, a teraz jest tak źle.

I dlaczego?

Powodów oczywiście jest tyle, ile par. Ale jeśli znów chcecie jakiegoś uogólnienia, to powiedziałbym tak: kłopoty często biorą się z błędnego przekonania, że związek ma mieć jakiś stały klimat emocjonalny. Ludzie przestali uwzględniać, że nowe fazy życia rodzinnego niosą nowe krajobrazy. Niekoniecznie słoneczne. Oboje byli znakomici w rolach narzeczeńskich, weseli, świetni w seksie, rozrywce, celebrowali wspólne umiłowanie przyrody albo wspólne umiłowanie pubu. A potem, jak trzeba uzgodnić, kto wstaje w nocy do dziecka, to jest kłopot.

Bo tego plan nie przewidywał.

Dziecko? Plan mógł je nawet przewidywać, ale jako kolejną atrakcję, jako fascynującą przygodę, dzięki której będziemy się spełniać i rozwijać, bo znajomi opowiadali, jakie to dzieci są cudowne. Natomiast plan nie zakładał, że dziecko oznacza również konieczność rezygnowania z ważnych rzeczy.

Ona jest na studiach doktoranckich, świetnie jej idzie i nagle nie ma czasu na książki, pisanie pracy. On z kolei właśnie ma awansować w korporacji i co? Pójdzie na urlop tacierzyński? Właśnie teraz? No to straci okazję i awansują kogoś innego. Każde musi z czegoś rezygnować i to budzi zdumienie, bo przecież życie powinno być fascynującą wycieczką, w czasie której trzeba zobaczyć wszystkie atrakcje.

Następna faza, w której związki często drżą w posadach, to moment, gdy dzieci są odchowane. Ona postanawia wrócić do pracy, ma tym zaprzątniętą głowę, w dodatku w pracy są różni fajni nowi koledzy i ojciec rodziny wpada w panikę. „Przecież świetnie gotowała, znakomicie wychowywała dzieci, wszyscyśmy się bardzo kochali, a teraz nagle jakieś niepotrzebne zmiany" – mówi w gabinecie. Jego poczucie bezpieczeństwa jest zagrożone. Zaczyna ją atakować, ale w dzisiejszych czasach nie wypada kobiety atakować za to, że chce się realizować zawodowo, więc musi wymyślić jakąś inną historyjkę. I coś oczywiście znajduje. Zastępczo.

A podstawą tych pretensji jest złość, że przez lata praktykowali jego władzę, a teraz ma być inaczej.

I tu pojawia się temat gender, o którym wspomniałem na początku. Często w gabinecie widzę, jak ogromny wpływ na związki ma zmiana tradycyjnych ról kobiecych i męskich. Cieszy mnie detronizacja mężczyzny, bo przybywa dzięki temu dobra i sprawiedliwości na świecie. Choć po drodze są trudy i kłopoty. Pamiętam takie rozbrajające słowa męża, które wygłaszał do żony w czasie terapii: „No i co? Źle ci było?". Miał poczucie, że zaszło jakieś nieporozumienie. „Byłaś w domu, kochaliśmy się, ja cię kochałem, ty mnie kochałaś.

Czy ja ci nie wyrażałem wdzięczności? Czy nie zachwycałem się tobą, twoją urodą i gospodarnością?".

Gospodarnością. To piękne.
Taki archetyp: on na polowaniu, ona przy ognisku. Kiedyś role były rozdane i wydawało się oczywiste, że jak dziecko płacze, to wstaje ona. A teraz trzeba negocjować. Myśmy z żoną między godziną 20 a 21 zażarcie grali w szachy i kto przegrał, ten wstawał w nocy. Ale był to system niesprawiedliwy, bo osoba bardziej zmęczona zwykle przegrywała, a potem dodatkowo nie mogła się wyspać.

Czyli związkom szkodzi ten okropny gender. Biskupi mają rację.
Jak kogoś się obala – w tym wypadku mężczyznę – to oczywiście nie będzie zadowolony. Miał wygodnie na swoim tronie, a teraz są dwa identyczne krzesełka i każde siedzi na swoim. Stare role już nie działają, a nowych jeszcze nie przećwiczyliśmy. To trochę sytuacja zawieszenia. Mężczyzna często chce być już nowoczesny, chce partnerskiej relacji, a przynajmniej tak deklaruje. Więc ustępuje partnerce, ale wtedy zza chmury wychyla się pradziadek i woła: „Ty ofermo! Nie daj się poniżać! Co robisz?!".

Który kryzys najtrudniej przetrwać?
Kiedy dzieci opuszczają gniazdo. No bo co dalej? Para miała świetnie przećwiczone role rodziców: opiekowali się dzieckiem, wozili je na zajęcia pozaszkolne i wspólnie zachwycali jego talentami. Debatowali bez końca: „A może pianino?", „A może żagle?". Po to żyli. I nagle wyrośnięte dziecko oznajmia: „Załatwiłam sobie studia w Paryżu, za miesiąc wyjeżdżam".

Albo – co gorsza – sami jej załatwili.
Nie. Tacy rodzice podświadomie wiedzą, że to koniec ich związku. Na ogół robią różne rzeczy, żeby dziecko miało świetną szkołę, ale tu, na miejscu. Jeśli dziecko znika z ich życia, usamodzielnia się, a małżonkowie przez szereg lat redukowali się do ról rodzicielskich i nie zadbali, żeby poza tym być jeszcze kimś innym, mieć jakąś pasję, ścieżkę rozwoju, no to mamy wielki kryzys. Nagle dawne role zostają zakończone, a nowych brak.
Jest sytuacja „chata wolna" i nie wiadomo, co robić. Kazik Staszewski śpiewa taką piosenkę: „Wyjechali na wakacje wszyscy nasi

podopieczni/ Gdy nie ma dzieci w domu, to jesteśmy niegrzeczni". Dla Kazika i jego żony taka sytuacja to frajda, ale niektóre pary są zagubione.

I co wtedy?

Często na pomoc przychodzą właśnie dzieci, sprawiając kłopoty. Niektórzy terapeuci rodzinni – i nie jest mi obce to myślenie – zauważają, że wierzgnięcia nastolatka służą temu, żeby pomóc rodzicom dalej być razem. To rozpaczliwa próba przedłużania jedynej możliwej dla nich wspólnej roli. Dziecko sprawia kłopoty, więc jest cement spajający parę.

Kto jest motorem zmian w związkach?

Kobiety. Często po wielu latach praktykowania władzy mężczyzny mówią: „Basta! Ja się na formułę patriarchalną już nie zgadzam".

A on co na to?

Pełne zaskoczenie: „Ależ, żabeczko, o co ci chodzi?". A potem wpada w panikę, bo ją przecież kocha. Nie tylko to, jak ona przyrządza sznycelki, ale w ogóle to jest związek jednak udany. Ona mówi: „Albo się coś zmieni, albo żegnam!". Kłócą się niemiłosiernie, w końcu on zgadza się iść do terapeuty, chociaż oczywiście tak naprawdę uważa, że to fanaberie.

Siadają razem w gabinecie, po czym on melancholijnie rzuca w jej stronę: „A źle ci było?".

Dzięki klimatowi feminizmu kobiety zyskują rodzaj samoświadomości, poczucie mocy, i to jest coraz częstsza sytuacja. Ozdrowieńcza. Przestają się godzić na przeraźliwą nierówność w relacjach.

Mój tata wracał z pracy i miał nadzieję, że zaraz będzie obiad. Mama pracowała na uczelni, wracała i przyrządzała ten obiad, na który tata grzecznie czekał, bo przecież nie wpadł na pomysł, żeby samemu sobie ugotować. Rodzice byli bardzo udaną parą, szczęśliwą.

Podział był stereotypowy, to ojciec podejmował decyzje, był od mówienia, co dobre, a co złe. Mama czasem się wtrącała: „No, Jureczku, masz rację, ale nie mów tego tak ostro". To popularna fraza w trójkącie: niegrzeczny synek, czyli ja, kochająca mama i surowy ojciec prawodawca.

Mojej mamie nie przeszkadzało, że żyje w patriarchacie, co prawda oświeconym. Podobnie było z moimi dziadkami, tylko dużo bardziej. Gdyby para moich dziadków zmartwychwstała i przypadkiem trafiła do terapeuty rodzinnego, toby się pewnie dowiedziała, że uprawiają dramatyczną przemoc kulturową. Na co babcia odpowiedziałaby pewnie, że to jakaś bzdura.

Co takiego się działo, że ludzie potrafili dawniej przez te wszystkie zakręty przejść i ze sobą wytrwać?

Myślę, że bardziej cierpieli. I bardziej się godzili na to, że można cierpieć. Nie było tak łatwo w życiu, nie mieli ciepłej wody w kranie i elektryczności w gniazdku ani dostępu do tego, co jest dla nas oczywiste: rozrywki, przyjemności, poznawania świata, kreatywności. Ludzie byli bardziej pokorni. Mieli też wyznaczone sztywne role, a świat nie zmieniał się tak szybko jak dziś. Mocą tego, kim był mój ojciec, byłem wepchnięty w zawód na przykład zegarmistrza i tkwiłem w tym do końca życia. Gdyby zaś moje dzieci zajmowały się tym samym co ja czy moja żona, no to bym czuł się nieswojo, że nie umożliwiłem im emancypacji.

Wartością stała się zmiana, a nie trwanie?

Tak. Kiedyś wstyd było się rozwieść, dzisiaj wstydem jest się nie rozwodzić i trwać w tym samym związku. W Kalifornii moje małżeństwo, które trwa już 40 lat, byłoby patologią. Znajomi patrzyliby podejrzliwie, bo skoro tak długo para jest razem, to na pewno są nieszczęśliwi i wszelkiego rodzaju patologie w ich domu się już zdążyły zagnieździć.

Chcę jeszcze wrócić do okoliczności wolnorynkowej. Jakaś para w Polsce wzięła niedawno ślub w centrum handlowym. To jednak coś wyraża. Ślub się przecież bierze w miejscu ważnym, niektórzy robią to w kościele, inni pod wodą na rafie koralowej albo na szczycie Mont Blanc. Tamci wybrali galerię handlową, informując się sekretnie: nie przestanę z tobą robić zakupów...

Aż do śmierci, na dobre i na złe.

Nie. Na dobre tylko. Bo jeśli nie będzie za co kupować, to po co być razem? Na Galerii Jurajskiej w Częstochowie wisiał kiedyś wielki billboard: „All you need is..." – chciałoby się dodać: „love", a tymczasem zakończenie hasła brzmiało: „...shopping center".

Filozof Zygmunt Bauman mówi, że dziś nie produkuje się już towarów, tylko potrzeby. Nawet jeśli dotąd sądziłem, że wszystko ze mną w porządku, to telewizor mi uświadomi, że to nieprawda, bo mam poważny problem – na przykład zmarszczki – i powinienem coś natychmiast z tym zrobić. Rynek tworzy potrzeby określonego rodzaju, nie są to sprawy mądre i głębokie, tylko odwołujące się do przyziemnych okoliczności. Najczęściej chodzi o to, jak być zawsze pięknym i młodym, a nigdy o to, jak pogłębić rozumienie Pascala w kontekście tego, co powiedział Kierkegaard. Bauman pisze wręcz o reklamowaniu chorób. W Stanach wymyślili nową chorobę: hipotrychozę rzęs. „Jeśli masz cienkie rzęsy, to jest to objaw poważnej choroby i my mamy na nią specyfik" – mówi reklama. Genialne. Bo przecież – jak słusznie zauważa Bauman – rzęsy zawsze mogą być gęstsze i dłuższe, więc każdy się załapie.

W takim klimacie groźną pułapką staje się dążenie do jakiegoś stanu idealnego i wiara, że można go osiągnąć. Zawsze przecież może być lepiej, niż jest, rzęsy mogą być dłuższe, związek lepszy, wakacje fajniejsze. Terror ideału. I część osób popada na tym tle w rodzaj uzależnienia. Na przykład para chciałaby się nigdy na siebie nie złościć. Albo tak bardzo się kochać, żeby nie było w ich relacji żadnej innej nuty. To są bajkowe złudzenia jak z reklamy. Wtedy to, co już mam, co osiągnąłem, nigdy nie da mi szczęścia, bo moje szczęście na pewno jest niewystarczająco szczęśliwe i powinno być jeszcze szczęśliwsze.

Czy nie ma pan wrażenia, że kłopotem dzisiejszych par jest też coś, co można nazwać terrorem emocji? Poradniki psychologiczne wmówiły nam, że powinniśmy pokazywać swoje emocje, nie tłumić ich. W efekcie ludzie przestali być wobec siebie powściągliwi i łatwo się ranią.

Była nawet taka moda: „Bądź sobą!". Albo: „Wyraź swoje wewnętrzne dziecko". Widziałem poradniki, jak to wewnętrzne dziecko wyrażać. Tymczasem sobą nie jestem wcale wtedy, kiedy wyrażę swoje wewnętrzne dziecko, ale gdy wysłucham tego dziecka, potem porozmawiam ze swoim wewnętrznym rodzicem, a na końcu dorosła część mojej osobowości rozstrzygnie spór. I zrobię to, co uznam za odpowiednie, a nie to, co krzyczy dziecko albo co mi każe surowy rodzic.

Dziś trzeba pokazać wszystkie emocje, i to najlepiej natychmiast. Gniew, nienawiść, smutek. Jak już taka para wszystko sobie powie, to może mieć siebie dosyć.

Dobrze być świadomym własnego gniewu czy smutku. Tylko ważne, jak się go komunikuje. „Bardzo mi się nie podobało to, co zrobiłeś. Było mi przykro" – to jest w porządku. W odróżnieniu od komunikatu: „Wkurzasz mnie, jesteś idiotką! Zawsze musisz zrobić coś głupiego!", bo to jest raniące i nie daje przestrzeni na wspólny namysł.

Pamiętam pewną parę, on uważał, że jego emocje mają moc stanowiącą. „Przecież ja tylko mówię to, co czuję" – powtarzał. Czyli według licznych poradników był po prostu sobą. I oczekiwał, że będzie to miało równie silną moc dla jego partnerki. Czynił cnotę główną z tego, że potrafi odczytywać własne emocje i równie dobrze – jak sądził – emocje partnerki. Język emocjonalny stał się władczy.

Psychologizacja języka ma pewien sens, bo ludziom dzięki temu może być bliżej do rozumienia samych siebie. W latach 80. oglądałem w Stanach opery mydlane i byłem zachwycony, że bohaterowie są za pan brat z językiem emocji. Tam się nieustannie mówiło o uczuciach, co wtedy brzmiało niezwykle ożywczo. Mężczyzna kiedyś nie miał prawa być smutny, a już na wsi w ogóle nie wiedział, co to jest smutek. Dzisiaj wie, słyszał o tym i czasem potrafi nawet powiedzieć: „Jest mi smutno". Natomiast nie jest dobrze, jeżeli z tego, co czuję, uczynię kanon i drogowskaz dla reszty świata. Wtedy zaczyna rządzić mną wewnętrzne dziecko, które nie chce rozumieć ograniczeń i musi wszystko wykrzyczeć natychmiast.

Dlaczego właśnie dziecko zrobiło taką karierę?

Ja mu się nie dziwię, a nawet sympatyzuję z nim. Byle taki dzieciak nie uznał, że jest jedyny. Urok dziecka polega na tym, że jest twórcze, ciekawe świata, uczuciowe, szuka bliskości, jest namiętne.

Ale jak mu się czegoś nie da natychmiast, to się rzuca na ziemię i wywija nogami.

Właśnie. To jest ten kłopot, kiedy dziecko zaczyna nami rządzić. Ale jeśli wie, że dzięki tupaniu nogami nie dostanie czekolady przed obiadem, to nie będzie tupało.

Pamiętam matkę, która przyszła na terapię nie ze swoim wewnętrznym dzieckiem, tylko jak najbardziej prawdziwym, bo się rozhulało i pojawiły się kłopoty. I wygłosiła dość typowe zdanie: „Dyzio to taki słodki urwis, zawsze coś inteligentnie odpowie pani nauczycielce, a ona się niepotrzebnie denerwuje". Dzieciak był nieznośny, ale rzeczywiście twórczy. Tyle że świat nie będzie pozwalał, żeby pani nauczycielce do torebki co tydzień wkładał nowego żuka czy żabę. Mama ułagodzi to u dyrektorki, raz, drugi, piąty, ale już w liceum będzie kłopot, na studiach – jeszcze większy. Jeżeli rodzice dają wychowawczy przekaz, że wewnętrzne dziecko może rządzić, to być może będą z tego artyści.

Ale związki raczej nie?

Związek z taką osobą będzie trudny. Taki dorosły Dyzio musi mieć za partnerkę matkę i pielęgniarkę w jednym. Ona będzie się miała kim zajmować, a on będzie twórczy i taki – ach – cudowny urwis. Matko-pielęgniarko-żona się nim zaopiekuje i mogą żyć. Chyba że ona powie w pewnym momencie: „Ja już tego nie chcę".

Nie chciałbym, żeby z naszej rozmowy wyniknęło, że dziecko ma iść do kąta. I że wyrażanie emocji jest szkodliwe. Może być, jeśli przestajemy mieć nad tym kontrolę. Niech się we mnie dogada ta trójka: dziecko, rodzic i dorosły. Jeśli zamiast iść do pracy, moje wewnętrzne dziecko woli pooglądać serial, to rodzic zagrzmi: „Nie wolno chodzić na wagary!". A dorosły, zamiast grzmieć i się wściekać, spokojnie sobie wytłumaczy, że owszem, miło by było zostać w domu, ale nie tym razem, bo za tydzień trzeba będzie ten wolny dzień odrabiać i się nie opłaca. I podejmie decyzję. Taki opis świata wewnętrznego – dziecko, rodzic, dorosły – to koncepcja stworzona przez psychiatrę Erica Berne'a. Uproszczona wersja perspektywy psychoanalitycznej, ale bardzo pomaga wielu pacjentom zrozumieć samych siebie. Te trzy sfery rzeczywiście jakoś w nas współgrają. W dojrzałych osobach jest harmonia.

Co pan właściwie robi z parami, które przychodzą na psychoterapię? Czego potrzebują, żeby przetrwać razem kłopoty?

Tak najogólniej można powiedzieć, że przeprowadzam ludzi z sali sądowej do obszaru wzajemnej empatii. Oni weszli w grę „to ty jesteś zły" i wzajemnie się ranią. „On jest szurnięty, nadaje się do leczenia" – mówi kobieta. „Ona jest wariatką, powinna łykać prozac" – mówi mężczyzna. Innymi słowy: ja jestem w porządku, a ty nie jesteś w porządku. I trwa taki taniec, obie strony domagają się od terapeuty ustalenia, kto ma rację. I uważają, że na tym będzie polegał proces leczenia, że ja w końcu to rozstrzygnę.

Jako terapeuta jestem zwolniony od ocen, a nawet nie wolno mi oceniać. Nie przydam się na nic ludziom, jeśli będę wydawał wyroki. Istotą terapii par jest przejście z wzorca etycznego do wzorca estetycznego. A więc namówienie ludzi, żeby wyszli z gry pod tytułem „to ty jesteś zły" i w ogóle zrezygnowali z prób ustalania, kto ma rację. Bo nie o rację chodzi. Chodzi o zobaczenie, co się takiego dzieje między nimi, że jest problem, impas, cierpienie, kryzys. Nie zastanawiamy się, kto temu winien, tylko co możemy razem zrobić, jak się zrozumieć.

Pary dość szybko się orientują, że oboje patrzą na siebie przez pryzmat swoich doświadczeń z dzieciństwa. Przychodzą – tak myślą – we dwójkę, a w gruncie rzeczy przychodzą w szóstkę, za nimi albo między nimi na niewidzialnych zydelkach siedzą jeszcze rodzice. Na przykład on widzi w żonie nieudaną wersję matki. „Bo matka mnie kochała, a ty mnie nie kochasz", „Bo mama mi robiła zupę, a tobie się nie chce. A w tej zupie pierożki takie pływały, a w każdym pierożku kilogram miłości" – to są tego typu nieporozumienia. Ktoś szuka albo tego, czego nie dostał w dzieciństwie, albo tego, co dostał w nadmiarze, i teraz nic nie jest dość doskonałe, wystarczająco dokładnie powtórzone.

I trzeba się rozstać ze złudzeniem, że można to coś dostać?
Tak. Trzeba pożegnać się z tą iluzją, co jest przykre, bolesne, ale wiąże się też z rodzajem ulgi: jestem wreszcie wolny, nie muszę całe życie działać pod presją wzorów otrzymanych od rodziców.

Wielu ludzi nieświadomie tkwi w szponach lojalności wobec poprzednich pokoleń i pomysł na związek często jest kopią związku ich rodziców. Jedna para rodziców była patriarchalna, a druga egalitarna. I ich dzieci – jeśli się połączą – mogą nie czuć się kochane, skoro partner nie zachowuje się tak jak rodzice. „Ona chce iść do pracy, bo pewnie ze mną się nudzi i mnie nie kocha" – myśli on. Bo jego mama kiedyś zrezygnowała z kariery i poświęciła się obsługiwaniu taty.

Kiedy partnerzy wreszcie zobaczą te wszystkie wątki poboczne, w które są uwikłani, dopiero się okazuje, czy w tych nowych, głębszych pejzażach widzą siebie, czy jednak nie.

Co decyduje, że związek jest udany?

Nie szukaj drugiej połówki

Z BOGDANEM WOJCISZKEM
rozmawia Agnieszka Jucewicz

Jeśli partner zostanie naszym najbliższym przyjacielem, nie tylko rozumie nas intelektualnie, lecz także emocjonalnie. Kiedy przechodzimy przez trudne chwile, jest nam w stanie powiedzieć: „Masz prawo czuć się tak, jak się czujesz". Albo: „Jesteś fajnym, sensownym człowiekiem". I powie to wtedy, kiedy najbardziej tego potrzebujemy.

Mit miłości romantycznej jest szkodliwy dlatego, że jest nierealny, bo konflikty są przecież nieuchronne w bliskich związkach. Nie ma jedności pragnień, ludzie są różni.

Metafora drogi wydaje mi się dobra. Chodzi o to, żebyśmy się po trochu docierali. Życie to jest proces, a związek można polepszyć.

Nie ma żadnych danych, które świadczą o tym, że pan A z panią B stworzą małżeństwo doskonałe albo choćby małżeństwo wystarczająco dobre.

Wielu ludzi wierzy w romantyczną wizję miłości, w dwie połówki jabłka, które powinny się odnaleźć i połączyć na wieczność. Warto mieć takie iluzje?

W to, że cokolwiek może trwać wiecznie, już chyba nikt dzisiaj nie wierzy. Jednocześnie ludzie są jakoś tak dziwnie skonstruowani, że uważają trwanie za niezwykłą wartość. Wydaje nam się, że jeśli coś nie jest wieczne, to jakby mniej istniało nawet wtedy, kiedy istnieje. A przecież fakt, że zimą jest śnieg, a latem go nie ma, wcale nie oznacza, że zimy nie było.

Co pan przez to rozumie?

Niektóre rzeczy po prostu powtarzają się cyklicznie, a inne zanikają bezpowrotnie. To jest życie. A my zostaliśmy zanurzeni w przekazie kulturowym, który na piedestale stawia miłość namiętną, romantyczną, jak gdyby innych rodzajów miłości nie było. To widać wszędzie, od bajek, przez literaturę, po filmy. Szukają się dwie połówki jabłka i jeśli się odnajdą, rozpoznają, to taka para będzie żyć szczęśliwie aż po grób. Przy czym kultura skupia się raczej na ekscytującym czasie poszukiwań, a nie na tym późniejszym „aż po grób". „Ogniem i mieczem" Sienkiewicza kończy się, kiedy para staje na ślubnym kobiercu. Tak samo kończy się „Potop". Tak jakby dalej nie było nic ciekawego do opisywania, jakby wspólne życie tej pary miało być mało ekscytujące i przewidywalne.

Bo czasem tak to się kończy.

Ale często jednak nie, chociaż rzeczywiście początkowa namiętność jest doznaniem tak intensywnym i żarłocznym, że trudno wyobrazić sobie związek, który przez cały czas miałby charakter namiętny. Fajnie trwać we wzajemnym zachwycie przez dwa lata, może cztery, to zwykle zresztą tyle trwa, ale przeżywać namiętne porywy przez 40 lat? To by było potwornie męczące.

Czym właściwie jest ta namiętność? To seks?

Między namiętnością a seksem jest spora różnica, ludzie przeżywają jedno i drugie niezależnie od siebie. Namiętność ogniskuje się na jednej osobie. „Zakochany jest jak człowiek w lesie zapatrzony w jedno tylko drzewo" – mówi pewien aforyzm. Natomiast pożądanie seksualne może być rozproszone na bardzo szeroką grupę osób. Praktycznie się nie zdarza, żeby ktoś popełnił samobójstwo z tego powodu, że nie miał seksu z jakąś osobą, bo jeśli nie może swojej potrzeby zrealizować z kimś konkretnym, to znajdzie inny obiekt. A z powodu odrzuconej miłości samobójstwa się zdarzają. Poza tym seksem się handluje, a namiętnością nie sposób.

Podczas moich badań byłem bardzo zaskoczony tym, że odczuwanie namiętności wcale nie musi podnosić satysfakcji ze związku ani sprawiać, że ludzie uważają, że ich związki są dobre, sensowne albo sprawiedliwe.

Skoro nie namiętność sprawia, że ludzie czują się ze sobą szczęśliwi, to co? Co jest tym klejem, który trzyma pary razem?

Intymność. Przyjazne uczucia wobec partnera, wspólny świat oraz to, jak para reaguje na kryzysy. Jedną z ważniejszych funkcji związku jest zapewnianie sobie wsparcia społecznego. Jeśli partner zostanie naszym najbliższym przyjacielem, nie tylko rozumie nas intelektualnie, lecz także emocjonalnie. Kiedy przechodzimy przez trudne chwile, jest nam w stanie powiedzieć: „Masz prawo czuć się tak, jak się czujesz". Albo: „Jesteś fajnym, sensownym człowiekiem". I powie to wtedy, kiedy najbardziej potrzebujemy podobne rzeczy usłyszeć. To ma dobroczynny wpływ nie tylko na naszą psychikę, ale również na ciało. Wsparcie partnera chroni kobiety przed depresją, na którą zapadają cztery razy częściej niż mężczyźni. A wsparcie kobiet chroni partnerów dosłownie przed śmiercią. Mężczyźni, którzy mają szczęśliwe związki, żyją dłużej i mają lepszą kondycję zdrowotną.

Strasznie to pragmatycznie brzmi.

Że to nudne? Wie pani, niedawno kolega mi opowiadał o wstrząsających wynikach badań w Stanach Zjednoczonych. Okazało się, że znaczna liczba dorosłych Amerykanów twierdzi, że nie ma z kim porozmawiać o ważnych sprawach, o swoich problemach. Brakuje im tzw. bratniej duszy. I to nie są ludzie samotni, ten problem dotyczy tych, którzy trwają w związkach.

Dlaczego tak się dzieje?

Zanika intymność. Amerykanie są narodem pracoholików, dziesięć godzin w firmie, dwie godziny w aucie, bo trzeba dojechać do domu na przedmieściach, brak urlopu lub urlop bardzo krótki. Życie spędzają bez siebie, czy też obok siebie. Podejrzewam, że w kulturze uznającej pracę i sukces za najważniejsze bliskie związki mają niski priorytet ważności. Ale cena za to jest wysoka.

Polacy do amerykańskiego modelu szybko się zbliżają. To widać w statystykach. Już od 30 lat dane w USA mówią, że połowa małżeństw się rozpada. Związki są płytsze albo mają charakter hedonistycznego kontraktu: ty mi sprawiasz przyjemność, ja tobie sprawiam przyjemność, dopóki sobie nawzajem świadczymy tę usługę, to bądźmy razem. W Polsce przez 25 lat wolności rośnie odsetek rozwodów, dzieje się to takimi niewielkimi skokami. Z szacunków wynika, że rozpadnie się aż połowa małżeństw obecnie zawieranych, czyli gonimy Amerykę.

Ludzie wśród powodów rozpadu związku najczęściej wymieniają tzw. niezgodność charakterów. Cokolwiek by to miało znaczyć.

Tak piszą w pozwach rozwodowych. Ale myślę, że bezpośrednim powodem wielu rozstań jest to, że związek przestaje dawać satysfakcję, nie „maksymalizuje szczęścia". Bo dzisiaj „maksymalizacja szczęścia" stała się celem. Mam się z tą najbliższą osobą realizować, spełniać, czuć szczęśliwym.

To źle?

Na pewno inaczej niż kiedyś. Jeszcze kilkadziesiąt lat temu ludzie nie myśleli o swoich związkach w kategorii wzajemnego „uszczęśliwiania". Trzeba też pamiętać, że cała cywilizacja Zachodu jest nietypowa, skoro decyzję o tym, kto z kim się łączy, podejmują sami zainteresowani. Dość rzadkie zjawisko w skali międzykulturowej. I taki dobrowolny wybór z miłości jest niezbyt stabilną podstawą związków, jak się okazuje. W innych kulturach chodzi o alians rodzin, o dobro rodu, o przetrwanie kolejnych pokoleń, o kultywowanie wspólnych wartości. Solidne rzeczy, a nie jakaś tam „miłość".

Coś mi się wydaje, że strasznie bluźnimy. Ale ja z kolei czytałam ostatnio badania Uniwersytetu Kalifornijskiego dotyczące małżeństw aranżowanych w USA: na początku satysfakcja ze związku wśród tych, którzy pobrali się z miłości, była większa, a w tych aranżowanych małżeństwach mniejsza. Ale w miarę trwania związku ta tendencja się odwracała.

Totalnie nieromantyczna wizja, prawda? Nie do końca wiadomo, dlaczego tak jest. Może to być efekt racjonalizacji. Mamy bardzo dużą potrzebę przekonywania samych siebie i otoczenia, że jak się nie ma, co się lubi, to się lubi, co się ma. Jeśli coś jest w naszym życiu nieuchronne, to się staramy do tego przystosować i to polubić.

Jak właściwie ludzie powinni się dobierać? Księgarnie są pełne poradników: jeśli jesteś typem osobowości X, to szukaj kogoś z osobowością typu Y. Czy takie strategie mają sens?

Kiedy parę lat temu uzupełniałem swoją książkę „Psychologia miłości", szukałem wyników najnowszych badań, co decyduje, że związek jest udany. Zastanawiałem się, czy można zmierzyć jakieś cechy charakteru, tak jak to robią portale internetowe, kiedy obiecują, że nam dobiorą idealnego partnera spośród stu tysięcy kandydatów na podstawie cech i zainteresowań.

I?

Nie istnieją żadne wiarygodne dowody na to, że są jakieś cechy, których kombinacja zaowocuje udanym związkiem. Nie ma żadnych danych, które świadczą o tym, że pan A z panią B stworzą małżeństwo doskonałe albo choćby małżeństwo wystarczająco dobre. A jeśli nawet jakaś prawidłowość w jednym badaniu wyjdzie, to w drugim się nie potwierdza.

Chce pan powiedzieć, że w zasadzie z każdym nam może wyjść udany związek?

Albo nie wyjść. Jeżeli cokolwiek działa w tej układance, to nie są to cechy psychiczne, ale socjodemograficzne. Większe szanse na powodzenie mają związki, w których ludzie pochodzą z podobnej klasy społecznej, z tej samej kultury, są tego samego wyznania, bo to oznacza większą szansę, że będą wyznawać podobne wartości i podobnie myśleć o ich realizacji.

Tak naprawdę o tym, czy związek przetrwa, czy nie, czy będzie satysfakcjonujący, czy fatalny, decyduje nie to, jacy ludzie są, ale jak się zachowują.

Czyli?

Bardzo prostym wskaźnikiem, który prawie bez pudła przewiduje szanse na trwanie związku, jest wzajemna reakcja na zgłaszane problemy i pretensje. Można poprosić parę, która przechodzi jakieś trudności, żeby nagrała swoją piętnastominutową dyskusję na konfliktowy temat. Jeżeli na przykład on robi jej uwagę, że fatalnie prowadzi samochód, to ona może zareagować na dwa sposoby: zastanowić się, czy rzeczywiście słabo sobie radzi za kierownicą i co zrobić, żeby prowadzić lepiej, albo może powiedzieć obrażona: „A ty za to chrapiesz!".

Ten przykład to oczywiście uproszczenie, ale chodzi o to, jaką strategię w sytuacji kłótni przyjmuje partner. Czy próbuje znaleźć rozwiązanie problemu, czy raczej szuka winnego i odrzuca problem. Jeśli częściej obwinia, neguje, atakuje, niż szuka rozwiązania, to duża szansa, że para nie przetrwa. I to jest lepszy wskaźnik niż analiza cech charakteru.

Umiejętność kompromisu.

Raczej współpracy, gdyż kompromis jest zwykle rozwiązaniem nietrwałym, ponieważ nikogo nie zadowala. Trwała jest współpraca, czyli znajdowanie takich rozwiązań, które równocześnie realizują cele każdego z partnerów. Ale to wymaga autentycznej troski o dobro partnera, wychodzenia poza swoje ograniczenia, przyzwyczajenia, interesy. A to nie jest dzisiaj chyba modne.

Ostatnio jedna z moich doktorantek opowiadała o bliskich związkach swoich koleżanek trzydziestolatek. I w tej rozmowie pojawiło się kilkakrotnie słowo „intercyza". Kiedyś to może królowa Anglii podpisywała jakąś intercyzę przy zawieraniu związku małżeńskiego, ale zwykli ludzie?

Mam wrażenie, że bliskie związki zmieniają postać. Przestają być formą wspólnoty, gdzie to, co moje, to i twoje, gdzie jest przestrzeń na współpracę, na docieranie się, a stają się formą kontraktu. Mówiliśmy już o tym trochę. Ja będę się starał ciebie uszczęśliwić, a ty staraj się uszczęśliwić mnie, jeśli to działa, przedłużamy kontrakt na następny rok. A gdy pojawiają się zgrzyty, to rezygnujemy na rzecz innego związku czy też innego stylu życia, na przykład singlowania.

Z czego to wynika?

Z gloryfikowania wolności i indywidualizmu.

Wolność jest pięknym darem, każdy się chętnie z tym zgodzi. Tyle że ten dar zawiera w sobie zarówno rzeczy przyjemne, jak i takie, których wolelibyśmy uniknąć. Na przykład dużo wolności może oznaczać mało poczucia stabilności i bezpieczeństwa.

Kiedyś ludzie byli ze sobą do końca życia również dlatego, że nie bardzo cokolwiek innego mogli zrobić, trudno było przetrwać w pojedynkę, a jak byli już razem, to na zasadzie niósł ślepy kulawego. Dzięki temu wzajemnie się wspierali. Idea poświęcenia dla drugiej osoby miała wtedy wartość, dzisiaj kojarzy się źle – z czymś w rodzaju zniewolenia. Dzisiaj wiedzie prym indywidualistyczne dążenie do szczęścia.

Chce pan powiedzieć, że kiedyś ludzie jakoś szczerzej, bardziej się kochali?

Nie wiem, ale na pewno mieli mniej alternatyw, a tym samym mniej wymagań wobec siebie nawzajem, a również wobec życia. Mam wrażenie, że mieli większą tolerancję na cudze przywary, bo po prostu byli na siebie skazani.

Moja matka urodziła się jako pruska poddana, wyszła za mąż późno, bo dopiero w wieku 28 lat, i tylko dlatego, że samotnym pannom groziło wywiezienie na roboty. Jej ojciec – czyli mój dziadek – był kowalem, taką dźwignią postępu technologicznego w swojej wsi, wydał ją za mąż za kawalera, który akurat wrócił z wojny 1939 roku. Matka mówiła o ojcu: „Dobry człowiek z tego Augusta był, ale trochę taki drewniany".

A była w nim zakochana?

Trudno powiedzieć. Chyba go jednak kochała. Tak naprawdę chciała zostać zakonnicą, ale wtedy zakony brały połowę ojcowizny za taki przywilej, więc ojciec powiedział: „Dziecko, są tańsze sposoby dostania się do nieba". I się nie zgodził. Zamiast tego została żoną Augusta i matką czwórki dzieci. Pyta mnie pani, czy ona była szczęśliwa w tym związku. Mama pochodziła z innego świata – to nie był świat, w którym osobiste szczęście było wyznacznikiem dobrego małżeństwa. Ona dzisiejszego świata by w ogóle nie zrozumiała. Jak już była w zaawansowanym wieku, kupiliśmy jej telewizor, wówczas leciały jakieś francuskie seriale, których nie chciała oglądać. Mówiła, że to się kupy nie trzyma, bo w jej świecie, kiedy mężczyzna z kobietą szli do łóżka, to byli małżeństwem. Co się nie działo we francuskich serialach nigdy.

Ona robiła te wszystkie rzeczy – oporządzała dzieci, dbała o męża – bo to było po prostu przyzwoite. Bo tak należało.

To było udane małżeństwo?

Bardzo. Prawie nigdy się nie kłócili. Czasem chodzę na ich grób. Leżą, jak Pan Bóg przykazał, obok siebie. Byli ze sobą 40 lat. Mama jest dla mnie ucieleśnieniem XIX-wiecznego sposobu myślenia o życiu, gdzie nie było konsumpcjonizmu, nie było hedonizmu i niepohamowanego dążenia do osobistego szczęścia. Było za to dużo pokory. Muszę przyznać, że to mi jakoś imponuje. Ona umiała pokochać to, co dostała. Wszyscy w gruncie rzeczy mamy taką zdolność, ale coraz mniej chętnie ją ćwiczymy.

Wiele osób dzisiaj powiedziałoby, że pana mama była zakładniczką tradycji. Uwięziona w konwenansach nie mogła wyrazić siebie.

Nie sądzę, żeby ona tak pomyślała o sobie, zresztą jej związek z ojcem to była tylko część jej życia. Po jego śmierci przeżyła jeszcze 25 lat, miała odchowane dzieci i koleżanki z kółka różańcowego, do których biegała cała uszczęśliwiona.

Może kiedyś było łatwiej być razem aż po grób też dlatego, że ludzie krócej żyli?

Oczywiście, to też ma znacznie. Sto lat temu ludzie umierali w wieku 40-50 lat, czyli byli razem jakieś 20-30 lat. W tej chwili standardowa długość wspólnego życia w związku to 50 lat i więcej. Oczywiście jeśli związek się nie rozpadnie.

Coraz bardziej rozprzestrzenia się zjawisko monogamii seryjnej – jesteśmy z jednym partnerem ileś tam lat, a potem z kolejnym. Kolejne małżeństwo kiedyś też było częste, ale dlatego, że któryś z partnerów umierał młodo, mężczyzna ginął na wojnie, kobieta przy porodzie. Partner, który zostawał sam, wciąż był w wieku rozrodczym i zakładał kolejną rodzinę. Dzisiaj nowy partner to nie jest konieczność, tylko wybór.

Mówił pan, że związek dziś to rodzaj kontraktu. Czy to znaczy, że odchodzimy od modelu miłości romantycznej?

Nie, ten mit wciąż obowiązuje, chociaż nie przybiera już tak dramatycznych form jak w „Cierpieniach młodego Wertera". Niedawno opublikowano interesujące badania. Przedstawiano parom dwie odmienne metafory miłości: pierwszą mówiącą o dopasowanych połówkach, czyli podkreślano aspekt romantyczny, i drugą metaforę, która przedstawiała związek jako wspólną drogę, wspólne pokonywanie przeszkód. Okazało się, że osoby, którym zaktywizowano metaforę drogi, lepiej znosiły konflikty w związku, a pary, którym podsunięto platońską metaforę miłości, traktowały konflikty jako zagrożenie i mniej były skłonne konstruktywnie je rozwiązywać.

Dlaczego?

Bo jeśli o związku myśli się jako o komunii dwóch idealnie pasujących połówek, to każda choćby drobna kłótnia oznacza, że to jednak nie to. Kłócimy się? Czyli nie odnalazłem swojej połówki, pomyliłem się, ratunku!

Mit miłości romantycznej jest szkodliwy dlatego, że jest nierealny, bo konflikty są przecież nieuchronne w bliskich związkach. Nie ma jedności pragnień, ludzie są różni. Poza tym ten mit często czyni ludzi biernymi. No bo jeśli to nie jest moja druga połówka, to koniec. Po co próbować cokolwiek naprawiać.

A czym by pan zastąpił mit romantycznej miłości?

Metafora drogi wydaje mi się dobra. Bo zawiera się w niej ruch, aktywność i optymistyczne przesłanie, że chociaż nie jesteśmy dopasowani, to przecież wcale nie musimy być. Chodzi o to, żebyśmy się po trochu docierali. Życie to jest proces, a związek można polepszyć.

Jak?

Dbać o intymność. O ile na odpływ namiętności nie ma rady, o tyle o intymność akurat można zadbać.

Intymność też może zniknąć. Ludzie często mówią, że żyją obok siebie jak obcy, odsuwają się od siebie, czasem nienawidzą.

Bo im dłużej z kimś jesteśmy, tym więcej ten ktoś nam robi złego.

Naprawdę? Czy to taka metafora?

Naprawdę, naprawdę. Partner przez ostatnie pięć czy dziesięć lat zrobił znacznie więcej dobrych rzeczy, oprócz tego, że poczynił nam też różnego rodzaju przykrości i był sprawcą różnych rozczarowań. Ale niestety te złe i te dobre rzeczy nie liczą się jednakowo.

Co je tak nierówno liczy? Nasz mózg?

Tak. Nasz mózg tak jest skonstruowany, że inaczej zlicza doświadczenia pozytywne, a inaczej negatywne. Te pierwsze są słabszymi bodźcami, stają się w pewnym sensie niewidzialne.

Facet wyniósł śmieci, to oczywiste, że wyniósł, taka jego rola. Ale raz nie wyniósł: olaboga, to dopiero! Krótko mówiąc, zło jest silniejsze od dobra. Terapeuci małżeństw mówią, że to jest jak jeden do pięciu. Czyli jeśli partner raz panią skrzywdzi, to musi zrobić pięć dobrych uczynków, żeby to się jakoś wyrównało.

O matko.

No właśnie. Więc jeśli chce się dbać o bliską relację, to dobrze byłoby się powstrzymywać od czynienia zła, co oczywiście z kolei prowadzi do problemów z autentyzmem.

Problem polega też na tym, że w miarę trwania związku spada też nasza zdolność robienia partnerowi dobrze. Im dłużej mu dajemy dobre rzeczy, tym to dobro staje się mniej wartościowe, bo oczekiwane i oczywiste. Jeśli partner codziennie do pani mówi: „Ach, jak ty dziś ślicznie wyglądasz", to będzie fajne przez rok, dwa, ale po pięciu latach zrobi się lekko nudne.

Za to jak usłyszę taki komplement od przystojnego kolegi...

No to aż dreszcz po plecach biegnie, prawda? I potem ludzie zmieniają partnerów, na przykład na kogoś, kto jest ewidentnie głupszy i mniej wart.

Niestety pragnienia ludzkiego serca są wewnętrznie sprzeczne, bo z jednej strony byśmy chcieli, żeby nasz partner był mrocznym brunetem, w którym tkwi tajemnica, a z drugiej strony trudno spędzić życie z kimś, kto bez przerwy jest tajemniczy, bo to bardzo zaburza poczucie bezpieczeństwa. Namiętność i poczucie bezpieczeństwa wzajemnie się wykluczają, a my jednak chcemy, żeby nasz partner dawał nam i jedno, i drugie.

I co z tym fantem zrobić?

Pogodzić się z tym, że nie możemy obu tych rzeczy dostawać w tym samym momencie, ale możemy je dostawać na różnych etapach życia. Jak człowiek ma już swoje 60 lat, tak jak ja, to ekscytacja nie jest tak nadzwyczaj ważna, za to poczucie bezpieczeństwa – owszem. Trochę nas ratuje to, że potrzeba stymulacji spada z wiekiem, a trochę to, że spada też atrakcyjność alternatyw dla aktualnego związku. Bo jeśli panią teraz dopadnie pusty związek, to ma pani jeszcze realistyczne szanse na znalezienie jakiegoś fajniejszego grilla, gdy się stary zepsuł. Ja już raczej nie mam takiej szansy, więc wolę zadbać o ten związek, który mam.

Czy udany związek może być całkowicie pozbawiony seksu?

Rzadko, bo jednak natura tak nas skonstruowała, że seks to sposób na podtrzymanie więzi. Takie związki oczywiście się zdarzają, ale całkowita rezygnacja z seksu raczej przyczynia się do śmierci relacji.

W długim związku pojawia się jeszcze jeden zasadniczy problem – nuda.

Bardzo poważny kłopot, bo uczucia jednak wymagają jakiegoś pobudzenia, niekoniecznie erotycznego, inaczej emocje gasną. Amerykański badacz Arthur Aron zrobił kiedyś zabawne badania na ten temat. Zaprosił pary z kilkunastoletnim stażem i kazał im robić różne stymulujące rzeczy. Część par biegała po sali gimnastycznej, pokonując różne przeszkody wymagające współpracy i zgrania ruchów, a inne pary po prostu toczyły przed sobą piłkę lekarską.

I co?

U tych, którzy musieli pokonać wspólnie przeszkody w niesprzyjających warunkach, znacząco wzrósł poziom pozytywnych uczuć do partnera, satysfakcja ze związku i deklarowana namiętność. A tym, którzy po prostu razem toczyli piłkę lekarską, nic nie wzrosło.

Jedynym sposobem, żeby nudzie w związku jakoś zaradzić, jest robienie wspólnie ekscytujących rzeczy. Nie chodzi o kupienie ogródka działkowego i sadzenie tam kalarepy, bo to tylko nasili problem. To mogą być wspólne podróże, zapisanie się na kurs tańca towarzyskiego, wspólna pasja do polityki.

Chodzi o to, żeby uciec od rutyny?

Tak, rutyna prowadzi do automatyzacji, a automatyzacja do zaniku uczuć. Na szczęście w naszym życiu w sposób naturalny pojawiają się ekscytujące rzeczy. Źródłem nieustającej ekscytacji – pozytywnej i negatywnej – są oczywiście dzieci. Ich przedszkola, choroby, szkoły, egzaminy. To jest coś, co pobudza związek długofalowo, bo oczywiście pierwsze dziecko to na początku dla związku szok. Ekscytująca może być też praca, o której można sobie opowiedzieć.

Mogą to być też podobne idee, na przykład walka z globalnym ociepleniem albo z ideologią gender. Dobre są też jakieś wspólne wyzwania, bo nic tak nie integruje jak zagrożenie z zewnątrz, pod warunkiem że jego poziom nie jest zbyt wysoki i nie staje się zbyt dużym źródłem stresu. Na przykład dużo wyzwań zapewnia psychotyczne dziecko, ale jeśli problem się nasila i para nie jest w stanie sobie z tym poradzić, to takie związki się rozpadają.

Liczy się też to, ile dajemy partnerowi wsparcia.

Ile dajemy czy ile dostajemy?

No właśnie z ostatnich badań wynika, że bardziej liczy się to, co pani daje drugiej osobie, a nie to, co pani dostaje, choć te sprawy są silnie powiązane. Dawanie buduje mocniejsze poczucie sensu w życiu, przynosi więcej satysfakcji. Otrzymywanie jest już tylko przyjemne.

Jak dobieramy się w pary?

Złudny wybór

ZE STANLEYEM RUSZCZYNSKIM
rozmawia Agnieszka Jucewicz

Kiedy się zakochujemy, to mamy poczucie, że można z tą osobą powtórzyć dobre doświadczenia wyniesione z przeszłości, ale też - że ta osoba rozumie nasze niedostatki. Wtedy pojawia się uczucie, o którym często mówią zakochani: „Bo on mnie tak świetnie rozumie, jak nikt inny".

Para powstanie tylko wtedy, jeśli ta druga osoba też zobaczy, że we mnie są jakieś rzeczy, które chce razem ze mną powtórzyć, i też będzie mieć nadzieję, że ja mam to „coś", albo że przynajmniej rozumiem to „coś", czego ona nie dostała.

Moim pacjentom mówię: „Może rzeczywiście już nic nie da się zrobić, ale - błagam - spróbujmy zrozumieć, dlaczego się rozstajecie, bo jeśli nie zrozumiecie tych powodów, będziecie popełniać te same błędy z kolejnymi osobami".

Jak wybieramy ludzi, z którymi chcemy spędzić resztę życia?

Gdyby zapytała pani samych zainteresowanych, to pewnie usłyszałaby pani coś w rodzaju: „Bo on był taki przystojny", „Bo miał świetne poczucie humoru", „Bo zarażała swoją energią", albo: „Zaimponował mi wiedzą na temat polityki światowej".

Te powody, które ludzie zwykle wymieniają, są świadomymi kryteriami wyboru, a mnie jako terapeutę interesują inne powody – te podświadome. Bo to one tak naprawdę decydują o tym, z kim się wiążemy.

Chce pan powiedzieć, że fakt, że mój mąż został moim mężem, to nie był mój świadomy wybór?

Muszę panią zmartwić, ale w pewnym sensie nie był.

Wszyscy, na wszystkich etapach życia, podlegamy świadomym marzeniom, pragnieniom i planom, ale też nieświadomym procesom, które wywodzą się z naszych najwcześniejszych doświadczeń rodzinnych. Wybór partnera na życie podlega tym samym siłom.

Czyli jak to wygląda w praktyce? Dlaczego on, a nie ten poprzedni na przykład?

Nie wiem dokładnie, co się wydarzyło w pani życiu ani w życiu pani męża, ale jest tak, że kiedy się rodzimy, a później dorastamy, to najbliżsi ludzie, którzy się nami opiekują, zwykle ojciec i matka, spełniają niektóre z naszych potrzeb, ale innych nie. Absolutnie szczęśliwe dzieciństwo nie istnieje. Każdy ma jakieś niespełnione pragnienia, niezrealizowane potrzeby, braki i rozczarowania. I kiedy wchodzimy w dorosłość, to mamy za sobą jakieś dobre doświadczenia, które chcemy powtarzać w relacji z drugim człowiekiem, ale mamy też swoje frustracje i bardzo chcemy, żeby ten ukochany człowiek dał nam to, czego nie dostaliśmy kiedyś.

Na przykład co?

To mogą być różne rzeczy: fizyczna bliskość, zainteresowanie, intymność, akceptacja albo odwrotnie – przestrzeń, niezależność.

I kiedy spotykamy kogoś, kto nam się szalenie podoba, to podskórnie wyczuwamy, że on nam może to dać?

Tak, podświadomie to czujemy. Kiedy się zakochujemy, to mamy takie poczucie, że można z tą osobą powtórzyć te dobre doświadczenia wyniesione z przeszłości, ale też – że ta osoba rozumie nasze niedostatki. Wtedy pojawia się to uczucie, o którym często mówią zakochani: „Bo on mnie tak świetnie rozumie, jak nikt inny".

Ale czy jeśli ktoś dobrze rozpoznaje moje frustracje, to znaczy, że przeszedł przez podobne doświadczenia w dzieciństwie i dlatego mnie tak dobrze wyczuwa?

Może tak być, ale może być też inaczej. Komuś, kto miał na przykład mało bliskości w relacji z rodzicami, szalenie pociągający może wydawać się ktoś, kto pochodzi z rodziny, gdzie było mnóstwo ciepła. Bo wtedy ta osoba, która tęskni za bliskością, może pomyśleć tak: „O! On chyba ma to, czego ja nie dostałam. Może mi jakoś w tym pomoże? Bo chyba się na tym zna!".

Problem polega na tym, że jeśli ktoś nie doświadczał bliskości w sposób właściwy albo miał jej za mało, to ma w sobie ogromną tęsknotę za nią, ale jest też w nim jakaś część, która nauczyła się bez tej bliskości żyć. I kiedy spotyka człowieka, który mógłby mu ją ofiarować, to może nie być w stanie jej przyjąć, bo nie będzie mu umiał zaufać. W sumie dlaczego miałby, skoro jego doświadczenia są inne?

I w bliskich związkach tak właśnie się dzieje: jest w nas część rozwojowa, która pragnie się zmieniać dzięki drugiemu człowiekowi, przekraczać swoje braki, ale jest też część defensywna, która nie wierzy, że to się może stać, która wraca do starego, dobrze znanego status quo.

Czego potrzeba, żeby ta rozwojowa część w związku przeważała?

Dużego zaufania, poczucia bezpieczeństwa, otwarcia się na drugą osobę, odsłonięcia swojej kruchości. Problem w tym, że rzecz, której najbardziej pragnę na świecie, jest często tą samą, która najbardziej mnie przeraża. I kiedy druga osoba to ma – mogę się też poczuć zagrożony, że ona to umie, a ja nie, mogę się czuć zazdrosny, mogę się bać, że mnie zostawi, zawiedzie.

Zwykle na szczęście jest tak, że w miarę trwania związku ludzie jednak dojrzewają i jeśli są wystarczająco psychicznie elastyczni, żeby pomieścić swoje lęki, idą dalej.

Jeszcze jedna ważna rzecz: para powstanie tylko wtedy, jeśli ta druga osoba też zobaczy, że we mnie są jakieś rzeczy, które chce razem ze mną powtórzyć, i też będzie mieć nadzieję, że ja mam to „coś", albo że przynajmniej rozumiem to „coś", czego ona nie dostała.

Powiedział pan: „jeśli ludzie są wystarczająco psychicznie elastyczni", co to znaczy?

W życiu pary dzieją się różne ważne rzeczy na przestrzeni lat: rodzi się pierwsze dziecko, potem może kolejne, dzieci dojrzewają, potem wyfruwają z gniazda, ich rodzice chorują i umierają, ludzie w parze się starzeją. Te wszystkie wydarzenia mogą spowodować, że w związku pojawi się kryzys, który odsłoni jakieś ich trudności wynikające z etapu życia, w którym są, i jeśli para nie będzie wystarczająco się adaptować do zmian, to może się rozpaść. Są na przykład pary, które świetnie funkcjonują w fazie narzeczeństwa, nawet wezmą ślub, ale kiedy pojawia się dziecko, nie są w stanie ze sobą wytrzymać.

Dlaczego?

Zwykle z tego powodu, czym to dziecko tak naprawdę jest dla któregoś z nich albo dla obojga. Jeśli ktoś ma na przykład bardzo silną narcystyczną potrzebę drugiej osoby, tzn. że ta druga osoba ma być dokładnie taka, jak ją sobie wymyśliłem, ma być moim przedłużeniem – to tak długo, jak ona będzie spełniała ten mój sen, będziemy się kochać, ale kiedy pojawi się dziecko, wtedy intensywna relacja tej pary zostanie przerwana.

Narcyz, powiedzmy – ojciec, może się czuć bardzo zagrożony przez relację partnerki z dzieckiem, bo jej uwaga jest skupiona na dziecku zamiast na nim. Intelektualnie nawet może to rozumieć, ale emocjonalnie to jest dla niego nie do zniesienia.

Podobnie może być wtedy, kiedy ojciec matki tego dziecka opuścił jej matkę, kiedy była w ciąży, i jej lęk, oczywiście podświadomy, że sytuacja się powtórzy, może być tak duży, że rozsadzi ten związek od środka.

W związku, w którym są jakieś ukryte problemy z seksualnością, dojrzewanie dziecka może być takim kryzysowym momentem.

Para, która głównie realizowała się jako rodzice, może ciężko znieść to, że dzieci wyfruwają z domu, bo taka sytuacja odsłania fakt, że nie zadbali o relację między sobą, jako kochankowie i przyjaciele.

Utrata pracy przez mężczyznę, który pełnił dla siebie i dla swojej partnerki funkcję samca alfa, może też nadwyrężyć związek, jeśli tylko zabraknie elastyczności.

Elastyczność objawia się tym, że ludzie jakoś adaptują się do tej nowej sytuacji życiowej, zamiast ją kontestować, że zamiast myśleć: „Stracił pracę, to znaczy, że nie jest prawdziwym mężczyzną, zawiódł mnie", myślą tak: „No dobrze, stało się, to nie jego wina, były zwolnienia, teraz może na przykład więcej zająć się domem. Przecież go nadal kocham".

Taki elastyczny, dojrzały związek działa jak terapia?

Nie w sensie klinicznym, ale może mieć właściwości terapeutyczne. Jeśli odnajdzie się w partnerze to, czego bardzo się pragnęło, i jeśli uda się przy jego pomocy przekroczyć ten brak i przestanie on być problemem, to ludzie niejako leczą się w tym związku z różnych swoich deficytów. To tak, jakby ktoś dał pani drugą szansę, po tej pierwszej z rodzicami.

I myślę, że nie ma silniejszego związku niż związek dwojga dorosłych ludzi, którzy się pokochają i będą ze sobą długo, bo w takim związku jest wszystko, co jest potrzebne do emocjonalnego rozwoju: głęboka, długotrwała relacja z drugim człowiekiem, fizyczna bliskość, aspekty społeczne, ekonomiczne, wspólne zadanie opieki nad dziećmi.

Kiedy pracuję z parą na terapii małżeńskiej, wspólnie dążymy do tego, żeby ich związek miał właściwości terapeutyczne, czyli aby nawzajem pomagali sobie dojrzewać emocjonalnie przez to, że będą wrażliwi na siebie, wyrozumiali i elastyczni.

Z tego, co pan opowiada, to związek jawi się jako takie bezpieczne miejsce, które pozwala na bliskość, ale też na autonomię. Na pozytywne emocje, ale też na negatywne. Jednak wiele osób tak tego nie widzi. Uważają, że bliski związek to ograniczenie, czasem nawet – więzienie.

Bo taka jest ich interpretacja związku wyniesiona z wczesnych doświadczeń.

Niestety, jeśli ktoś się obawia, że jak wejdzie w bliski związek, to się zleje ze swoim partnerem i udusi, to istnieje szansa, że ta druga osoba też będzie miała podobny problem. Wtedy trudno im będzie razem przekroczyć swoje lęki. I zamiast dojrzewać i się rozwijać, będą razem odtwarzać to, czego nie znoszą.

Tacy ludzie, którzy mają podobny problem, często łączą się w pary?

Tak. Bo wyczuwają, że mają podobny problem, w związku z tym mają nadzieję, zwłaszcza na początku związku, że wspólnie uda im się go przekroczyć, że się sobą zaopiekują, pomogą sobie. Ale niestety, jeśli ten problem jest zbyt głęboki, to w kryzysowych momentach może im zabraknąć elastyczności, przez to właśnie, że ich doświadczenia są podobne.

To działa trochę tak jak samospełniająca się przepowiednia. Jeśli jest coś, czego się bardzo boisz, będziesz tego nerwowo i podejrzliwie poszukiwać, będziesz na to czekać, aż w końcu to się stanie.

To kto byłby lepszym partnerem dla kogoś, kto ma duże problemy z bliskością?

Trudno na to pytanie odpowiedzieć, bo niby najlepszy byłby ktoś, kto w ogóle nie ma z tym problemu – potrafi być bardzo blisko, ale nie zlewać się, potrafi się oddalić, nie wycofując swoich uczuć. Wtedy ktoś, kto ma problemy z bliskością, może się od swojego partnera uczyć zdrowej bliskości, ale pod warunkiem, że będzie na tę naukę wystarczająco otwarty.

Może być też tak, że osoba, która ma problem z intymnością, zwiąże się z kimś, kto też ma taki problem, i tej bliskości będą uczyć się razem, trochę po omacku, jak dzieci we mgle. I im się to uda.

Od czego to zależy, że niektórzy potrafią pracować nad tym, z czym mają problem, a inni nie?

Mogą stać się w pewnym momencie świadomi swojego problemu, mogą trafić na właściwą osobę. Mogą na przykład dojść do wniosku, że jeśli będą mieć dziecko, to ich związek się rozpadnie, i świadomie nie zdecydują się na ciążę.

Z psychologicznego punktu widzenia to byłoby dla nich lepsze? Nie mieć dzieci?

Jeśli ludzie czują się wewnętrznie szczęśliwi i pogodzeni, to nie interesuje mnie, w jaki sposób osiągają ten stan. Jeśli uszczęśliwia ich spanie w kaloszach, to proszę bardzo. Ale jeśli trafiają do mnie i zgłaszają jakiś problem, to muszę zrozumieć, jak działają. Po to też do mnie przychodzą.

Niektóre pary na przykład są w stanie być ze sobą tylko dlatego, że mąż często wyjeżdża w interesach, na przykład cztery dni w tygodniu spędza w Niemczech. Ale gdyby stracił tę pracę i postanowiłby osiąść w domu, kłóciliby się. Bo byliby ze sobą zbyt blisko i to by było dla nich nie do zniesienia.

A mimo to, jak go ciągle nie ma, to ona na to narzeka.

To dlaczego jest z nim? Dlaczego go wybrała? Może właśnie dlatego, że on od początku jeździł do tych Niemiec? Jakaś część w niej prawdopodobnie była zainteresowana relacją, która polega na utrzymaniu dystansu. Bo być może sama ma problem z bliskością.

A co by się stało, gdyby on nagle powiedział: „Dobrze, kochanie, to w takim razie poszukam pracy w Warszawie"?

Ona by się pewnie złapała za głowę. Proszę pamiętać, że związek zawsze tworzą dwie osoby. To, co robi jedna osoba, jest silnie powiązane z tym, co robi druga, i na odwrót.

Powiedzmy, że para ma kłopot z seksem. Jedna osoba narzeka, że tego seksu jest za mało, i postrzega tę drugą jako tę, która nie jest zainteresowana. Bardzo ciekawe jest to, co się dzieje, kiedy osoba, która niby jest oziębła, mówi w pewnym momencie: „OK, to ja to zmienię", i się zmienia. Osoba, która narzekała, że brakuje jej seksu, nagle zaczyna szukać wymówek, że boli ją głowa albo że jest zmęczona.

Para to są naczynia połączone. I każda para jest inna. Proszę mieć też świadomość, że ja tutaj próbuję nakreślić jakieś mechanizmy, które kierują ludźmi, ale prawda jest taka, że na każdą parę składa się wiele złożonych aspektów. I gdyby mnie pani spytała, co się dzieje z tym konkretnym związkiem, z Basią i Janem, to odpowiedzi będą różne w zależności od historii Basi, historii Jana i historii ich związku.

Ale chyba jednak istnieją jakieś powszechne mechanizmy? Dlaczego na przykład jest tak, że dorosłe dzieci alkoholików bardzo często lądują w związkach z ludźmi uzależnionymi?

Bo to jest coś, co znają najlepiej!

To jest dokładnie to, co powiedziałem na początku. Świadomie to dorosła córka alkoholika chciałaby pewnie abstynenta, ale podświadomość pcha ją w dobrze znaną stronę, bo ona oswoiła już bycie z osobą uzależnioną, wie, z czym się to je, a to, co inne, budzi w niej lęk – bo jest inne, obce.

My wszyscy tak działamy – pani, ja też – to, co dobrze znamy, wydaje się nam bezpieczne, a to, co nowe, budzi lęk. I w każdym związku jest część, która chce się rozwijać, i ta druga, która czuje się bardziej komfortowo z tym, co dobrze znane, mimo że nas krzywdzi. Między jednym a drugim ciągle jest napięcie.

Podobno wśród psychoanalityków krąży taki żart, że każdy żeni się ze swoją matką.

Ja bym raczej powiedział, że każdy żeni się ze swoją matką i z ojcem. Nasz obraz świata jest skonstruowany przez to, jaką relację mieliśmy z obojgiem rodziców. Matka na początku fizycznie, społecznie i kulturowo jest ważniejsza, bo to ona nosi dziecko w brzuchu przez dziewięć miesięcy, potem to ona zwykle je karmi i zajmuje się nim, kiedy jest małe, ale ojciec też odgrywa bardzo ważną rolę, bo w pewnym momencie powinien wkroczyć i przerwać tę symbiotyczną relację matki z dzieckiem. Ojciec to jest ten trzeci element, to jego rolą jest dać dziecku sygnał: „Poczekaj chwilę, możesz mieć jeszcze innego rodzaju relację niż ze swoją matką, a poza tym – spadaj, bo teraz to ja zabieram twoją matkę do sypialni". Wprowadzenie trzeciej osoby oznacza, że dziecko uczy się być blisko i z matką, i z ojcem, ale doświadcza też tego, że rodzice mają swój świat, że są dla siebie, że ono nie jest zawsze najważniejsze, że musi zejść na drugi plan. Oswaja w ten sposób zazdrość, dystans, poczucie odsunięcia. Uczy się ambiwalencji.

Bardzo frustrujące.

I o to chodzi! Bo jeśli nie nauczymy się radzić sobie z frustracją, kiedy jesteśmy dziećmi, to kiedy dorośniemy, będzie nam niezwykle trudno. Bo nie będziemy ósmym cudem świata dla naszych nauczycieli, kolegów z pracy, szefa, co więcej – dla naszego partnera też nie. Czasem będziemy z nim blisko, a czasem nie, co nie znaczy, że przestaniemy być dla niego ważni.

Jeśli w życiu zabraknie tego trzeciego elementu – to nie musi być ojciec, ale na przykład praca matki, do której wychodzi, albo bliska relacja z innym mężczyzną, albo jej jakiś świat – to takie dziecko, póki będzie tylko z matką, będzie się czuć jak król świata, ale może się zdarzyć, że jak pójdzie do pracy i usłyszy od kolegi, że jest beznadziejny i żeby się zamknął, to nie będzie wiedział, co z tym zrobić. Nauka frustracji jest bardzo ważna. Można dziecko „zakochać na śmierć", jak to się mówi, kiedy na każdym kroku spełnia się jego najmniejsze potrzeby.

I to jest naprawdę zabójcze?

W pewnym sensie tak, bo jak taka osoba ma się nauczyć prosić o coś, kiedy zawsze dostaje to, co chce? Jak ma się nauczyć znosić brak, kiedy go nie doświadcza? Jak ma się nauczyć tęsknić i czekać, kiedy rodzic jest zawsze w zasięgu? Jak ma radzić sobie z rozczarowaniem i frustracją? Umiejętność radzenia sobie z frustracją, tak jak i umiejętność upominania się o swoje, świadczy o dojrzałości. I dla kogoś takiego związek z partnerem, z którym będzie można tę zdolność do przeżywania frustracji rozwinąć, na pewno będzie bardziej rozwojowy.

No dobrze, to na jednym biegunie jest ten rodzic kochający na zabój, a jaki rodzic jest na drugim biegunie?

Rodzic, który jest wycofany, bez kontaktu. Wiecznie nieobecny albo chory, który nie potrafi dawać, nie jest zainteresowany. To z kolei sprawia, że dziecko bez przerwy jest sfrustrowane. Nie uczy się bliskości, zaufania, prawdopodobnie nie ma też poczucia własnej tożsamości, ponieważ uczymy się tego, kim jesteśmy, między innymi przez to, jak ludzie na nas reagują. Więc jeśli reakcje rodzica są słabe albo w ogóle ich nie ma, a zwłaszcza wtedy, kiedy są one negatywne, wręcz okrutne – to nie bardzo wiesz, kim jesteś. I to jest bardzo zaburzające, na takim głębokim poziomie.

W każdym razie, czy rodzic jest blisko, czy daleko, jeśli jest to stałe zachowanie, pojawia się coś w rodzaju ramy. Sytuacja jest dość przewidywalna. Ale istnieje jeszcze trzeci rodzaj relacji z rodzicem, w zasadzie najgorszy, kiedy raz ta miłość i uwaga jest, a raz jej nie ma, i ciężko przewidzieć, kiedy co będzie miało miejsce – tak jest na przykład z pijącym rodzicem albo niestabilnym emocjonalnie. Dziecko uczy się wtedy nie ufać drugiemu człowiekowi.

I jak to rzutuje na późniejsze związki?

Może nie angażować się do końca w związek, bo nawet jeśli dostanie miłość, uwagę i troskę, to będzie myślał, że za chwilę ją straci. Będzie mieć poczucie braku bezpieczeństwa. Może wyczekiwać najgorszego i niestety może to dostać. Jest też szansa, że spotka kogoś, kto będzie bardzo stały, konsekwentny i będzie go bardzo kochał, i nawet jeśli nie do końca w to wierzy, to jeżeli uda mu się wytrwać w tym związku, mimo swoich lęków, to rozkwitnie i w końcu uwierzy.

Jak to się dzieje, że dwójka ludzi się spotyka, nie znają siebie, nie znają swoich potrzeb, a coś ich do siebie ciągnie?

Pani wie, jak to się dzieje. W życiu spotykamy przecież różnych ludzi. Są tacy, z którymi natychmiast czujemy więź, pewien rodzaj połączenia, a z innymi – nie. Część tego „połączenia" zawsze odbywa się na poziomie podświadomości. Kiedy my się spotkaliśmy, od razu złapaliśmy kontakt, a przecież ja mówię o bardzo trudnych sprawach i mogłaby to być dla nas obojga bardzo męcząca rozmowa.

Są też ludzie, którzy wydają nam się dalecy, chłodni, z którymi wydajemy się nie mieć nic wspólnego, chociaż na przykład pracują w tej samej branży, bo podświadomie się nawzajem nie rozpoznajemy. Na tym najniższym poziomie następuje przerwa w komunikacji. To nie są żadne czary-mary. Tu wszystko ma znaczenie – ton naszego głosu, mimika twarzy, sposób, w jaki się poruszamy, czy się śmiejemy, czy nie.

Blisko czujemy się z tymi, którzy kogoś nam przypominają?

To ma znaczenie, na pewno. Ale do tego dochodzi coś jeszcze – ekscytacja tym, co inne, co nieznane. Więc jeśli jest pani wystarczająco odważna, to zwiąże się pani z kimś, kto jest jednocześnie podobny, ale ma też coś takiego, co wzbudzi pani zachwyt: „O cholera, to intrygujące!".

Te dwie rzeczy zawsze się dzieją jednocześnie?

Zawsze musi być ten miks. Bo jeśli będzie się pani czuć z kimś zbyt blisko, zbyt poufale, to będzie się pani nudzić, a jeśli ten ktoś z kolei będzie zbyt różny, zbyt obcy, to nie będzie pani czuła tego połączenia. Ten miks sprawia, że ludzie się łączą w pary.

Mam teraz takiego pacjenta, absolwenta uniwersytetu w Cambridge. Jest bardzo inteligentny, dowcipny, trochę może zbyt delikatny. Ma 40 lat i nigdy nie był w stałym związku. Spotyka się z kobietą trzy, cztery razy i mimo że wszystko idzie dobrze, nagle panikuje i ucieka.

Dlaczego?

Bo boi się, głównie podświadomie, że jeśli to potrwa dłużej, ona się zorientuje, jaki on jest beznadziejny. I zamiast czekać, aż ona go odrzuci, on robi to pierwszy. To zresztą bardzo powszechne zachowanie.

Ostatnio ten pacjent spotkał kobietę, z którą od razu poszedł do łóżka, czego nie robił do tej pory tak od razu, bo jest porządnym gościem. Poszli na kolację, do łóżka i spędzili ze sobą bez przerwy

36 godzin. Potem widział się z nią trzy, cztery razy i nie uciekł, chociaż czeka, aż pojawi się w nim ta znajoma podejrzliwość i fala paniki. I naprawdę się z tym zmaga, zastanawia się, jak powstrzymać to uczucie, rozmawiamy o tym dużo podczas sesji terapeutycznych, bo on już wie, że tak działa, i chciałby to zmienić. Coś niesamowitego musiało się wydarzyć między nimi, skoro on pozwolił sobie na przełamanie schematu.

Co się wydarzyło w jego dzieciństwie?

Kiedy się urodził, jego rodzice byli już grubo po czterdziestce. Był ich jedynym dzieckiem. Jego ojciec był pisarzem, ale niezrealizowanym. Był wiecznie sfrustrowany. Prawdopodobnie cierpiał na depresję, nie mógł znaleźć pracy w zawodzie, ale innej też nie szukał. Czekał tylko ciągle na ten jeden telefon: „Chcielibyśmy bardzo wydać pana powieść", co oczywiście nigdy się nie wydarzyło.

Jak to wpłynęło na jego syna?

On też bardzo się martwi, że nie uda mu się zawodowo osiągnąć tego, o czym marzy, chociaż całkiem nieźle mu idzie. Ale jego największym problemem jest to, że ponieważ jego ojciec był tak kruchy, kiedy on był mały, tak nieobecny, to poza współczuciem wzbudzał też w moim pacjencie złość i frustrację. Ale on czuł, że nie tylko nie może wyrazić tych uczuć, bo jeszcze bardziej skrzywdziłby ojca, a może nawet zabił (w swoim wyobrażeniu), ale że nie może ich nawet poczuć! Mój pacjent uważa, że jego złość jest trująca i mordercza, że agresja to tylko okrutna przemoc, więc powstrzymuje je, ale kiedy powstrzymuje się złość, to powstrzymuje się również inne pozytywne i napędzające uczucia – poczucie mocy, siłę, kreatywność.

Więc ucieka z relacji z kobietami, bo zdaje sobie sprawę, że w związku będzie trzeba pokazać wszystkie emocje, nie tylko te pozytywne?

Tak. Myśli, że jeśli jakaś kobieta pozna go lepiej, a w miarę upływu czasu tak by się stało – to odkryje, jakim on jest mięczakiem. A gdyby pojawił się jakiś konflikt i zaczęliby się kłócić, on nie wiedziałby nawet, jak ma się do tego zabrać, bo nigdy się tego nie nauczył. Jedna z kobiet, z którą był, powiedziała mu: „Ty nie robisz w pożądaniu". To prawda, on nie umie wyrażać pożądania, dla niego to zbyt silne uczucie – tak jak złość. On nawet nie umie pożądać rzeczy, przedmiotów, nie umie kupić sobie nowej pary butów albo płaszcza. Bo pożądanie przedmiotu czy prestiżu też jest pewną formą agresji. Chcesz czegoś, więc bierzesz to dla siebie. Tak się dzieje również w parze.

Dlatego te początki są takie cudowne? Bo pożądanie dominuje w związku i podkręca jego temperaturę?

No jak widać na przykładzie tego pacjenta, dla jednych początki są cudowne, a inni trudno je znoszą. Freud powiedział, że sam początek miłości przypomina psychozę. Coś psychotycznego musi się wydarzyć, żeby człowiek uwierzył, że będzie z drugim człowiekiem do końca życia i że ten człowiek jest najbardziej wyjątkowy na świecie. Więc pierwsza rzecz, z jaką musimy się pogodzić, jest taka, że ten cudowny początek musi się zmienić. I że ten drugi człowiek jest po prostu normalny, nie jest bogiem.

Są też mężczyźni i kobiety, którzy skaczą z jednego związku w drugi. Albo którzy zawsze wiążą się z ludźmi, którzy już są zajęci. Czego szukają?

W obydwu przypadkach tym, co ich najbardziej interesuje, jest pogoń za króliczkiem, a nie złapanie króliczka. Podbój jest ważniejszy niż sama relacja.

Ale dlaczego?

Ludzie, którzy skaczą z jednego związku w kolejny, usiłują sobie udowodnić, że są coś warci, bo nie doświadczyli tego uczucia w dzieciństwie – coś je musiało zaburzyć. I jeśli jest pani czwartą kobietą, z którą uprawiam seks w tym miesiącu, to świadczy o tym, jaki jestem wspaniały. I tym jestem głównie zainteresowany, uprawiając z panią seks – udowadnianiem sobie, że mam moc, choć naprawdę czuję się bardzo niepewnie. A ponieważ takie zachowanie niczego tak naprawdę nie rozwiązuje na dłuższą metę, to ciągle się je powtarza. W kółko i w kółko.

Ludzie, którzy wiążą się z zajętymi ludźmi, działają podobnie. To ekscytujące, że jestem atrakcyjny dla tej zajętej kobiety, ale jeszcze bardziej rajcujące jest to, że jestem lepszy niż jej facet. Ukrytą motywacją jest pierwotna chęć odebrania matki ojcu. W cudzysłowie oczywiście. Psychologicznie tacy ludzie nigdy nie czuli się bezpiecznie w tym pierwotnym trójkącie matka – ojciec – dziecko, więc to, co mogli robić, to ciągłe odtwarzanie tego wzorca: „Mogę mieć moją matkę, mogę mieć moją matkę", ale to nie jest żadne rozwiązanie, bo przecież nie można mieć własnej matki.

Czasami mamy wrażenie, że ludzie się bardzo dziwnie dobrali. Na przykład skrajny introwertyk wybiera sobie za partnera kogoś, kto jest duszą towarzystwa. Zna pan takie związki?

Tak się dzieje, to prawda, ale nawet w takich przypadkach, kiedy patrzy się na jakąś parę i zachodzi w głowę, jak to możliwe, że są razem, trzeba założyć, że jeśli są razem, to tam musi istnieć jakiś rodzaj porozumienia. Nie jest ono oczywiste, nie jest widoczne, ale jest. Nawet jeśli to coś, co ich łączy, brzmi tak: „Jestem z kimś, kogo kompletnie nie rozumiem, nie rozpoznaję, nie mówię jego językiem". Być może to jest właśnie coś, co sprawia, że oni czują się w tym związku bezpiecznie!

Bardzo ciekawe.

Prawda? Spotkałem takie pary. Na przykład Anglika, który ożenił się z Holenderką, która w ogóle nie mówiła po angielsku. Może na początku niesamowicie pociągali się seksualnie, ale potem? A oni byli ze sobą długo i ona chyba niespecjalnie nauczyła się tego angielskiego, on po holendersku też nie bardzo.

Czasami wybiera się człowieka, który gwarantuje, że nigdy się nie będzie z nim blisko. I jeśli obydwie osoby zdecydują się na taki podświadomy układ, to może nawet zadziałać. Chociaż może się też zdarzyć, że kiedy w tym związku nauczą się odrobiny bliskości, trochę się ogrzeją, to potem poznają kogoś, z kim będą chcieli sobie pozwolić na więcej.

Czy coś takiego jak zdrowy związek w ogóle istnieje?

Zdrowy związek na pewno tak, ale nie idealny. Nie ma takich.

Każdy związek składa się z „ja", „ty" i z „my". Jesteś ty – twoje potrzeby, twoje wymagania, twoje neurozy, twoje głupie zachowanie, i jestem ja – moje potrzeby, moje wymagania, moje głupie zachowanie, i jest nasz związek. Zdrowa relacja to taka, w której o wszystkie trzy elementy się dba. Dba się o twoje potrzeby, o moje potrzeby i potrzeby naszego związku. Co sprawia, że ja na przykład mogę zrezygnować z tego, żeby pójść na piłkę nożną w sobotę, bo ty czujesz się zdołowana stanem zdrowia swojej matki i chcę zostać z tobą w domu, ponieważ zdecydowałem, że mój związek jest teraz ważniejszy niż oglądanie meczu.

Uważam, że każda dobra relacja powinna mieć ten rodzaj organizacji – nie chodzi o to, że panuje w nim idealna równowaga, ale z czasem każdy z partnerów powinien mieć poczucie, że jego potrzeby są zaspokajane wystarczająco często i vice versa oraz że potrzeby związku są też zaspokajane, więc każdy z partnerów od czasu do czasu jest się w stanie poświęcić dla dobra związku. Tak długo, jak potrafi się zadbać o wszystkie trzy elementy, to lepiej już być nie może.

Kiedy trafia do pana para, jak pan z nią pracuje?

Na początku tak jak w indywidualnej terapii, chcę poznać ich indywidualne historie, ale też historię ich związku. Pytam ich o to, dlaczego przychodzą na terapię akurat teraz. Dlaczego dzisiaj? Dlaczego nie dwa lata temu? Pytam również o to: dlaczego wybrałaś tego mężczyznę, dlaczego nie poprzedniego? Co takiego specjalnego w nim było, że go wybrałaś? To pozwala mi zorientować się, czego oni szukali na początku, jakie mieli nadzieje, jakie wyobrażenie.

Czasem okazuje się, że dokładnie ta rzecz, którą mieli nadzieję znaleźć w tej drugiej osobie, jest teraz tą samą rzeczą, która rozwala ich związek. Bo po drugiej stronie nadziei, marzeń i wyobrażeń jest zwykle druga strona medalu, problem, który się objawia dopiero po czasie.

Na przykład na początku jest tak: „To takie fantastyczne, że mnie rozumiesz, że totalnie łapiesz moje poczucie humoru, że uważasz, że jestem seksualnie atrakcyjna, fantastycznie! Cudownie!". A dziesięć lat później to może wyglądać tak: „Nie dajesz mi w ogóle przestrzeni, wisisz na mnie, zostaw mnie w spokoju". Ponieważ okazuje się, że równowaga w tym związku, pomiędzy symbiozą a byciem osobno, została nadwyrężona – i jeśli koncentrujesz się tylko na jednej rzeczy, nie widzisz tej drugiej strony, która zostaje zaniedbana – większość par do tego dochodzi samodzielnie, ale jeśli to się nie uda, to się stanie problemem po latach.

W książce „Psychoterapia par" pisze pan też o tym, że w związku poza miłością jest również miejsce na nienawiść i nie jest ona niczym złym.

Tak, dla wielu osób to trudne do zaakceptowania. Zwłaszcza ci, którzy trafiają na terapię, nie potrafią poradzić sobie z tym, że mogą kogoś bliskiego jednocześnie kochać i nienawidzić. W realnym świecie nie ma jednak innej możliwości, trzeba się tego nauczyć. Bo właściwie im bardziej się kogoś kocha, tym większe prawdopodobieństwo, że będzie się czuło momenty nienawiści do tej osoby. Jeśli kierowca autobusu albo sprzedawca krzywo na mnie spojrzy, co mnie to obchodzi, ale jeśli żona na mnie rano krzywo spojrzy, to mnie zaboli.

Miłość i nienawiść są bardzo blisko siebie. Freud powiedział, że miłość i nienawiść to w zasadzie to samo. Przeciwieństwem miłości jest obojętność, a nie nienawiść, jak się powszechnie sądzi. Jeśli jest nienawiść, to jest jeszcze jakaś nadzieja, jakaś niezrealizowana potrzeba, jakieś pragnienie. Obojętność to stan, w którym już nic nie ma znaczenia, i jest ona znacznie bardziej toksyczna.

Czasami ludzie zgłaszają się na terapię i mówią, że nienawidzą swojego partnera, czy to znaczy, że taki związek rokuje?

Na pewno obojętność gorzej rokuje, ale może być też tak, że kiedy mówią, że nienawidzą swojego partnera, to mówią to w momencie, w którym nadzieja, która ich połączyła, została zawiedziona. A może nawet wielokrotnie została zawiedziona, ale jednak może między tymi momentami udawało im się wracać do siebie.

Chodzi o to, że jeśli to rozczarowanie zdarza się zbyt często, to w związku gromadzi się coraz więcej nienawiści i taki związek powoli obumiera. Czasami terapia umożliwia takiej parze się rozstać w dobry sposób.

Kiedy pracuje pan z parami, nad czym konkretnie się pracuje, co ci ludzie muszą zobaczyć?

Najważniejsze jest to, by zobaczyć, że małżeństwo jest razem na dobre i na złe. Powinni też zobaczyć, że są razem dlatego, iż w tym drugim jest coś, co jest ważne dla mojego świata wewnętrznego. I jeśli na przykład on od 20 lat pije, a ona to wytrzymuje, to nie dlatego, że jest Matką Teresą. Gdzieś w środku to musi mieć dla niej jakieś głębsze znaczenie, że się na to godzi tyle lat.

Podam pani przykład pewnej pary. Mieli razem czwórkę dzieci, ona miała powracające stany załamań psychicznych, on był pastorem. Ten pastor prezentował się jako kochający mąż, niezwykle opiekuńczy, bardzo męski, chodzący ideał, który świetnie się zajmował swoją chorą żoną. Na terapii ona się bardzo wzmocniła, załamania nerwowe coraz rzadziej jej się przytrafiały i niech pani zgadnie, co się stało.

On się załamał.

Tak. Popadł w depresję do tego stopnia, że nie był w stanie chodzić do pracy. Podświadomie potrzebował tego, żeby ona była tą słabą. On wtedy mógł być tym silnym. Ona była chora, to on był tym zdrowym. To było też ważne ze względu na jego religię – on był tym opiekunem słabych i potrzebujących.

I nagle ten człowiek, którego ona zawsze uważała za ostoję, teraz robił się słaby. To doświadczenie pokazało im, że czasem ona może być silna, a on słaby, a czasem odwrotnie, i że świat się jednak nie zawali, bo oni dali radę przez to przejść. Nauczyli się elastyczności. Odnaleźli w terapii to, co wielu z nas odnajduje po prostu w normalnym życiu – równowagę. Ich wzorce myślenia i postępowania nie były na tyle elastyczne, żeby mogli się tego dowiedzieć, po prostu żyjąc razem, potrzebowali kogoś trzeciego.

Czy czasem, jak pan spotyka jakąś parę, ma pan wrażenie, że to przegrana sprawa?

Tak. Zdarzyło mi się to ze dwa, trzy razy. Musiałem przerwać terapię, bo para, która do mnie przyszła, tak się ordynarnie wyzywała, że nie miało znaczenia, co powiem, i tak mnie nie słuchali, albo to ja stawałem się celem, pod który leciały wyzwiska. Jakby byli uzależnieni od wylewania na siebie agresji. Są takie pary, które albo zostają ze sobą mimo to, albo znajdą sobie inną osobę, wobec której mogą użyć słownej albo fizycznej przemocy.

Czasami widzi się pary, które są ze sobą 30-40 lat i które się nienawidzą, obrażają się, ciągle kłócą, a mimo to się nie rozstają.

To bardzo smutna sytuacja, prawda? Ale ciekawe, co by było, gdyby trafili na kogoś innego, z kim nie musieliby się nienawidzić. Jaki potencjał się tam marnuje? Jeśli to para, która ma 20-30 lat i są razem krótko – chciałbym pracować z nimi głębiej, bardziej interweniować, złamać to, jeśli tylko można. Ale jeśli para jest ze sobą od 30 czy 40 lat, ten schemat odnoszenia się do siebie już się utrwalił, to szanse na zmianę są znacznie mniejsze.

Czasami jest też tak, że ludzie zostają w takich związkach, bo się dobrali – jedna osoba jest sadystą, a druga masochistą. Problem w tym, że jeśli ty potrzebujesz masochisty, żeby być sadystą, a ja potrzebuję sadysty, żeby być masochistą, to w takie związki bardzo trudno interweniować, bo dwie osoby czerpią perwersyjną przyjemność z tego. I kiedy terapeuta mówi: „Chwileczkę, kochani, tak dalej być nie może!", oni robią wielkie oczy i pytają: „Ale w zasadzie dlaczego?". Na jakimś poziomie obydwoje czerpią satysfakcję z takiego związku, bo oboje czują, że mają kontrolę i władzę.

Nawet masochista?

Tak. Jak pani myśli, jak często bite kobiety wybierają sobie na partnerów przemocowych mężczyzn? Regularnie. Chodzi o to, że jeśli jesteś masochistką, to masz nade mną – sadystą – władzę, ponieważ wiesz, że cię potrzebuję. Ja – sadysta – muszę mieć ciebie, żebym mógł cię wykorzystywać. Tak samo ja mam władzę, ponieważ pozwalasz mi wykorzystywać siebie. W tym jest taka podświadoma, perwersyjna przyjemność i to jest bardzo trudne do przerwania, bo sama świadomość, że można dostać tę przyjemność w łagodniejszej wersji, jest nie do zniesienia.

Co tam się mogło wydarzyć na początku?

Coś podobnego pewnie. Pewnie walutą, którą ofiary przemocy dostały w dzieciństwie, nie była opieka i uczucie, i miłość, tylko przemoc fizyczna albo psychiczna. Część pacjentów mówi, że lepiej być wykorzystanym, uderzonym przez kogoś niż zignorowanym, bo jeśli cię ignorują – to jest bardziej przerażające – to cię nie ma. Przemoc oznacza, że mnie zauważyłeś na tyle, żeby mnie skrzywdzić. Więc nienawiść, przemoc, złe rzeczy stają się tymi, w które wierzysz, którym ufasz, i to jest lepsze niż nic.

Kiedy decyduje pan, że para, która trafi na terapię, może iść już dalej samodzielnie?

Jeśli razem ze mną stwierdzą, że są w stanie zadbać o te trzy nogi, o których mówiłem: ja, ty, związek. Wtedy jest szansa, że uważają, że ich związek może zadziałać terapeutycznie i jest na tyle elastyczny, że można się bezpiecznie przemieszczać między tymi trzema elementami.

Para powinna znaleźć taki sposób funkcjonowania, żeby umieli sobie poradzić jako związek, kiedy życie rzuci pod ich nogi kolejną kłodę.

Kłopot w tym, że nie można wszystkiego przewidzieć. Coś się może wydarzyć, kiedy ludzie mają na przykład 60 lat. Idą razem przez życie, nic im tego wspólnego życia za bardzo nie zaburza, ale zdarzy się coś, na przykład rodzic jednego z nich umrze, co wywróci ich związek do góry nogami.

Miałem pacjentów, którzy się rozstali, kiedy ich dorosła córka oznajmiła, że jest homoseksualna. Nie mogli się z tym pogodzić i to spowodowało coś takiego, co rozsadziło ich związek. Nie zdążyliśmy się temu przyjrzeć, bo przerwali terapię.

Inny newralgiczny punkt dla wielu małżeństw to emerytura. Para, która była razem przez 30, 40 lat, nagle nie jest w stanie sobie z tym poradzić i się rozstaje.

Większość małżeństw ma coś, co się nazywa regulacją odległości – on ma swoją pracę, ona swoją, mają jakieś odrębne zajęcia, przyjaciół, są dzieci, którymi trzeba się zająć, to pozwala na regulowanie dystansu między partnerami. Ale kiedy jedna osoba na przykład ciężko zachoruje i jest cały czas w domu albo właśnie przejdzie na emeryturę, to może osłabić związek, bo nagle brakuje tego regulatora. I ciągła obecność partnera staje się nie do wytrzymania.

Jeśli miałby pan zareklamować długoterminowy związek, jak by to pan zrobił? Dlaczego jest lepszy niż seria związków, które są przyjemne, a kiedy przestają takie być, to się kończą?

Dobra, długotrwała relacja to taka, w której ciągle się rozwijasz, czegoś uczysz – co to znaczy być rodzicem, co znaczy starzeć się, co to znaczy budować autonomię wewnątrz związku – ale to też relacja, która pozwala ci poznać drugiego człowieka na bardzo głębokim poziomie. I jeśli taki związek dopuszcza różne zmiany, jeśli pozwala ludziom go tworzącym dojrzewać, jest szansa, że przetrwa.

Jeśli takiej elastyczności brakuje, to nie mam nic przeciwko rozstaniu, tylko zawsze w takich sytuacjach mówię moim pacjentom: „Może rzeczywiście już nic nie da się zrobić, ale – błagam – spróbujmy zrozumieć, dlaczego się rozstajecie, bo jeśli nie zrozumiecie tych powodów, będziecie popełniać te same błędy z kolejnymi osobami".

Niebezpieczeństwem krótkich, seryjnych związków jest to, że ludzie się tak naprawdę nie angażują w drugiego człowieka. To sprawia, że nie rozwijają się psychologicznie, że ciągle popełniają te same błędy, bo są takie rzeczy, których możesz się nauczyć tylko w głębokim, długotrwałym, intymnym związku. Także tego, kim naprawdę jesteś i jaki ogromny masz potencjał.

Jak być
nie za blisko
i nie za daleko?

Bez tajemnic nie jesteś sobą

Z BOGDANEM DE BARBARO
rozmawiają Agnieszka Jucewicz
i Grzegorz Sroczyński

Mąż wraca do domu po awanturze z szefem, męczy się bardzo, chce to żonie zaraz opowiedzieć. Ale zanim wyjmie to z siebie, powinien zapytać: „Przydarzyło mi się coś ciężkiego. Chcę o tym powiedzieć. Czy możesz posłuchać?".

Nie jest tak, że dobry związek to jakaś pełna, stuprocentowa bliskość. Najlepiej, żeby była równowaga między wolnością a miłością, między razem a osobno, między autonomią a złączeniem się, między rozmową a milczeniem na niektóre tematy. Pary często robią sobie awantury, bo za bardzo się do siebie zbliżyli. I to jest higieniczne.

Uważam, że mówienie o zdradzie, zwłaszcza spontaniczne i na ochotnika, jest głupie. Nie znam danych, które by pokazywały, że z tego może wyniknąć coś dobrego.

Jeżeli szanuję człowieka, z którym żyję, to szanuję też jego prawo do tajemnicy i odrębność.

Czy mówić sobie wszystko?

Nie.

Przychodzi do terapeuty mężczyzna strapiony tym, że ma fantazje seksualne na temat innej kobiety niż żona. „Czy to znaczy, że jej nie kocham?" – pyta. I po chwili: „Czy powinienem jej uczciwie wyznać, że mam takie myśli?".

Powinien?

Po pierwsze, takie fantazje nie znaczą, że nie kocha swojej żony. Biologicznie jesteśmy poligamiczni, dopiero seksualność zagarnięta w kulturę czyni nas monogamicznymi i wiernymi. Nie znajduję też powodu, żeby o tym mówił żonie. „A po co chce pan mówić o tych fantazjach? Jaki to miałoby odnieść skutek?".

No jak to? Mam z żoną tak dobrą i bliską relację, że wszystko sobie mówimy.

Nie podzielam tego poglądu. Teza „prawda nas wyzwoli" może dotyczyć wydarzeń metafizycznych, ale nie fantazji seksualnych. Przyjemnie myśleć o swojej wzajemnej wyłączności, nawet jeśli to nieprawda. Gdyby żona mi powiedziała, że miała fantazje seksualne na temat innego mężczyzny, tobym się tym strapił i pewnie przyłożył do tego większą wagę niż ona. Dla niej to była przelotna myśl, coś zabawnego w gruncie rzeczy, a ja co wieczór z tym obrazem wyolbrzymionym i rozbudowanym kładłbym się spać i może nawet nie zasypiał.

Czyli w sferze fantazji lepiej być dalej niż bliżej?

Mieć tajemnice. Nie domyślałbym się dobrego związku, który miałby polegać na pełnej wymienialności. Intymność, odrębność i nawet pewien poziom samotności ma swój sens. Wymienialność byłaby niebezpieczną iluzją. To można dobrze opisać na przykładzie relacji matki z dzieckiem. Kobieta mówi mi o swojej dziesięcioletniej córce: „Panie doktorze, jeszcze Kasia się nie odezwie, a już wiem, co ona powie". I mówi to z dumą, a ja tego słucham z niepokojem. Coś analogicznego między dorosłymi ludźmi byłoby już bardzo niepokojące.

Oczywiście, są chwile zakochania, uniesienia, bliskości, gdzie „ja to ty, a ty to ja". Takie jednoczące momenty mają swój urok. Natomiast gdyby to miało dotyczyć wszystkich obszarów życia, byłoby zastanawiające. Mam jakieś troski, które udźwignę sam, i nie mówię o tym żonie. Po co ma się martwić? To może być też chronienie partnera. Wyobrażam sobie, że ona też mi pewnych rzeczy nie mówi. I nie czuję, żeby mnie tym zdradzała, obrażała czy unieważniała. Ma swoje sprawy.

Z tego wynika, że trzeba mieć tajemnice w związku.

Tajemnica spełnia też funkcję tożsamościową. Buduje mnie. Bywam sam na sam ze swoimi egzystencjalnymi lękami, mogę oczywiście porozmawiać o tych trwogach z żoną, ale gdybym robił z tego towar na wymianę, tobym coś tracił. Moje lęki też mnie stwarzają. Hartują. Muszę umieć z nimi pobyć.

Wydaje mi się ślepą uliczką naszej kultury ten pomysł, że wszystko jest na sprzedaż. Świetnie wiemy, na co chorowała Agata Młynarska albo jakie były problemy małżeńskie Huberta, zapomniałem nazwiska...

Urbańskiego.

Taka inwazja mediów w życie prywatne znanych ludzi, często ku zadowoleniu tych ludzi, powoduje, że zaczynamy wyznawać ideę otwartości na przestrzał. Że to wartość, żeby wszystko o sobie wiedzieć. Nieprawda. Nie trzeba wiedzieć wszystkiego.

Tę otwartość na przestrzał dobrze widać na Facebooku. Wszyscy mamy tam sporo „znajomych", których praktycznie nie znamy, a oni sześć razy dziennie ogłaszają: „Mam dosyć, chyba się rozwiodę!". Trzy godziny później: „Jeśli ta kretynka z biurka obok

znowu coś powie, to chyba wyjdę z siebie". I tak dalej. Przeżycia emocjonalne – bardzo dla nich ważne – rozgłaszane na cały świat.

Średniej głębokości te przeżycia.

No jak to w życiu. Ale czy ludzie powinni się nawzajem zalewać takim ściekiem emocjonalnym?

Zalewać – nie. Sprowadźmy to do sytuacji w związku. Mąż wraca do domu po awanturze z szefem, męczy się bardzo, chce to żonie zaraz opowiedzieć. Ale zanim wyjmie to z siebie, powinien zapytać: „Przydarzyło mi się coś ciężkiego. Chcę o tym powiedzieć. Czy możesz posłuchać?".

O Jezu, jakie piękne!

To pytanie sporo zmienia. Zakłada istnienie drugiej osoby i jej wrażliwości.

Piękne. Bo osoba, która przeżywa coś trudnego, boi się po kłótni z szefem utraty pracy, że nie utrzyma domu, nie spłaci kredytu, z tyłu głowy już narasta ta cała fala tsunami, potrafi w tym wszystkim jeszcze uwzględnić, że partner może, ale nie musi tego wysłuchać.

Tak. To zresztą jest też w jej interesie. Jeżeli chcę o czymś trudnym komuś powiedzieć, to powinienem zadbać o kąt otwarcia rozmówcy, żeby to, co powiem, zostało przyjęte. Jeśli powiem bez uprzedzenia, to się odbije i trudne emocje wrócą do mnie jak bumerang.

Czy związek jest od tego, żeby rozmawiać ze sobą o rzeczach, które mnie przerażają, na przykład o śmierci?

Jeżeli to jest głęboki związek, myślę, że jest też od tego.

Po co obarczać ukochaną osobę paniką? Może lepiej zrzucić to na kolegę z pracy?

Zależy od nasilenia. Jeżeli powiem do kogoś bliskiego zdanie: „Czasami ogarnia mnie strach przed tym, co będzie po śmierci", to takie zdanie zbliża mnie do tego kogoś i tego kogoś do mnie. A jeśli będąc w ataku paniki, chwytam partnerkę za rękę: „Słuchaj, nie wytrzymuję. Muszę ci to powiedzieć. Cały drżę, czujesz?" – to od tego powinien być ktoś inny. Być może terapeuta. Bo kolega z pracy pewnie powie: „Weź się, chłopie, w garść". I co mi z tej garści?

Nie jest tak, że dobry związek to jakaś pełna, stuprocentowa bliskość, choć wiele osób ma taką iluzję. Mówiąc górnolotnie, najlepiej, żeby była równowaga między wolnością a miłością, między razem a osobno, między autonomią a złączeniem się, między rozmową a milczeniem na niektóre tematy. Tę powierzchnię wspólną – iloczyn zbiorów – ludzie sami muszą sobie wypracować. Mało tego: to nie jest trwałe, będzie się zmieniać. Pary często robią sobie awantury, bo za bardzo się do siebie zbliżyli. I to jest higieniczne.

Bliskość prowadzi do awantur?

Instynktownie to mogą robić, bo jest im razem duszno. Ale oczywiście zawsze wymyślą jakiś pretekst: „Dlaczego kupiłeś niedojrzałe truskawki?!". Kłótnia zastępcza.

„Ależ, kochanie, przecież razem truskawki kupowaliśmy, wszystko razem robimy".

Tak. Niektóre osoby mają taką właśnie wizję udanego związku – wszystko razem.

Stopienie się, uniesienie miłosno-erotyczne to jest jedność na chwilę, ekstaza. Ale potem potrzebna jest odrębność. A sytuacja, że miałoby mnie nie być, że wchodzę w łono swojej kobiety, to jest pragnienie patologiczne. Jakbym siebie unicestwił. Ktoś w ataku paniki przyjmuje pozycję płodową i partner go obejmie, przez chwilę jest się w tym ramieniu, w matczynym brzuchu – to może dać doraźną ulgę. Ale gdyby miało się stać rytuałem codziennym, toby zabrało partnerom własne osobowości.

W gabinecie widzę często pary, które mają różne pomysły na skalibrowanie tego razem – osobno. I kłopot o charakterze błędnego koła polega na tym, że jak ktoś chce być bardziej blisko niż ten drugi, to przybiega, a tamten natychmiast odbiega. Taka zabawa w łapię – uciekam. Partner, który próbuje ciągle gonić, myśli: „Jestem niekochany". A tamten, który ucieka, mówi z kolei: „Jestem zagrożony, duszę się". To się toczy poprzez awantury, nieprzespane noce, rozmaite złośliwości. Para może wcale nie wiedzieć, że chodzi o problem odległości. Przychodzą w innej sprawie: „Bo żona mnie nie rozumie", „Bo mąż jest cham".

Co może być prawdą.

Może być, ale nie istotą prawdy. Pod spodem jest inna prawda. On dlatego stał się chamem, że nie wytrzymuje tej natarczywej bliskości. A niestety innego pomysłu niż chamstwo nie znalazł w repertuarze, bo to mu tatuś podpowiedział 30 lat wcześniej.

A co jest potrzebne, żeby taka para się zatrzymała i przestała gonić – uciekać?

Są terapeuci, którzy lubią zadania domowe. I mówią na przykład: „Pani wyjeżdża na tydzień i nie daje znaku życia. Zobaczymy, co będzie". I może tym razem to on zacznie dzwonić.

Już po pięciu dniach...

Możliwe, że dopiero wtedy. Ale zadzwoni.

W związkach ludzie bardzo rzadko mają taką samą optymalną bliskość. Bo inną wynieśli z domów. Jeśli jedno było przyzwyczajone do symbiozy z rodzicem, a drugie – do wolności, no to teraz muszą negocjować i ustalić między sobą nową odległość, jeśli mają być razem. To, że jedno chce więcej wolności, nie znaczy, że nie kocha. Po prostu inne ma potrzeby i inne dostało wzorce.

Para wraca z przyjęcia. Ona pyta: „Dlaczego tak się patrzyłeś ciągle na Zosię? Podoba ci się?". Czy jeśli ta Zosia rzeczywiście mu się podoba, to powinien powiedzieć prawdę? A może to też powinna być tajemnica?

Ja czasem pytam żonę: „Przystojny czy nieprzystojny?". Ale nie po to, żeby jakąś fantazję z tego snuć, tylko chcę znać jej gust. Sam też jej mówię, że ta mi się podoba, a tamta nie bardzo. I okazuje się, że mamy całkiem inny gust.

Jeżeli tkwię w związku, który drży w posadach, to nawet niewinna informacja, że widziałem wczoraj na okładce ładną amerykańską aktorkę, grozi zranieniem i awanturą. Ale jeżeli mam bliski związek z dobrym seksem, to wtedy nawet powiedzenie czegoś wyraźniej nie będzie zagrażało.

A jeżeli budzę się rano i w naturalnym odruchu szczerości mówię żonie: „Słuchaj, śniła mi się właśnie nasza znajoma Zosia! Miałem z nią w tym śnie fantastyczny seks, strasznie to dziwne, nie uważasz?"?

To pan jest dzieckiem! Nie przeprowadził pan tego tekstu ani przez swojego wewnętrznego dorosłego, ani przez rodzica. Tylko dziecko musi z zachwytem natychmiast wyrazić każdą cząstkę siebie.

To idźmy dalej. Mówić o zdradzie?

Nie. Kiedyś dałem taki wywiad i oburzeni katolicy pisali do „Charakterów", że przecież prawda nas wyzwoli. No więc uważam, że mówienie o zdradzie, zwłaszcza spontaniczne i na ochotnika, jest głupie. Nie znam danych, które by pokazywały, że z tego może wyniknąć coś dobrego. Za to znam wiele przypadków, że to zdewastowało związek i pozostawiło ludzi w niesprawiedliwym zranieniu. I jeżeli ktoś ma przekonanie, że w ten sposób się do partnera zbliżył, oczyścił atmosferę, zachował się tak uczciwie – to coś mi tu zgrzyta. Lepiej niech ktoś tę energię skieruje na zadbanie, żeby już nie zdradzać. Jeżeli żałuje prawdziwie, to niech odpokutuje także w ten sposób, że ma się zamknąć i sam mierzyć z ciężarem własnej zdrady.

Iść w zaparte, jeśli ta druga osoba się czegoś domyśla?

W USA połowa zgłoszeń na terapie małżeńskie to jest stan po zdradzie, czyli że się wydało. No i wtedy jest praca, trzeba ranę oczyścić, żeby się zagoiła, przyznać się przy partnerze, opowiedzieć. Może nie z sadystyczną dokładnością, ale jednak z konkretem. I dotrzeć do gniewu tego, kto został zdradzony. Potem bywa, że rana się zabliźnia.

Mężczyzna nie rozmawia o kłopotach z żoną, bo nie chce jej martwić. Zamiast tego ma w pracy przyjaciółkę, której się zwierza, świetnie się rozumieją, wspierają. W porządku?

Mężczyźni bardziej przeżywają zdradę fizyczną, a kobiety – równie silnie zdradę emocjonalną. I to ważne pytanie, na ile możemy mieć bliskie związki z innymi ludźmi, a na ile to narusza jednak pewnego rodzaju lojalność. Miałem kiedyś przyjaciela, który z moją żoną chodził na wycieczki, bo ja nie lubię wycieczek. Podwoziłem ich, szedłem coś czytać do schroniska, a oni na cały dzień znikali w górach. I cała trójka była zadowolona. Nie miałem odruchu, żeby ich kontrolować, bo nie czułem zagrożenia. Ale gdybym podejrzewał, że on ją uwodzi albo ona jego – to pewnie bym inaczej tę sprawę przeżywał. Jest gdzieś cienka granica, nie ma jednoznacznych dobrych rad.

Kobieta ma bliskiego kolegę. „Z mężem tak szczerze nie umiem porozmawiać jak z tobą" – wyznaje mu. W porządku?

Zależy, co jest intencją. Jeśli ona w czasie tej rozmowy będzie nabierała przekonania, że tak jak kolega to nikt na świecie nie umie jej słuchać i rozumieć, a on z kolei będzie nabierał przeświadczenia, że ona ma problemy i ten jej mąż to rzeczywiście rzadki dupek, to jest to niedobre.

Mam przyjaciółki kobiety, ale nie uważam, żeby to było nielojalne. To jest prawdziwa przyjaźń, nie ma tam nuty erotycznej.

I ta nuta decyduje o tym, czy jest to lojalne, czy już nie?

Nie. To złe określenie, niedokładne. Chodzi o taką nutę zawłaszczania: że chcę być wyjątkowy albo wyjątkowa dla kogoś. Wtedy klimat robi się nie do końca czysty. Wiele też zależy od tematu tych rozmów. Sprawy, które dotyczą mojej relacji z żoną, powinny być z tego wyłączone, gdybym rozmawiał o tym z przyjaciółką, to czułbym się nielojalny. Nawet pacjenci czasem mówią: „Źle się czuję, że o tym panu opowiadam, a jej nie ma obok".

Czy bliskość w związku powinna dotyczyć przeszłości? Niektórzy na przykład wymagają, żeby opowiedzieć im wszystko ze wcześniejszych związków, nawet to, jak było w łóżku.

Moja intuicja psychologiczna mówi, że takie rozgadywanie się na temat przeszłości rzadko ma dobre skutki. Bo raczej rozbudza fantazję słuchacza. Można też tak powiedzieć: „Byłem w związku z pewną kobietą, to był dobry związek, z różnych powodów się skończył". Pewien rodzaj lojalności do tamtego rozdziału też ma sens.

Ale może się pojawić zazdrość o tę lojalność.

No tak. Ale im bardziej będę mówił: „Wiesz co, kochanie, Frania to robiła pierożki z mięsem, ale wolę twoje z serem", no to pojawia się zaraz pytanie: „A co ta Frania jeszcze potrafiła?". No i potem się okazuje, że nie tylko pierożki. Następuje eskalacja, wyobraźnia działa.

Czyli warto być lojalnym wobec poprzednich związków?

Tak. Dla mnie to taka wewnętrzna nieelegancja, jeśli ktoś opowiada źle o swoich poprzednich partnerach.

A jeśli mąż zaczyna wypytywać: „A ilu miałaś facetów?". Albo żona: „Ile miałeś kobiet?".

Rozmowa jakoby partnerska.

Jakoby?

Tak. Bo to nie jest ciekawość, tylko ciekawskość. Ja bym to odróżnił. Ciekawość jest zabarwiona pewną życzliwością i uważnością na tego drugiego. A ciekawskość jest tylko dla mnie. Jeżeli szanuję człowieka, z którym żyję, to szanuję też jego prawo do tajemnicy i odrębność. I nie wypytuję tak szczegółowo o przeszłość. A jeśli sam jestem wypytywany, to mogę powiedzieć: „Przepraszam, to są moje sprawy".

I partnerka zraniona.

No to można powiedzieć inaczej: „Tak, mam swoje intymne tajemnice, jakbyś mnie zapytała, w jakich majtkach szedłem do pierwszej klasy, to za Chiny ci nie powiem, bo nie pamiętam. I wielu innych rzeczy też nie pamiętam".

No tak, ale nie o majtki chodzi, tylko co ta Frania umiała oprócz pierożków i jak w łóżku było.

„No też nie pamiętam" – bym powiedział. Zresztą naprawdę, uwierzcie starszemu człowiekowi: nie trzeba tej sfery traktować z aż taką pompą. Nie tym człowiek ma żyć! Jakbyśmy z jakichś seksualnych faktów z przeszłości mieli układać hiperbole, to wyjdzie z tego tylko piana i marność. Trzeba wykazać rodzaj wielkoduszności wobec przeszłości. No coś tam było, każdy przecież ma jakąś historię.

Przychodzi mi do głowy scena z pewnego filmu, niestety nie pamiętam tytułu. Dwóch przyjaciół się kłóci, kłótnia eskaluje, zaraz się chyba pozabijają, i w pewnej chwili jeden się zatrzymuje, przytula tego drugiego i mówi: „Ja też cię kocham". To jest metoda! Ten człowiek się ocknął, zobaczył, o co tak naprawdę w tej kłótni chodzi. I być może istotą tej inwigilacji, pytań o przeszłość, o Franię i jej pierożki, jest wątpliwość, czy ja cię kocham. „Tak, kocham cię! Wątpisz w to?".

„Wątpię, bo ja przed tobą nie mam tajemnic. O wszystkim ci opowiedziałam. O Franku, Zenku i Kaziu. A ty o Frani nie chcesz opowiedzieć".

Tak. Możliwy jest taki dialog.

Skąd to się bierze? Skąd ten pęd do kontrolowania drugiej osoby, wypytywanie?

Z lęku. A mówiąc banalnie – z wczesnego dzieciństwa. Wtedy, kiedy najbardziej chcieliśmy być kochani i czuć się bezpiecznie, rodzice z jakichś powodów nie dali nam bezpiecznej miłości, żeby nas wyposażyć w odwagę, pewność, samoakceptację. Pozostaje więc pomysł kontroli i podejrzliwości. Próbuję kontrolować, bo mam przeczucie, że jeżeli nie będę tego robić, to sytuacja mnie zniszczy. Partnerka odejdzie albo mnie skrzywdzi, zdradzi, albo nie będzie taka, jaka być powinna.

Niepewny siebie i kontrolujący partner musi w końcu zaryzykować niekontrolowanie i zobaczyć, że nic złego z tego nie wynika. Wtedy odrabia zaległą od dzieciństwa lekcję, że mogę być blisko, potem daleko, i mnie nikt nie zdradzi, mogę zamknąć oczy – nikt mnie nie uderzy, mogę chodzić nagi – nie wyśmieje. Kontrola to tak naprawdę ubranie się. Czuwanie, żeby mnie ktoś nie skrzywdził wzrokiem, słowem, zachowaniem.

Ochrona siebie.

Tarcza. Kontroluję kogoś, żeby nie zostać zranionym.

Lepiej kontrolować czy zaufać i zostać oszukanym?

Jeśli zaufam, to mogę zostać oszukany, zraniony, zdradzony. To prawda. Ale mam głębokie przekonanie, że lepsza jest naiwność niż podejrzliwość. Chociaż miałem kiedyś pacjenta, którego namówiłem na kierowanie się tą zasadą w pewnej sytuacji życiowej, a tymczasem okazało się, że to on z tą swoją całą podejrzliwością miał rację i w efekcie strasznie go różne osoby oszukały. To była moja pomyłka. Morał mieliśmy z tego taki: bądź podejrzliwy tam, gdzie coś ci grozi. Można wkładać kożuch w zimie i to jest OK, ale po co chodzić w nim w lecie? Warto zmieniać stroje w zależności od pogody.

Jeśli nieustannie próbuję kontrolować sytuację, to tracę rodzaj głębokiego oddechu w życiu. Gdybym teraz na przykład bał się, że państwo poprzekręcają naszą rozmowę i opublikują bez autoryzacji, tobym się nie mógł skupić na rozmowie z wami, tylko zastanawiał, czy nie mówię wam za dużo. A potem pewnie bym wpadł w paranoję, że tak naprawdę nie jesteście dziennikarzami, tylko chcecie dom mi obrabować. I tak dalej.

Sprawdzanie SMS-ów, maili, konta na Facebooku, wypytywanie, odwożenie partnera wszędzie, żeby mieć pewność, że idzie do biura, a nie na schadzkę... Wiem, że ludzie robią sobie takie rzeczy, ale to musi być strasznie męczące i zabiera masę energii. Myślenie, że jak partner gdzieś pójdzie sam, to na pewno mnie zdradzi, to musi być coś okropnego. Wtedy para wszystko musi robić razem i taki pilnowacz traci, bo wciąż musi robić coś, co go nieciekawi.

Na te spacery w górach musiałby pan chodzić.

No tak! Strasznie nudne.

Kiedy jest zaufanie i partnerzy potrafią robić różne rzeczy oddzielnie, to przynoszą potem do związku inne światy. Rzeczywistość staje się bogatsza. Możliwe są w takim związku dwa obrazy, a nie jeden ujednolicony, w który oboje się muszą wpatrywać. To jest zresztą zgodne z otoczeniem kulturowym, w którym żyjemy. Postmodernizm to wiele modeli, obrazów, prawd, nie ma już miejsca na jedną obowiązującą. Nie musi być tak albo tak, może być jednocześnie tak i tak. To niezgodne z ideą gmachu prawdy, który powinniśmy wznosić coraz wyżej, tylko raczej mamy taki kolaż, patchwork, ale mnie się to bardzo podoba. Gdyby istniała terapia rodzin, a nie istniałby postmodernizm, to my, terapeuci, byśmy go wymyślili. Bo właśnie w czasie terapii najlepiej widać, że są dwie równoprawne wersje wydarzeń, dwa obrazy, i że one się wzajemnie nie wykluczają. Przychodzi skłócona para i ma taki pomysł, że wreszcie się dowiedzą, kto ma rację. I proces terapii to między innymi uświadamianie im, że trzeba się pozbyć tego złudzenia, że któreś z nich może mieć wyłączną rację.

A jeśli ktoś ma po prostu rację i pan to widzi?

Nigdy nie ma tak w związkach – oczywiście wykluczam sytuacje patologiczne związane z przemocą. Nawet jeśli wina rozkłada się nierówno, to jeden dodać pięć równa się sześć nie dzięki jedynce ani piątce, tylko dzięki znakowi plus.

Terapeuta nie powie, jakie życie jest dobre? Jaka para jest dobra?

Dziś odchodzi się od mówienia, co jest normą. To pewne osiągnięcie. Jest w tym oczywiście niebezpieczeństwo nihilizmu, ale jeśli cały czas pamiętam, że nie chodzi o to, żeby świat był wyprany z wartości, a życie było tylko wolnym rynkiem przyjemności, to wówczas mamy prawo nie spieszyć się z mówieniem, co jest normą, a co nie. Po pierwsze, to się szybko zmienia, po drugie, w każdym kraju jest różnie, po trzecie, w każdej rodzinie jest różnie. Im dłużej pracuję w tym zawodzie, tym bardziej widzę, jak mało należy wiedzieć.

Mało wiedzieć?

To myśl filozofa Gastona Bachelarda: „Żeby myśleć, trzeba się najpierw oduczyć tylu rzeczy". Trzeba zakwestionować siebie, nie wiedzieć, nie spieszyć się z oceną. Terapeuta nie może zdejmować ludziom dachu nad głowami, zaglądać i mówić: „Szczęść Boże". Albo: „Nie, źle robicie!". Nie mogę być dla nich dawcą norm. Są pewne ogólne zasady: dobra rodzina to taka, w której ludzie nie pogardzają sobą. Tyle można powiedzieć, aż tyle i tylko tyle. Ale czy para jest ze sobą za blisko, czy za daleko – tego już nie. Nie istnieje jakaś norma w biurze Sèvres pod Paryżem.

Co jest potrzebne do stworzenia związku?

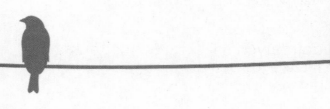

Dojrzałość może boleć

Z DANUTĄ GOLEC
rozmawia Grzegorz Sroczyński

Zakochany dorosły doświadcza miłosnego zlania z ukochaną osobą, co musi się przekształcić w bardziej dojrzały rodzaj więzi, żeby para mogła przetrwać.

W związku dojrzałych ludzi wcale nie musi być miło. Chodzi raczej o rosnącą satysfakcję z życia, większą głębię i bogactwo wewnętrzne.

Ludzie mają szansę zbudować satysfakcjonujący związek, jeśli wiążą się w takim momencie, w którym stali się osobni, ale jednocześnie zdolni do bliskości z innymi.
Bez osobności będzie zlanie, a bez bliskości - zimny kontrakt dwóch umysłów.

Powiedziała pani kiedyś, że związki to zabawa dla dorosłych ludzi.

Dojrzałych. Dla ludzi, którzy osiągnęli podstawowy poziom dojrzałości emocjonalnej. Zwykle nie osiągamy go w pełni, kiedy wchodzimy w związek, ale niezbędny jest fundament.

Co się składa na ten fundament?

Przekonanie, że mam własny umysł, a partner – własny. Inaczej zamiast związku powstaje układ emocjonalny, który zresztą może być bardzo trwały. Mam na myśli na przykład sytuację, kiedy spotkały się dwie osoby mające potrzebę emocjonalnego zlania się ze sobą. Zrobimy bezpieczne gniazdko i będziemy się przytulać całe życie jak słodkie misiaczki. Po kilku latach jedna osoba chce to dalej ciągnąć, a druga – na przykład kobieta po urodzeniu dziecka – ma dość symbiozy. Chce układ wypowiedzieć, bo poszła emocjonalnie dalej, zaczęła czuć potrzebę różnicy zdań, chce się z partnerem spierać, co przecież bywa inspirujące. A partner czuje panikę: „Jak to? Ty masz inne zdanie niż ja? Przecież my zawsze wszystko razem!". Dla wielu ludzi nie jest oczywiste, że można być ze sobą blisko, a jednak w wielu sprawach się różnić, mieć własne zainteresowania, grupy towarzyskie, i nie trzeba każdego momentu życia uzgadniać.

Świadomość, że ludzie mają własne umysły, to ważne osiągnięcie rozwojowe. Można na bardzo wczesnym etapie życia odmówić uznania tego faktu.

Dlaczego?

W gruncie rzeczy chodzi o podtrzymywanie iluzji jedności z matką, czyli stanu z okresu wczesnego niemowlęctwa. Wszyscy do tego stanu tęsknimy, bo w naszej nieświadomości pozostał jako wspomnienie bezpiecznego raju.

Brytyjska psychoanalityczka Margot Waddell zajmowała się problemem dojrzałości do małżeństwa, albo – mówiąc precyzyjniej – do partnerstwa, bo nie chodzi o fakt ślubu, tylko o wchodzenie w związek. Próbowała znaleźć ten fundament dojrzałości, o którym rozmawiamy. W swoich pracach analizuje znaną powieść Charlotte Brontë „Dziwne losy Jane Eyre", którą czytałam wielokrotnie, to znakomita literatura. Bohaterka mówi na końcu tak: „Nigdy mnie nie nuży towarzystwo mojego Edwarda ani jemu nieprzykrzy się moje [...] toteż jesteśmy ciągle razem [...]. Rozmawiamy, zdaje mi się, jak dzień długi; rozmowa jest dla nas tylko żywszą i głośną formą myślenia. Ja całe zaufanie pokładam w nim, on nawzajem we mnie; jesteśmy doskonale dobrani charakterami, stąd wynika doskonała zgoda". Ciekawe, co dalej – zastanawia się w swojej pracy Waddell.

A co dalej?

Wygląda na to, że pierwszą pracę, jaką muszą oboje wykonać, to wyodrębnić się z miłosnego zlania.

Muszą zyskać własne umysły?

Tak.

Związek jest doświadczeniem tak intensywnym właśnie dlatego, że wymaga powtórnego przejścia wszystkich etapów rozwojowych właściwie aż od niemowlęctwa.

Dziecko doświadcza zlania z matką i musi się z tą wspaniałą jednością na kolejnym etapie rozwoju psychicznego pożegnać. Zakochany dorosły doświadcza z kolei miłosnego zlania z ukochaną osobą, co też musi się przekształcić w bardziej dojrzały rodzaj więzi, żeby para mogła przetrwać. Związek reaktywuje w nas te same trudności emocjonalne, które przechodziliśmy jako niemowlę, dziecko, nastolatek. Nasze sposoby radzenia sobie z trudnościami albo będą takie same jak na poprzednich etapach życia, albo – jeśli związek służy rozwojowi – mogą stawać się bardziej dojrzałe. Przy okazji można urodzić dzieci, dobrze je wychować, dorobić się czegoś i podnieść PKB ku chwale kapitalistycznej ojczyzny, ale ten najbardziej podstawowy zysk jest taki, że ludzie w związku rozwijają się emocjonalnie. Czasem doświadczają tego dojrzewania jako mocnego poczucia, że ich życie warte jest przeżywania.

Czyli jest im dobrze i są szczęśliwi?

Nie. Wykreśliłabym z naszych rozważań słowa „dobrze", „miło" i „przyjemnie". W związku dojrzałych ludzi wcale nie musi być miło. Chodzi raczej o rosnącą satysfakcję z życia, większą głębię i bogactwo wewnętrzne. Ale to nie musi oznaczać, że jest przyjemnie.

Dojrzałość boli?

Oczywiście. Bo wymaga rezygnowania z wielu iluzji. Dojrzałość rzeczywiście nie musi być niczym przyjemnym, ale za to może być czymś niezwykle satysfakcjonującym. Polega na kontakcie z rzeczywistością, a ona bywa zarówno miła, jak i niemiła.

Dojrzały człowiek rozumie, że ma własny umysł – chcę to powtórzyć, bo dla wielu nie jest to oczywiste. Niektórzy próbują mieszać umysł swój z umysłami innych ludzi. Używają w sposób nasilony mechanizmu projekcji, czyli umieszczają w innych ludziach własne cechy i myśli. Najczęściej te, których woleliby w sobie nie widzieć.

Dla takich ludzi partner staje się pojemnikiem na trudne emocje?

Może tak być. Typową projekcję da się streścić zdaniem: „To nie ja jestem zły, to ty taki jesteś". Albo: „To nie ja jestem zawistny, tylko wszyscy dookoła tacy są i mi zazdroszczą".

Wszystko, co w moim umyśle niezbyt ładne i chwalebne, umieszczane jest na zewnątrz. Wydalane. Oczywiście czasem każdy korzysta z tego mechanizmu, to normalne, chodzi o poziom nasilenia. Jeśli czyjś umysł wciąż nerwowo wydala trudne emocje, to zahamowana jest komunikacja do środka i taka osoba niewiele może przyjąć z zewnątrz. W efekcie ma niewielki kontakt z rzeczywistością.

Człowiek dojrzały posiada zdolność utrzymywania w umyśle różnorodnych treści, również tych trudnych. Inaczej umysł żyje na mało pożywnej strawie, a świat wewnętrzny staje się jednostajny, czarno-biały, uproszczony. Niedojrzała osoba w sytuacji konfliktu jest jak dziecko w piaskownicy: „To on jest głupi! To on mi zabrał zabawki!". Starsze dziecko, nawet jeśli zareaguje emocjonalnie, to potem jednak pomyśli: „No tak, ale ja chyba też trochę zawiniłem. Może nie będę wchodzić w jego babki ani rozwalać mu zabawek".

Jeśli mój umysł działa prawidłowo i nie musi natychmiast usuwać trudnych myśli, to mam czas, żeby na nie popatrzeć i czegoś nowego się o sobie dowiedzieć.

Nauczyć.

Tak. Bo uczenie się wymaga kontaktu z rzeczywistością.

Kolejny ważny składnik dojrzałości, która może być podstawą do budowania udanego związku, to umiejętność przeżywania żałoby.

Po najbliższych?

Nie o to chodzi. Radzenie sobie z utratą to pierwszy afekt, który dotyka nas we wczesnym niemowlęctwie. Życie to od początku seria fatalnych strat. Najpierw rozstajemy się z iluzją wszechmocy, poczuciem, że cały świat jest naszym wytworem – myślimy o piersi z mlekiem i zaraz ta pierś się pojawia. Dziecko stopniowo dowiaduje się, że mama nie jest częścią jego ciała jak ręka czy noga, tylko oddzielną osobą, która w dodatku ma swoje sprawy. Utracie iluzji towarzyszy wściekłość, zawiść i inne trudne emocje. I już niemowlęta mogą podążać w różnych kierunkach rozwojowych w zależności od tego, jakie strategie radzenia sobie z żałobą przyjęły ich umysły.

Jakie mogą być te strategie?

W największym skrócie: albo umysł zaprzecza rzeczywistości i próbuje podtrzymać iluzję, albo potrafi znieść stratę, wytrzymać związane z tym emocje, przeżyć je i pójść dalej. Dojrzałość – jak już mówiłam – to umiejętność wytrzymywania różnorodnych stanów psychicznych łącznie z tymi najtrudniejszymi.

Które są najtrudniejsze?

Pomieszanie i chaos. Pojawiają się za każdym razem, gdy coś tracimy. „Nie wiem, co się dzieje, zagubiłem się, zaraz się rozpadnę na kawałki" – tak można to streścić. Dziecko na kolejnych etapach rozwoju nieustannie wpada w otchłań psychicznego chaosu i dzięki rodzicom, jeśli potrafią reagować adekwatnie, uczy się to wytrzymywać.

Reagować adekwatnie, czyli jak?

Dojrzale. Wsłuchać się w dziecko, a nie natychmiast wszystko za nie wiedzieć i dawać szybkie odpowiedzi. „Płacze, bo jest złośliwy". „Jest marudny jak jego ojciec". Żeby się w dziecko wsłuchać, trzeba umieć wytrzymać stan niewiedzy – swój i dziecka.

Między dorosłymi ludźmi działa to podobnie. Są osoby, które od razu wiedzą, co ja czuję, co powinnam zrobić, jak mam sobie radzić z problemami. Wiedzą mnóstwo różnych rzeczy o innych ludziach i właściwie w ogóle nie muszą ich słuchać.

Ja mówię takim ludziom: „Niestety muszę lecieć, zdzwońmy się koniecznie!".

No tak. Tyle że dziecko nie może tak rodzicom powiedzieć.

Kiedy potrafimy wytrzymywać stan niewiedzy i chaosu, możemy się doczekać prawdziwych odpowiedzi. Musiałam to zrozumieć również jako terapeutka. Osoby początkujące w tym zawodzie czują czasem pokusę, żeby dawać szybkie interpretacje i diagnozy. Po latach pracy umiem sobie pozwolić na to, że nie wiem. Mogę czekać, aż pojawi się prawda.

Mówiła pani, że dojrzałość do związku to między innymi umiejętność przeżywania żałoby.

Chodzi przede wszystkim o to, że tego procesu się nie da przeskoczyć, obejść, ani w dzieciństwie, ani w żadnym innym okresie, chociaż bardzo byśmy chcieli. Umiejętność przechodzenia żałoby jest nam potrzebna przez całe życie.

Bo ludzie dookoła wciąż umierają.

Są też mniejsze żałoby. Po szczęśliwie zakończonym projekcie w pracy trzeba się pożegnać z pewnym rodzajem ekscytacji. Albo żałoba związana może być z tym, że się kończy jakiś etap w życiu, ktoś wyjeżdża, z kimś się rozstajemy, niekoniecznie umiera. Coś gubimy, tracimy. Tych okazji do żałowania jest dużo. Ludzie mają często taki oto pomysł, że zdrowie psychiczne polega na nieprzeżywaniu trudnych stanów. Na przykład rozmaitych form obniżonego nastroju, przygnębienia, stanów depresyjnych. Bo jak ktoś to przeżywa, to niedobrze i powinien coś zrobić, żeby tego nie było.

Pastylkę łyknąć.
Tymczasem nie można ominąć procesu żałoby. Gdy ktoś próbuje usunąć z umysłu związane z tym trudne emocje, to one wrócą. Najczęściej w postaci prawdziwej depresji. Człowiek dojrzały potrafi przeżyć żałobę, to znaczy wytrzymać pojawiające się w jej trakcie uczucia i pójść dalej. To ciężka praca, ale dopiero po jej wykonaniu można się uwolnić.

Trudne stany umysłu nie są wieczne, one mijają. I żeby minęły, musimy je wytrzymywać, być w nich, myśleć o nich i – jeśli coś jest zbyt trudne – szukać wsparcia u innych ludzi.

Czy jest jakiś element osobowości, który ułatwia nam wytrzymywać te trudne stany?
Na kolejnych etapach rozwoju budujemy w sobie coś, co w języku psychoanalizy nazywa się dobrym obiektem wewnętrznym. To odpowiednik dobrych doświadczeń z pierwszymi ważnymi osobami w życiu, mamą, ojcem, dziadkami.

Dobry obiekt?
Proces jego powstawania widać u dzieci. Znajomi musieli mi zostawić pod opieką na kilka godzin dwulatka. Chłopiec był niespokojny, ale w końcu usiadł i mruknął do siebie: „Mama zaraz przyjdzie". Powtórzył to kilka razy. Przywołał matkę, żeby gdzieś w środku ona cały czas z nim była.

Po pierwszym dniu w przedszkolu znajoma odbiera córeczkę i pyta: „I jak? Dobrze ci tam było?". „Dobrze, bo ty cały czas byłaś ze mną".

Dojrzała osoba ma w środku obiekt dający oparcie w trudnych chwilach, dzięki czemu lęk nie zalewa umysłu. Samoocena też jest trwalsza. Dookoła dzieją się trudne rzeczy – nie myślę teraz o wojnie czy śmierci bliskich, tylko o codzienności – ale coś mi w środku konsekwentnie mówi: „Będzie dobrze", „Uda się", „Spokojnie, smutek minie". Takie osoby mogą zostać w życiu same i nie tną się, nie wieszają, nie wpadają w seksoholizm.

„Spokojnie, smutek minie". To takie ważne?
To kolejna rzecz dla wielu ludzi nieoczywista – świadomość, że stany umysłu są zmienne. Gdy czterolatek wpada w złość czy smutek, to odbiera ten stan jako permanentny. I czuje, jakby ta emocja miała już trwać wiecznie. Są też tacy dorośli, to ogromne

cierpienie. Wszyscy czasem tego doświadczamy, zwłaszcza afekty depresyjne mocno nas wciągają i przestajemy wierzyć, że kiedykolwiek mogą minąć. Dziecko w trudnych sytuacjach potrzebuje dorosłego, który przytuli i powie: „Zaraz będzie dobrze! Siii, siii, paluszek przestanie boleć". W ten sposób uczymy się, że najbardziej dojmujące uczucia są odwracalne. A skoro tak, to można sobie na nie od czasu do czasu pozwolić.

Gdy dojrzały człowiek przeżywa coś zbyt trudnego, to – podobnie jak dziecko – może potrzebować kogoś, kto mu przypomni, że stany umysłu są odwracalne. Dlatego wsparcie przyjaciół jest tak ważne. „Jezu, ależ ta rozmowa mi pomogła!" – myślę po spotkaniu z przyjaciółką. Bo się nie zdenerwowała, nie wypluła z siebie natychmiast stu rad i opinii, jak powinnam się czuć, tylko przyjęła mój trudny stan.

Dobrze nam może być tylko wtedy, kiedy potrafimy dopuścić, że wcale nie musi być dobrze?

Ani nie musi być miło, wesoło czy przyjemnie. W każdym razie nie przez cały czas.

Poradniki w rodzaju „Bądź zawsze szczęśliwy!" albo „Żyj zawsze w zgodzie ze sobą!" wyrzucić na śmietnik?

Różne są poradniki, również sensowne. Sensowny powie raczej coś takiego: „Bądź w zgodzie ze sobą, ale również w zgodzie z rzeczywistością". W życiu dzieją się różne rzeczy i pojawiają bardzo różne wyzwania rozwojowe. Warto mieć takie podstawowe założenie, że trudne rzeczy wpisane w nasz los nie tylko przynoszą cierpienie, lecz także nas rozwijają. Nie da się ich „przewinąć" jak mniej ciekawy fragment serialu, a każda taka próba źle się kończy.

Co najczęściej chcemy tak przewinąć? Przed czym najbardziej ochoczo uciekamy?

Może to pana zdziwić, ale przychodzi mi do głowy w pierwszej kolejności zawiść. Jedna z trudniejszych emocji. Coś ważnego mi w życiu nie wyszło, a innemu, proszę, wyszło świetnie.

Człowiek dojrzały czuje zawiść?

Oczywiście. Zawiść jest jednym z pierwszych uczuć, jakich doświadczamy. Żeby to wyjaśnić, muszę wrócić na chwilę do opisu niemowlęcia, które stopniowo dowiaduje się, że mama jest odrębnym bytem. W miejsce oceanicznej pełni i poczucia wszechmocy pojawia się poczucie zagrożenia, własnej małości.

A gdzie zawiść?

No jak to? Mama ma pierś z mlekiem, a ja nie mam! Okazuje się, że drugi człowiek może mieć coś życiodajnego i wartościowego, czego sam nie potrafię sobie stworzyć. Uczucie zawiści jest mordercze, wielu dorosłych ludzi nie potrafi go w sobie rozpoznać i uznać jego istnienia. A jeśli nie chcę w sobie tej emocji widzieć, to zniszczę sąsiadowi nowy trawnik i wtedy nie będę czuła zawiści. Albo odetnę sobie ten kawałek umysłu, w którym jest zawiść, wypchnę to uczucie gdzie indziej, na przykład do umysłu partnera, i będę swobodna. Albo podłączę się pod osobę, której zazdroszczę, zleję z nią, będę ją wiernie naśladować, dzięki czemu nie będzie odrębności między nami i wtedy wszystko, co ona ma, mam też ja. Różne cuda ludzie wyczyniają, gdy nie mogą znieść jakiejś emocji. Wtedy nie mogą też z własnym umysłem dojść do ładu i pójść w życiu dalej.

Na przykład wejść w związek?

To akurat zawsze mogą. Czasami ludzie wchodzą w związek właśnie po to, żeby uciec od różnych zadań rozwojowych. Utknęli na jakimś wcześniejszym etapie i próbują nieustannie rozgrywać ten sam układ w nowych konfiguracjach, z nowymi partnerami. Wtedy tworzy się błędne koło życiowych powtórek. Takie osoby nie potrafią się uczyć.

Nie uczą się na własnych błędach?

Do osiągnięcia względnej dojrzałości niezbędne jest to, aby proces uczenia przybrał pewną określoną formę. W największym skrócie chodzi o to, aby uczenie odbywało się na podstawie doświadczenia.

Zawsze chyba tak się uczymy.

Nie. To najbardziej ryzykowny sposób uczenia się. Można gromadzić wiedzę, co wcale nie wiąże się z doświadczaniem emocji, bo nie wymaga relacji z innymi ludźmi. Oczywiście każdy musi nabyć pewnych umiejętności, zgromadzić zasób wiadomości, ale jeżeli to jest jedyny sposób uczenia się, to wtedy – czasem widzę to w gabinecie – mamy ludzi, którzy zdobyli duży zasób wiadomości z jakichś dziedzin, matematyki, fizyki, ekonomii, a jednocześnie funkcjonują na granicy rozpadu psychotycznego.

Dlaczego?

Bo uczenie się służy im wyłącznie do zdobycia siły, przewagi nad innymi. Nastolatek zalicza kolejne olimpiady nie po to, żeby lepiej rozumieć ludzi i rzeczywistość, ale żeby być lepszym od kolegów. Wiedza funkcjonuje w takiej psychice raczej jako materialna zdobycz, jako rzecz oderwana od relacji z ludźmi, a nie coś, co rozwija osobowość.

Przeczytałem „Czarodziejską górę", żeby pochwalić się na przyjęciu?

Ktoś może czytać książki, żeby zyskać przewagę nad innymi, ale żadna go nie pobudzi. Przeleci przez niego każda powieść, film, obraz i nie dotknie go, nie poruszy. „To nie ma nic wspólnego ze mną". Gromadzę wiedzę, ale niekoniecznie gromadzę doświadczenia. Tacy ludzie mogą mieć bardzo dużo umiejętności i kompletnie nie potrafią żyć. Intelekt został odszczepiony od rozwoju emocjonalnego.

Bo?

Doświadczenie emocjonalne to jest coś, co uwzględnia innych. Nie chodzi o to, że zawsze coś robię z innymi, może to być również refleksja o ludziach podczas lektury – powiedzmy – „Czarodziejskiej góry", bo Hans Castorp nieszczęśliwie się zakochał i to mnie mocno porusza. Taka umiejętność krystalizuje się w okresie dojrzewania, kiedy następuje przebudowa osobowości. Zamiast patrzeć nieustannie w lustro na samego siebie, zaczynamy raczej patrzeć przez okno na innych ludzi. Wyrzekamy się egoistycznych i narcystycznych dążeń wpisanych w okres dojrzewania. Nastolatek jest skupiony na sobie w stopniu, który nieraz doprowadza otoczenie do szału. Dojrzała osoba oczywiście też czasem w lustro zerknie, ale nie będzie tego robić bez przerwy. Jeśli ktoś nie zamknął tego etapu rozwoju, to będzie miał trudność z widzeniem innych. I ze zdobywaniem doświadczeń emocjonalnych, bo sam ze sobą nie będzie ich miał.

A jak to wpłynie na związki takich ludzi?

Osoba dojrzała do związku musi być w stanie widzieć drugą osobę. Bez tego też można stworzyć z kimś parę, mieć dzieci, podatki płacić, ale trudno wejść w głęboką relację. Zabraknie zdolności do intymności, bliskości, troski o innych. Zaczęliśmy od tego, że osoba dojrzała musi mieć własny umysł. Ale to nie oznacza, że ten umysł ma być niedostępny dla innych. Ludzie mają szansę zbudować satysfakcjonujący związek, jeśli wiążą się w takim momencie, w którym stali się osobni, ale jednocześnie zdolni do bliskości z innymi. Bez osobności będzie zlanie, a bez bliskości – zimny kontrakt dwóch umysłów.

Czyli dojrzałość polega też na wszechstronności?

Podstawą dojrzałości psychicznej jest zdolność do przeżywania jak najszerszego spektrum emocji zarówno dobrych, jak i złych. Bez nieustannego zaprzeczania, projekcji własnych stanów na zewnątrz czy stosowania innych zabiegów psychicznych zniekształcających rzeczywistość. Niektórym zawsze musi być wesoło, ale są też ludzie bardzo przywiązani do trudnych emocji i nie pozwolą sobie na zachwyt, euforię. Bywają pacjenci uzależnieni od własnej depresji, nie wpuszczą do wnętrza niczego innego. Nie wolno im się cieszyć. To takie samo przywiązanie jak kogoś, kto nieustannie musi świergolić i nie umie poczuć złości.

Pamiętam pacjentkę, która w odpowiedzi na każdą trudną emocję pojawiającą się podczas terapii stosowała zabieg, który można określić jako „odwracanie głowy". W życiu też próbowała od wszystkiego się odwrócić. Jej rozwój emocjonalny był przez to bardzo zahamowany. Musiała odzyskać zdolność do przeżywania różnorodnych emocji, czyli zrezygnować z tej, doskonale skądinąd opanowanej, strategii.

Rozmawiamy o związkach. A jeśli zadam pytanie bardziej podstawowe: po co nam w ogóle drugi człowiek?

Bo to on – ten drugi człowiek – czyni nas ludźmi. Dzięki wymianie z innymi zyskujemy człowieczeństwo. Dziecko może przetrwać wśród zwierząt przygarnięte przez małpy, ale psychicznie nie stanie się człowiekiem, jakiegoś elementu zabraknie, którego nabywamy tylko przez relacje z ludźmi.

W gabinecie czasem obserwuję próby zaprzeczania temu, że człowiek potrzebuje człowieka. Próby trwania w ułudzie, że sam mogę sobie wszystkiego dostarczyć. Nie dopuszczę nikogo bliżej, nie uznam zależności, no, mogę najwyżej przyjąć coś fizycznego – na przykład seks – ale nie przyjmę niczego, co wiąże się z emocjami.

Dlaczego?

Pozbywam się w ten sposób lęku, który nieświadomie przeczuwam: jeżeli będę kogoś potrzebować, to ta osoba może mnie zlekceważyć, może odejść, umrzeć, nie dać mi tego, czego potrzebuję. Albo okaże się nie taka, jak sobie wyobrażałam. Bezpieczniej bliskości unikać, nikt mnie wtedy nie zrani.

Głośny był kiedyś film „Amelia" z Audrey Tautou – nowatorski, świetnie zagrany. Bohaterka została wychowana w specyficznych warunkach, jej matka była bardzo lękowa, cały czas się czegoś obawiała, i w końcu rzeczywiście zginęła w wypadku. Ojciec trzymał Amelię na dystans, nie przytulał, nie dotykał. Był lekarzem i kiedyś ją zbadał. Amelii z przejęcia, że ojciec ją wreszcie dotyka, tak mocno biło serce, że on uznał to za chorobę i nigdy nie posłał jej do szkoły. Żadnych doświadczeń społecznych, uczyła się w domu. Nie została wyposażona w umiejętność zaufania innym, w zdolność do budowania relacji. I to się przez cały film przewija. Amelia jest dobrym przykładem tzw. osobowości unikającej. Unika bliskości.

Amelia? Przecież to taki dobry duch, próbuje dla wszystkich robić coś dobrego.

Wciąż daje coś innym, żeby broń Boże niczego nie musieć od nich wziąć. Wszystko po to, żeby unikać uczucia zależności. Chłopaka, który ją zaciekawił, zwodzi tak, żeby cały czas jej szukał, ale nie odnalazł. Zostawia jakieś strzałki, wskazówki, wciąż mu umyka. Zajmuje się innymi, wszystko im organizuje, łączy ludzi, ale sama ucieka przed bliskością. Zmienia się pod wpływem sąsiada, zgryźliwego staruszka. On jest pierwszym człowiekiem, od którego Amelia potrafi coś przyjąć.

Czy dobry związek może nas uleczyć? Naprawić?

Może nam stworzyć warunki do rozwoju, który się nigdy nie kończy. Nie jest tak, że osiągamy jakiś etap i potem jest już dojrzałe trwanie. Dwudziestolatek może osiągnąć dojrzałość, bardzo dobrze, jeśli to mu się udało. Ale przecież nie wie, co to znaczy mieć dziecko. Zapewne wie, co to znaczy udany seks, ale jak to jest być z kimś w długiej relacji – nie wie. Ani tego, czym jest doświadczenie brania odpowiedzialności za chorego partnera. Związek daje doświadczenia, które generalnie nas wzbogacają, jeżeli są przeżywane i jeżeli potrafimy się z nimi mierzyć. Oczywiście można różnych rzeczy zaznać też poza związkiem, ale jest to trudniejsze. Długie bycie z drugą osobą pozwala się rozluźnić, pokazać w różnych odsłonach, bez makijażu, z pryszczem na nosie. Można być pięknym i młodym, ale też brzydkim i starym. Można być w pełni człowiekiem.

I dobrze przygotować się do śmierci.

Tak. No tym człowieczeństwo również polega.

Jeśli nie przede wszystkim.

Cierpienie psychiczne starszych pacjentów często wynika z poczucia, że nie przeżyli własnego życia. Ktoś budzi się dopiero na starość z żalem, że nie miał jakichś doświadczeń, choć były dostępne. Uważa, że nie wykorzystał potencjału. I zwykle te żale nie dotyczą nieprzeczytanych książek, nieobejrzanych filmów czy nieukończonych fakultetów. Raczej dotyczą zmarnowanych relacji i utraconych ludzi.

Można swój potencjał zrealizować bez związku?

Tak. Ale na pewno nie można bez relacji. Ludzie żyjący w celibacie mogą się fantastycznie rozwijać, ale muszą mieć żywe relacje nie tylko z Panem Bogiem. Maria Janion mówi, że są trzy satysfakcjonujące role życiowe: matka, ojciec i nauczyciel. Ta trzecia rola też może dawać spełnienie.

W związku łatwiej żyć?

Nie wiem, czy łatwiej. Satysfakcjonujący związek może być centralnym doświadczeniem w życiu. Człowiek, robiąc podsumowania, mówi: „Warto było". Takie osoby na starość zazwyczaj są mądre, zrównoważone, nie stają się udręką dla innych, nie są sfrustrowane, a nawet jeśli są, to sobie z tym radzą, bo dzięki rozwiniętej wyobraźni potrafią znaleźć jakiś inny obszar w życiu i się tam realizować. W odróżnieniu od upiornych staruszków, którzy uwieszą się na dzieciach i powtarzają, że świat jest wstrętny i zły.

Wiele osób liczy na to, że związek będzie mieć charakter terapeutyczny. Że mnie naprawi, ulepszy, da ukojenie.

Ja nie rozumiem w ten sposób wymiaru terapeutycznego. Terapia polega na odblokowaniu zahamowań rozwojowych, natomiast udoskonalanie pacjentów to nie jest zadanie terapeuty.

Wiele osób wierzy, że dzięki związkowi będą szczęśliwsi. „Wreszcie dostanę miłość, której nie zaznałem w dzieciństwie" – marzy ktoś.

W jakimś stopniu to zdrowe nadzieje. Jednak gdy ktoś wymaga od związku wyłącznie tego, dość łatwo może wylądować w skrzywionej wersji relacji terapeutycznej czy też w jakiejś formie adopcji. Jedna osoba wejdzie w rolę rodzica, druga – dziecka. Rodzic cały czas będzie musiał znajdować w sobie przestrzeń na trudne uczucia dziecka. To oznacza, że któraś z tych osób ma problem i nie jest on do rozwiązania w związku. W związku on się tylko utrwali.

W dojrzałym związku nie możemy się niańczyć?

Możemy. Co jakiś czas wpadamy w regresję i chcemy pobyć dziećmi. On na przykład jest w kryzysie, więc ona staje się na pewien czas tym „pojemnikiem" na trudne emocje i głaszcze go po głowie. Ale to nie trwa w nieskończoność. Dojrzałość wiąże się też z elastycznością, która pozwala swobodnie wchodzić w różne role odpowiednio do okoliczności. Dla najbliższej osoby raz się jest partnerem intelektualnym, innym razem kochanką, czasami matką, trenerem albo dzieckiem, żeby można się było wspólnie pobawić.

Zabawa?

Też ważna. Chodzi o to, żeby zmianom ról nie towarzyszył rozpad osobowości. Ktoś nagle doświadcza regresji, staje się dzieckiem i nie umie już sobie z niczym poradzić. Dojrzała osoba potrafi zachować pewną podstawową stabilność emocjonalną. Wchodzenie w różne role będzie wtedy adekwatne do sytuacji i odwracalne. Uwielbiam tę elastyczność w ludziach. Znam pewnego osiemdziesięciolatka, który potrafi się jak dziecko roześmiać, a po chwili powiedzieć coś bardzo głębokiego i mądrze w życiu doradzić. Płynność zmian między różnymi rolami jest u tego człowieka urzekająca. Mam wtedy przyjemność obcowania z dojrzałą osobą, która potrafi występować w rozmaitych „odsłonach", nie emanuje lękiem, może znaleźć w sobie wystarczająco dużo miejsca zarówno na swoje emocje, jak i emocje innej osoby, jeśli zachodzi taka potrzeba.

Wiele osób błędnie uważa, że dobry związek to jest jakiś constans. Stan raz osiągnięty, trwały, niezmienny układ. A tymczasem taka sztywność i raz na zawsze ustalone role to raczej objaw niepokojący. To właśnie ktoś niedojrzały będzie wymagać, żebym była tylko w jednej roli, i będzie mieć kłopot ze zniesieniem mnie jako – na przykład – dziecka. Nie pozwoli na swobodę. Nie możesz być taka, siaka i owaka, bądź tylko taka, jak lubię. No więc będę tylko taka, jak on lubi, i niczego nowego się o sobie nie dowiem.

Pacjentka żali się, że nie może być przy partnerze szybka, hałaśliwa i impulsywna, chociaż lubi taka być. „Przy nim muszę się zawsze zebrać do kupy i ma być spokojnie" – mówi. Nie pracuje więc nad swoją impulsywnością, bo w najważniejszej relacji ta cecha nie może się nawet na chwilę pojawić. Będzie to w sobie tłumić, zamiast dostać od partnera przestrzeń.

Pacjent skarży się, że partnerka ciągle się nim zachwyca i w kółko powtarza, jaki jest fantastyczny. A jego to doprowadza do wściekłości, bo chciałby od partnerki słyszeć realistyczne opinie, a nie wyłącznie entuzjazm. Im bardziej ona go chwali, tym bardziej on w to nie wierzy i na złość pokazuje, że wcale nie jest fantastyczny i ma rozmaite kłopoty. Przesadza w tym, zwielokrotnia te kłopoty, żeby partnerka wreszcie przestała być taka nim zachwycona, ale im bardziej przesadza, tym gorliwiej ona zapewnia, że jest cudownie. Sytuacja się nakręca.

A o co jej chodzi?

Nie wiem, bo jej nie znam. Może być dużo przyczyn. Natomiast on by po prostu chciał, żeby partnerka bezpiecznie mu pokazała, gdzie są jego ograniczenia. Realnie. To może być dla obojga bolesne, jeśli w końcu przerwą zaklęte koło i ona zdecyduje się widzieć realnego człowieka, ale to pozwoli im pójść dalej.

Może powinien poszukać do takiego „urealniania" kogoś poza związkiem?

Być może. Po to też potrzebujemy relacji przyjacielskich, żeby różne nasze części mogły się pojawić wobec innych ludzi. Bo to jednak dość nierealistyczny pomysł, że wszystko, co jest we mnie, ujawni się w kontakcie z jedną osobą. Trzeba by pięciu mężczyzn o różnych cechach w jednego połączyć, albo kilka kobiet.

Dobrze być razem w dojrzałym związku, ale ta baza, która pozwala przejść w życiu kolejne straty, polega również na siedzeniu w kącie i mierzeniu się z tym w samotności. Umieramy sami. Niezależnie od tego, jak bardzo blisko była czy nadal jest druga osoba. W każdym z nas jest dość istotny obszar tajemnicy i odrębności. Nawet jakby się bardzo chciało, to się nie wpuści tam drugiej osoby. W hiszpańskim jest na to słowo „incommunicado" – obszar nieprzekazywalny.

Jak dobrze się kłócić?

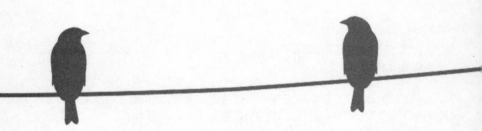

Kłótnia może być bliskością

Z BOGDANEM DE BARBARO
rozmawia Agnieszka Jucewicz

W kłótni zawiera się taka myśl: „Zależy mi na tobie, chcę ciebie, ale innego". **W kłótni jest życie.**

Chodzi o to, żeby nie poniżać, żeby dać sobie prawo do wyrażania uczuć, ale dbając o to, żeby to nie były emocje, które niszczą drugiego.

Obydwoje się przyzwyczajają, że jedno przyjmuje rolę „naprawiacza" związku, ale co by się stało złego, gdyby ta druga osoba dla odmiany pierwsza wyciągnęła rękę? Na czym polegałaby trudność? Jakie to by powodowało komplikacje?

Są pary, które w ogóle się nie kłócą?

Może są, ale ja takich nie znam. Mogą twierdzić, że są ludźmi łagodnymi, że taki mają temperament, ale każdy z nas ma w sobie taką energię, która nazywa się złość, gniew, agresja, i ja jako terapeuta byłbym ciekaw, gdzie oni w takim razie tę energię schowali.

Gdzie mogli ją schować?

Może ją tłumią i to im nie przeszkadza? My przecież na co dzień mnóstwo rzeczy tłumimy – agresję, traumy z wczesnego dzieciństwa, lęki, szczególnie ten przed śmiercią. W kłótni jednak zawiera się taka myśl: „Zależy mi na tobie, chcę ciebie, ale innego".

Kłótnia jest lepsza niż obojętność?

Jest w niej życie, a kiedy ludzie milczą, to może znaczyć, że ich związek gaśnie.

Te pierwsze kłótnie w związku czego zwykle dotyczą?

Do kryzysu często dochodzi w momencie zmiany fazy życia. I przejście z tego stanu, nazwijmy to umownie – narzeczeństwa do wczesnego małżeństwa – niewątpliwie taką zmianą jest. Idealny obraz zaczyna pokazywać swoje rysy. W fazie zakochania pary rzadko muszą się dzisiaj zajmować takimi przyziemnymi sprawami jak wspólne obowiązki, dom, utrzymanie tego domu, co na pewno sprzyja rozmaitym konfliktom. Na początku jest tylko jedna wielka przyjemność, potem zaczyna się to zmieniać.

I co się okazuje?

Że jednak nie jesteśmy jedną duszą i ciałem, tylko jesteśmy różni.

Często dochodzi wtedy do głosu problem uzależnienia emocjonalnego, czasem i ekonomicznego, od rodziców. Pojawia się rodzaj lojalnościowego rozdarcia: kim ja jestem? Czy jestem bardziej mężem, czy synem? Żoną czy córką?

To są kłótnie o to, „dlaczego ty w każdą niedzielę musisz jeździć do swojej matki"?

Mogą być o to. Dlaczego ja, twoja żona albo twój mąż, jestem zawsze na drugim miejscu? Dlaczego do niej dzwonisz pięć razy dziennie, a mnie ledwie wyślesz zdawkowego SMS-a? Co prawda to napięcie między synową a teściową zostało strywializowane w banalnych dowcipach, ale one często rzeczywiście odzwierciedlają bardzo ważną okoliczność z początków związku – brak separacji z własnymi rodzicami. Nie chodzi o to, żeby się od tych rodziców odwrócić, ale żeby stać się autonomicznym, dorosłym człowiekiem, który ma prawo do własnej sprawczości, a nie tkwić wciąż w skórze pięcioletniego Józia czy Kasi. Jeśli ktoś się z tym nie uporał, to będą się mu mieszały postaci matki i żony czy też ojca i męża.

Jaka jest konsekwencja tego „mieszania się"?

Na przykład taka, że jeśli moja żona nie będzie mi prała koszul i serwowała co wieczór kolacji tak jak moja mamusia, to pomyślę, że ona widocznie mnie nie kocha. Bo przecież w tych koszulach i w tym posiłku wyraża się cała miłość. A żona z kolei być może była wychowana w takiej rodzinie, w której wspólnie przygotowywało się posiłki albo robił je ten, kto miał czas, natomiast koszule ojciec prasował sobie sam. Ona po prostu pochodzi z innej kultury.

Ta żona jak się z tym poczuje?

Podobnie. „Widocznie ja nie jestem tą wybraną, skoro on tak ciągle do mamy ciągnie, ciągle poirytowany chodzi i się czepia o byle co. Po prostu nie kocha mnie".

I co z tym fantem zrobić?

Problem polega na tym, że my często nie traktujemy tego drugiego z życzliwym zaciekawieniem: „Aha, to ty jesteś z takiej kultury, a ja z innej. Spróbujmy się razem zastanowić, co jest fajnego w twojej, co fajnego w mojej, i może razem stworzymy jakąś trzecią kulturę, wybierając to, co dla nas najlepsze". Nie zastanawiamy się, jak inność tego drugiego może nas wzbogacić, tylko traktujemy te różnice jako materiał do zarzutu: „Jesteś inny, więc jesteś nie w porządku, nie kochasz mnie, skoro nie jesteś tak cudownie opiekuńcza jak moja mama. Nie kochasz mnie, skoro nie zachwycasz się mną ciągle jak mój ojciec". I wtedy zwykle dochodzi do walki o władzę – która kultura będzie rządzić w naszym związku? Kto decyduje o tym, jak wychowujemy dziecko? Jak spędzamy wolny czas? Jak jest z podziałem obowiązków w domu?

Czy nie jest tak, że to „mieszanie się" – kim jestem? Kim jest mój partner? – pojawia się na różnych etapach związku, nie tylko na początku?

Nie zawsze, bo jeśli ludzie mieli bezpieczną relację z rodzicami, dostali od nich to, czego potrzebowali, i mogli paradoksalnie dzięki temu od nich odejść, to teraz mogą przeadresować swoje potrzeby do swoich partnerów. Ale ci, którym było źle, w swojej głowie dalej są z tymi, z którymi było im źle. Mówi o tym teoria przywiązania Bowlby'ego. Bezpieczne więzi w dzieciństwie przygotowują do wchodzenia w bezpieczne związki, gdy już się jest dorosłym, a ktoś, kto był w więzi chaotycznej lub zimnej, będzie do związku wnosił niepewność i niepokój. Bo z dzieciństwa „pamięta", że ktoś, kto jeszcze chwilę temu był czuły, nagle może zacząć krzyczeć albo wpaść w złość.

I będzie chciał od tego partnera, czego sam kiedyś nie dostał?

Tak. Ci, którzy przychodzą do terapeuty, często nie potrafią tego wyrazić wprost. Nie potrafią na przykład powiedzieć żonie: „Wyrażaj do mnie więcej uczuć, bo jak je wyrażasz, to czuję się wtedy bezpiecznie, chce mi się żyć i nie boję się świata, a gdy ich nie wyrażasz, to czuję się niekochany".

Piękne. A co zamiast tego mówią?

„Znowu nie pościeliłaś łóżka!", „Ta zupa jak zwykle niesmaczna", „Przychodzisz i od razu do komputera siadasz!", „Z pracy to nigdy nie wychodzisz!". Duża jest odległość między jednym a drugim, prawda? To, co jest wygłaszane, bardzo się różni od tego, co jest pod spodem przeżywane.

Często pytam parę, która do mnie przychodzi: „O co się państwo sprzeczają?". Jeżeli mówią, że o wszystko, to znaczy, że tak naprawdę kłócą się o coś jednego. Zadaniem terapeuty jest pomóc im dotrzeć do tego wspólnego mianownika.

I co może być tym wspólnym mianownikiem?

Na przykład to, że para jest w takiej grze: „Jesteś nie OK!", „Nie, to ty jesteś nie OK!", „Ale ty bardziej, bo jesteś taki i owaki, to robisz źle, tamto robisz źle". Następuje licytacja win i wchodzą w taki dyskurs zarzutów i pretensji, a w gruncie rzeczy mówią: „Nie czuję się bezpiecznie, przekonaj mnie, że mnie kochasz". Często kłótnia jest walką o władzę, o której już powiedziałem, ale może też chodzić o optymalną bliskość.

Co to takiego?

Są rodziny, w których mówienie o uczuciach, i tych dobrych, i tych złych, przytulanie się, dotyk są na porządku dziennym. Ale są też rodziny, gdzie takie słowa czy gesty się nie pojawiają. Gdzie panuje coś, co nazwałbym chłodem zewnętrznym, chociaż w środku tych uczuć może być nawet dużo. I znowu, jeśli jedno pochodzi z tej rodziny, nazwijmy to – gorącej, a to drugie – z chłodnej, to ten z rodziny chłodnej może odbierać wylewność partnera, to ciągłe mówienie „kocham cię", jako naruszenie jego własnej przestrzeni. Jak inwazję. Z kolei ten z rodziny gorącej będzie odbierał powściągliwość, dystans jako odrzucenie. I jeśli, znów, tej różnicy nie podda się jakiejś refleksji, to może prowadzić do sprzeczek, a w każdym razie do cierpienia.

Problem z bliskością pojawia się także wtedy, gdy ktoś tak bardzo jej potrzebuje, że nie chce zostawić drugiemu ani kawałka wolności czy niezależności. Wówczas dążenie do bliskości ma w pewnym sensie charakter przemocowy.

Powiedział pan, że konflikty mogą się nasilić w momentach przejściowych w parze. Poza tą pierwszą fazą, kształtowania się związku, jakie to mogą być jeszcze sytuacje?

Ważna – i trudna – zmiana to przyjście na świat pierwszego dziecka. Trzeba wówczas na nowo uzgodnić priorytety, przedefiniować własną relację, trzeba uznać, że oprócz przyjemności są jeszcze zadania i odpowiedzialność.

Inną wyraźną zmianą jest sytuacja, kiedy najmłodsze dziecko zostało odchowane na tyle, że nie jest potrzebna już całodobowa opieka nad nim, na przykład idzie do przedszkola. W takich sytuacjach pojawiają się te tzw. gender issues, bo jeśli ona chce iść do pracy, a on pochodzi z rodziny, w której mama nie pracowała, tylko zajmowała się domem, to może się przeciwko temu buntować, może się niepokoić: „O co jej właściwie chodzi? Czy ten hedonistyczny świat jej aby nie zaszkodzi? Czy ten kierownik nie za bardzo jej się podoba?". To jest taki trudny moment, w którym oni muszą przeformułować zestaw ról i zadań. Czy ona teraz będzie miała dwa etaty – zawodowy i domowy? Czy się dogadają w tej sprawie? Czy on się poczuje jakoś zdetronizowany? Siła wzorca kulturowego podpowiada, że już czas na sprawiedliwość, ale z tą sprawiedliwością może mu być trudno, jeśli on był chowany inaczej.

Być może najtrudniejszy jest moment, kiedy najmłodsze dziecko opuszcza rodzinne gniazdo – idzie na studia do innego miasta, żeni się czy wychodzi za mąż. Jeżeli ci małżonkowie głównie byli rodzicami, a ta funkcja rodzicielska przestaje istnieć, to z czym oni zostają? Już nie ma powodu sprawdzać, o której Stasio wrócił ze spotkania z kolegami, nie ma powodu się martwić, że dostał dwóję czy zda maturę.

I wtedy pojawia się pytanie, co będzie dalej – czy samotność we dwoje, czy chata wolna i wreszcie cieszymy się sobą?

Co, jeśli jest samotność we dwoje?

To znaczy, że ci ludzie zaniedbali bycie małżonkami. Zadbali jedynie o swoje powinności rodzicielskie i nawet nie zauważyli, że doszło do rozwodu emocjonalnego. Wtedy mogą się pojawić kłótnie, smutek, może się pojawić ktoś trzeci.

Jak się kłócą ludzie w dobrych związkach?

W ich sporach nie ma poniżania, pogardy, wrogości. Nie ma defensywności, czyli takiej postawy, która za wszelką cenę dąży do uniknięcia konfliktu, zamiatając go pod dywan. I kiedy na przykład żona czyni mężowi jakieś wyrzuty, to on, zamiast podjąć temat, powie: „Ależ, kochanie, nie mówmy o tym, bo nie ma o czym", bagatelizując w ten sposób to, co dla niej ważne.

Poniżanie, pogarda, wrogość, defensywność. To są ci tzw. czterej jeźdźcy Apokalipsy.

Tak to nazwał znany amerykański psycholog John Gottman, który przeprowadził wieloletnie badania na parach i na podstawie ich rozmów na jakiś konfliktowy temat zdołał opisać, jakie strategie w kłótni najszybciej prowadzą do rozpadu związku. No i te cztery zdecydowanie prowadzą tam najszybciej.

Powiedział pan o tym, czego nie ma w kłótni w dobrych związkach, a co w takim razie jest?

Spór konstruktywny. W takim sporze nie mówi się: „Jesteś beznadziejny, jak zwykle się spóźniasz! Pamiętasz, jak się spóźniłeś miesiąc temu, a dwa lata temu?", tylko na przykład: „Umówiliśmy się dzisiaj na 15, nie było cię o 16. Było mi przykro i niepokoiłam się".

Zupełnie inaczej to brzmi.

Prawda? Taka osoba jest też w stanie pokonać to zranienie spowodowane spóźnieniem i od 16 do 22 spędzić miło czas ze swoim ukochanym, a nie rzucać garnkami z obrażoną miną, czekając, aż się wyzłości. Spór konstruktywny też bardziej się koncentruje na projekcie, czyli: „Umówmy się tak, że następnym razem zadzwonisz do mnie, jeśli się będziesz spóźniać, OK?". Projekt czyni z nas projektantów, czy też współprojektantów, a nie podsądnych. I to już jest zupełnie inny klimat.

Wszystko pięknie, tylko to mi się wydaje takie...

Mdłe?

Mdłe, wyuczone. Kiedy ludzie są źli na siebie, to tam jednak aż furczy od emocji. Może nie wszystkim, ale wielu furczy.

Może coś w tym jest, co pani mówi... We mnie rzeczywiście jest taka ochota do wygładzania agresji. Może to nie do końca jest dobra droga, są przecież takie teorie psychologiczne, które mówią o tym, żeby być w kontakcie ze swoją agresją. Dzisiaj na konferencji o miłości, w której brałem udział, ktoś nawet zacytował Freuda, który podobno powiedział, że miłość to jest coś przelotnego, ale nienawiść to jest coś takiego, co trwa do końca życia. Ja bym tak nie przesadzał z tym, ale rzeczywiście agresja może być budująca. Przecież po angielsku – a zwłaszcza „po amerykańsku" – słowo „aggressive" oznacza też bycie energicznym. I są ludzie, którzy jak wybuchną, to się oczyszczą.

Są małżeństwa, które jak pojawi się jakiś cień w ciągu dnia, to sobie nie wyobrażają wspólnej nocy, i takie, które mówią wprost: kłócimy się, a potem odnajdujemy w łóżku i wszystko jest dobrze. Więc zgadzam się, że nie należy złości, w sensie irytacji, traktować jako grzechu ciężkiego, byle ze złości nie zrobić zarządcy związku.

Więc dopuszcza pan, że w dobrym związku może się pojawić i złość, i jakiś wybuch agresji?

Wolałbym jednak słowo „gniew" czy „irytacja". „Złość" etymologicznie jest bliska „złu", „złośliwości", a tu chodzi o to, żeby nie poniżać, żeby dać sobie prawo do wyrażania uczuć, ale dbając o to, żeby to nie były emocje, które niszczą drugiego.

A co, jeśli ktoś wyraża swoje uczucia, ale są one odrzucane?
Na przykład jakie?

Powiedzmy, że przychodzi do domu duża rodzina męża, która zajmuje się rozmowami wyłącznie ze sobą. Mąż znika w drugim pokoju, bawiąc się z dziećmi. Po wszystkim żona komunikuje mu: „Kiedy przyszła twoja rodzina, a ty zniknąłeś w innym pokoju, poczułam się źle i samotnie, opuszczona".

To, co pani mówi, jest jak cytat ze sporu konstruktywnego, brzmi bardzo zgrabnie. A co on na to odpowiada? „Nie przesadzaj"?

Na przykład, albo: „Wiesz, jacy oni są", „Nie chcesz, to nie zapraszaj", „Nieprawda, że cię opuściłem". Wszystko, tylko nie to: „Słyszę, co do mnie mówisz, postaram się o tym pamiętać na przyszłość".

To ja chyba, gdybym był na miejscu tej pani, słysząc taką odpowiedź, powiedziałbym tak: „Potraktuj moje słowa jako zwierzenie. Zwierzam ci się z tego, co czuję, ponieważ ty mnie kochasz i ja ciebie kocham, i ufam, że to, co czuję, jest dla ciebie ważne. I ponieważ w naszym związku jest tak, że się wzajemnie opiekujemy naszymi uczuciami i zależy nam, by żadnemu z nas nie było źle, to nie traktuj tego jako zarzutu, tylko jako informację, z którą chciałabym, żebyś coś zrobił na przyszłość, by następnym razem już nie było mi tak przykro jak teraz, zgoda?".

Brzmi to pięknie, ale wyobrażam sobie na to taką odpowiedź: „To ja bym wolał, żebyś sama zadbała o swoje samopoczucie przy następnej podobnej okazji, bo jesteś dorosła".
„Ale jak? Wypraszając twoich rodziców?".

On mógłby powiedzieć: „Możesz wyjść na spacer, jak ci źle".
To ja bym zapytał tak: „Czy to znaczy, że ty wtedy weźmiesz odpowiedzialność za samopoczucie twoich rodziców? Bo jeżeli tak, to dobrze, to może ja tak zrobię. Tylko ja wtedy będę się z kolei martwić o ciebie, że ty znajdziesz się w jakimś impasie, biorąc na siebie

obowiązek obsługiwania twoich rodziców. Chcesz, żeby tak było? To jest jakiś pomysł, sprawdźmy to, zafantazjujmy, czy to rzeczywiście będzie dobre rozwiązanie".

W tym, co pan mówi, jest bardzo dużo wzajemnej życzliwości...

Rzeczywiście, bez niej ani rusz... Bo jeżeli ja chcę kogoś zniszczyć, to kłótnia jest po to, żeby go zniszczyć. I ona się dopóty nie skończy, dopóki się to nie uda.

A czy nie jest tak, że ludzie czasem się po to kłócą, żeby paradoksalnie być ze sobą blisko?

Oczywiście, bo kłótnia jest bliskością. Intensywną bliskością. W relacji są takie dwa parametry: intensywność i jakość. Kłótnia co prawda jakość ma negatywną, ale intensywność ma za to wielką, ta wymiana energetyczna jest wtedy na wysokim poziomie i ludziom to niekiedy jest potrzebne. Ale kłótnia jest też pewnego rodzaju regulatorem bliskości.

Co to znaczy?

Mówiliśmy już o takich parach, w których jeden potrzebuje bliskości, a drugi nie, albo się przynajmniej tak zachowuje, jakby nie potrzebował. Wyobraźmy sobie, że ten, co potrzebuje bliskości, zbliża się do tego drugiego coraz bardziej i bardziej, temu drugiemu jest coraz trudniej, aż w końcu prowokuje awanturę, by móc się odsunąć na bezpieczną dla niego odległość. Takie sinusoidalne cykle mogą się powtarzać przez całe ich życie: zbliżanie się – awantura – odsunięcie – zbliżanie się – awantura – odsunięcie. I oczywiście ten, który ma bardziej włoską naturę niż skandynawską, będzie się czuł odrzucony, ale może też się spróbować zastanowić, jak się zbliżyć do tej osoby, żeby to nie było dla niej nieprzyjemne czy zagrażające.

Są też pary, które wydają się być w nieustającym konflikcie, a mimo to trwają.

Bo ten konflikt, paradoksalnie, utrzymuje ich w związku. Ta walka pod tytułem – ty jesteś nie OK i riposta – a ty jeszcze bardziej – może trwać do uroczystości pogrzebowych. Może oni obydwoje pochodzą z rodzin, w których kłótnie były na porządku dziennym, i jest to dla nich stan naturalny? W ich mniemaniu związek spokojny i harmonijny to będzie banał z hollywoodzkich filmów.

Poza tym, że to dla nich stan naturalny, to co im jeszcze ta kłótnia daje?

Ale to już bardzo dużo, że to dla nich stan naturalny! Poza tym oni mają z tego na przykład taką dobrotę, że mogą wyrażać bez ograniczeń swoje emocje, że na poziomie nieświadomym czują się lojalni wobec swoich rodziców, którzy robili tak samo, że mają poczucie, że nie dają się ranić. Różne takie obronne strategie.

A brak kłótni czym dla nich jest?

Jakimś nieżyciem. Samotnością.

Mają szansę wyjść z tego zaklętego kręgu?

Myślę, że dzięki terapii tak. Dobrze potrafimy pomóc tym, którzy są tego świadomi bądź nie, ale jednak się kochają. Jest między nimi jakiś rodzaj ważnej więzi, nawet jeśli czasem jest ona wyrażana w destrukcyjny sposób. Jeśli oni są zaciekawieni odmianą, to może im się udać.

Jednym z ważniejszych czynników rokujących dobrze w terapii jest to, czy ludzie mają motywację do zmiany, czy też mówią: „Przyprowadziłam Heńka, żeby się zmienił".

Wyobrażam sobie jednak, że taka negatywna interakcja praktykowana latami może być bardzo uzależniająca.

Może być. I w trakcie terapii ten schemat staramy się zmienić. Często pytam taką parę: „Co by się stało, gdybyście przestali się kłócić?". Jeśli oni na przykład dojdą do wniosku, że czuliby się wtedy samotni, to w zależności od tego, jaką szkołę kończył terapeuta, jeden da im jakieś zadanie domowe, żeby wymyślili, jak tę samotność mogą zapełnić, coś sobie wzajemnie dając, a inny będzie ich namawiać, żeby sprawdzili, czy jest w nich jeszcze inny głos niż tylko taki – boję się drugiego albo ten drugi mnie nie rozumie. Czy znajdują w sobie zaciekawienie nim?

Czy jest taki poziom agresji między ludźmi, który nie rokuje?

Jeśli małżonkowie nie są w stanie zrezygnować z ciągłego demonstrowania wrogości, pogardy i poniżania drugiej osoby, to są właściwie okoliczności, które uniemożliwiają terapię.

„Ona nic nie potrafi!" – mówi na przykład mąż o żonie. Takie zdanie jest nie tylko raniące, lecz także nonsensowne merytorycznie. Terapeuta może wtedy zapytać: „Czy jest pan gotów nad tym zdaniem się zastanowić i poszukać innego zdania, które będzie bliższe temu, co pan przeżywa, i bliższe temu, jak jest naprawdę?". I jeśli dobrze pójdzie, to on w końcu może dojść do takiego wniosku: „Jest mi przykro i irytuje mnie, że moja żona, kiedy rozmawia z dziećmi, podnosi głos".

I to on miał na myśli, mówiąc na początku: „Ona nic nie potrafi"?
Tak.

A jeśli on dalej się upiera: „No ale przecież wiadomo, że ona nic nie potrafi. Wszyscy to wiedzą".
To terapeuta próbuje dalej: „Dobrze, a czy jest pan w stanie przynajmniej postawić znak zapytania przy tym twierdzeniu?". On wtedy oczywiście może powiedzieć: „Proszę pana, niech mnie pan nie poucza, bo ja znam tę kobitkę już 30 lat i wiem, co ona potrafi, a czego nie. I wiem, że ona nic nie potrafi. Ja ją tu przyprowadziłem, żeby pan ją zmienił, a nie mnie".

I co pan wtedy na to?
To ja wtedy pasuję i mówię: „To w takim razie nie zapraszam państwa na kolejne spotkania, bo nie jestem w stanie państwu pomóc, jeśli pan nie może nawet zaryzykować postawienia znaku zapytania przy pana przekonaniach".

Kiedy ludzie kłócą się w gabinecie terapeutycznym, to co pan widzi?
Jak się kłócą w domu. Chociaż w gabinecie ludzie często się cywilizują, głupio im tak przed obcym się kłócić. Ale są i tacy, którzy się nakręcają, wyzywają, wtedy muszę powiedzieć: „Stop. Tyle, ile potrzebowałem wiedzy na ten temat, to już dostałem, a teraz muszę przejąć kontrolę nad resztą tego spotkania. Dają mi państwo do tego prawo czy nie?". I wtedy, kiedy on albo ona stają się agresywni albo autoagresywni, to ja mówię: „Zmieńmy to ostatnie zdanie, na przykład: »Bo on to robi złośliwie«, na takie, które nie będzie raniące, ale jednocześnie nie będzie fałszywe w stosunku do tego, co pan/pani czuje".

Czy tę metodę powiedzenia „stop" ludzie mogą też zastosować potem w domu?
Jeśli dobrze pójdzie, to tak. Po to między innymi jest terapia. Jeśli mają silną i dobrą więź, to jedno z nich albo oboje mogą się nauczyć

takiej frazy w momencie konfliktu: „Powiedz to tak, żeby mnie nie raniło, ale żeby mi się przydało". Oczywiście, nie powinni sztywno cytować terapeuty, lecz znaleźć swój własny język.

Ważne jest chyba też to stawianie znaku zapytania przy własnych przekonaniach. Czy rzeczywiście myślę, że „on jest nieczułym draniem", a ona „nudna jak flaki z olejem", czy inaczej bym to nazwał?

Czy tak naprawdę myślę albo czyj to głos? Bo być może to nie jest głos tego pana czy tej pani, ale głos jego ojca albo jej matki sprzed 30 lat, który oni kupili jako swój. Ten spadek też przecież wnosimy do relacji.

A jeśli w tym spadku jest też system komunikacyjny oparty na wrogości?

To czeka ich ciężka praca. Bo może oni na przykład mają w sobie też dużo ciepła i otwartości, ale wciąż tkwią w niewoli tego, co się działo między ich rodzicami. A mnie jako terapeutę zaciekawiłoby, żeby jednak sprawdzić, dlaczego tak jest i czy można to zmienić. Jak ktoś dostaje spadek, to powinien przejrzeć, co jest cenną szablą pradziadka, a co rupieciem, w którym zalęgły się mole i te mole niszczą teraz nasze piękne stroje.

Więc kiedy oni się kłócą, bo to wynieśli od siebie z domów, to mogą nawet nie wiedzieć, że robią to jakby z „podglądu", a nie z własnej woli. My mamy dużo takich zapisów wewnętrznych, które bierzemy za własne. I potem w trakcie terapii może się okazać, że jakby na przykład on nie prowokował tych kłótni albo ona ciągle nie wrzeszczała, toby się ten nieżyjący już rodzic albo babcia mogli bardzo pogniewać.

Czy taka para, która niekoniecznie jest gotowa pójść na terapię, może dokonać na własną rękę takiej refleksji nad tym, jak wyglądały relacje moich rodziców, jak wyglądały relacje rodziców mojego męża i o co my się naprawdę kłócimy, kiedy kłócimy się o deskę klozetową?

To ma sens pod jednym warunkiem – że oni nie będą tego badać w Sali Sądowej, tylko w Sali Wzajemnego Zaciekawienia. Nie ma sensu takiej refleksji czynić, kiedy ludzie mają do siebie pełno pretensji i są na siebie wściekli. Bo jeśli na przykład okaże się, że ojciec męża miał problemy z agresją, a mąż też ma, to żona, jeśli nie będzie życzliwie do męża nastawiona, powie: „No to pięknie, to ja już wszystko rozumiem, ojciec tyran i synek tyran, niedaleko pada jabłko od jabłoni. To ja dziękuję!". I oni nigdzie się dalej nie posuną w rozumieniu siebie nawzajem. A jeśli będzie w niej ta dobra wola i zaciekawienie, to może podejść do tej informacji tak: „Aha, to ja teraz lepiej rozumiem, ty masz kłopoty z agresją, bo trudno ci się uwolnić od tego, co się działo w dzieciństwie".

Ale chcę podkreślić, że nie tylko ten spadek decyduje o tym, co się dzieje w naszych relacjach, lecz także to, co jest tu i teraz, i często nasze różne zachowania są wynikiem tzw. sprzężenia zwrotnego.

Co to takiego?

Jeśli on mówi tak: „Bo ona jest taka hałaśliwa". A ona mówi: „Bo jak on się w ogóle nie odzywa, to czuję, że muszę go jakoś przywołać do życia", to możemy popatrzeć na tę sytuację na trzy sposoby: oskarżając go o bierność, oskarżając ją o nadaktywność i narzucanie się, ale możemy też pokazać im, że oni są w tańcu, który się nazywa bierno-aktywni.

Wyjście z Małżeńskiej Sali Sądowej polega na tym, żeby zamiast ustalać, kto jest winny – on czy ona – trzeba im pokazać, że niedobry jest ten taniec, a nie któreś z nich. Jeśli jest wola z obu stron, to można się wtedy temu tańcowi przyjrzeć – jak oni go skonstruowali, gdzie pobierali nauki tego tańca, czy on ich już nie wyczerpuje? A może się okaże, że ten taniec ma jakieś uroki, jakieś zalety. I dlatego go nie przerywają.

To sprzężenie polega na tym, że gdyby ona tak go nie przyciskała, to on by tak jej nie lekceważył, i odwrotnie – gdyby on jej tak nie lekceważył, to ona by go tak nie naciskała?

Dokładnie tak. Miałem takiego pacjenta, który jeszcze nie wszedł do domu, a już się bał, że żona go zarzuci stekiem pretensji, więc wchodził do domu i od razu szedł do garażu naprawiać auto. Chował się tam po prostu, naprawiając lub nie. Ona była wściekła, że on naprawia, a on był wściekły, że ona nie dość, że będzie miała do niego te same pretensje co zwykle, to jeszcze – że będzie go o to naprawianie oskarżała. I tak sobie tańczyli.

Problem polega na tym, że jeśli nawet oni się zdecydują, że już do tej klatki wzajemnego ranienia się nie chcą wracać, to czasem jednak będą się w nią z powrotem ześlizgiwać.

Dlaczego?

Bo to umieją i do tego się przyzwyczaili. Jeśli ćwiczyli ten rytuał dziesięć, piętnaście, trzydzieści lat, to są w tym profesjonalistami. To jest coś, co im daje taką perwersyjną przyjemność, zwłaszcza temu, który występuje w roli krzywdzonego.

Być ofiarą jest przyjemnie?

Ja nie mówię oczywiście o sytuacjach, gdzie ta krzywda jest realna – gdzie mamy przemoc fizyczną, psychiczną. Tutaj metafora Małżeńskiej Sali Sądowej jest absolutnie nieadekwatna. Mówię o takich sytuacjach, w których ludzie się ranią, obcując ze sobą. I wtedy bycie ofiarą daje poczucie wyższości moralnej.

No dobrze, rozumiem już, że to, co oni wnoszą ze swoich życiorysów, jest ważne, ale że ten taniec, który sobie wypracowali – też. Ale co na przykład z taką osobą, która była odrzucana i ignorowana w dzieciństwie, ale też jest odrzucana i ignorowana przez partnera? Czy ona tak się tylko czuje, czy on rzeczywiście ją odrzuca i ignoruje?

Ale ona, mając takie, a nie inne doświadczenia, rzeczywiście może się zachowywać tak, że męża do swojego tańca zaprosi, on to zaproszenie przyjmie i będzie ją ignorował. Przy czym ona nie powie mu: „Kochanie, ignoruj mnie, bo ja tak miałam w dzieciństwie", tylko będzie go do tego nieświadomie prowokować, a on będzie musiał na to odpowiedzieć i się na przykład wycofa, a ona będzie miała dowód na to, że jest ignorowana.

Zdarzają się też takie sytuacje, że ktoś w poprzednim związku, nie w dzieciństwie, był raniony, czy wręcz był ofiarą przemocy, i wchodząc w nowy związek, nie ma wcale pewności, że nic mu nie grozi. Wtedy, im bardziej się zbliża do drugiego, tym większy czuje niepokój, czy nie będzie powtórki, i wtedy może nieświadomie prowokować, „zapraszać do tańca".

A co z tymi, którzy w pewnym momencie kłótni nagle się wycofują – przestają się odzywać, wychodzą? Czy to nie jest też przejaw agresji?

Często jest. Taki „milczek" może w ten sposób demonstrować swoją wyższość moralną nad tą „kłótliwą babą" czy „zrzędliwym dziadem". Czasami ma to jednak sens, taki ochronny. Ktoś wychodzi, żeby jakiś ciężki przedmiot nie trafił go w głowę. Albo słowo. Ale żeby tak miało być zawsze?

Oczywiście można wychodzić na różne sposoby. Policzenie do dziesięciu, takie wyjście na chwilę z relacji, żeby się wyciszyć, zintegrować, żeby mnie ta wściekłość nie oddzielała od rozmówcy i żebym mógł do tego dialogu wrócić, jest sensowne, ale można też wyjść i nie wrócić przez tydzień, a wtedy ten tydzień jest stracony dla wspólnego życia. Zwykle jest jednak tak, że jedna ze stron zawsze pierwsza wyciąga rękę na zgodę i po takiej ostrej awanturze potrafi na przykład wysłać SMS-a: „Kiedy tylko będziesz mógł, to wróć, bo czekam". To wtedy skraca ten czas trwania cichych dni.

Powiedział pan, że zwykle jedna osoba przyjmuje na siebie taką rolę „naprawiacza" w związku.

Oni obydwoje się do tego przyzwyczajają, ale oczywiście wtedy narzuca się pytanie, co by się stało złego, gdyby ta druga osoba spłatała temu „naprawiaczowi" takiego figla, żeby dla odmiany ona pierwsza wyciągnęła rękę. Na czym polegałaby trudność? Jakie to by powodowało komplikacje?

I co pan wtedy słyszy?

Od mężczyzn często, że czuliby się niemęscy. „Jak jakiś głupek". Od kobiet: „Nie mogę tego zrobić, bo to on mnie zranił i teraz musi ponieść karę".

Czyli powrót do Małżeńskiej Sali Sądowej?

I próbujemy z niej wyjść. Do skutku. Ten skutek, niestety, może być inny niż ten obiecywany na ślubnym kobiercu. Ale pamiętajmy, że do tej Sali Sądowej małżonkowie trafiają także z innych powodów, na przykład wtedy, gdy są uzależnieni od rodziców, gdy nieświadomie rywalizują, gdy pojawiają się problemy seksualne albo zdrada.

Z jakich powodów wiążemy się z osobą narcystyczną?

Tango z narcyzem

Z DANUTĄ GOLEC
rozmawia Grzegorz Sroczyński

Dla osoby narcystycznej drugi człowiek, jeśli jest w jakikolwiek sposób ważny, to staje się przedłużeniem jej samej. A jak jest odmienny, to przestaje być interesujący.

Może się zdarzyć, że ktoś zagapił się w młodości, związał z osobą mocno narcystyczną, ale teraz dojrzał. I próbuje toczyć walkę o siebie. I ta walka jest uzasadniona. Nie musi polegać na tym, że się odchodzi. Ale trzeba próbować doprowadzić do tego, żeby druga osoba zobaczyła siebie i swój problem. **Trzeba przestać być lustrem, które odbija i podtrzymuje patologię.**

Osoby narcystyczne widzą świat czarno-biały. Albo coś jest idealne, albo beznadziejne. Jednego dnia mogą kogoś ranić, rzucać, odchodzić, a drugiego wyznawać mu miłość.

Nie da się z narcyzmu zrezygnować bez bólu psychicznego, bo to zaburzenie osobowości na tym właśnie zostało zbudowane, żeby uciekać od bólu.

Dlaczego osoby narcystyczne są tak atrakcyjne?

Bo muszą.

Narcyzm to zwrócenie miłości i zaangażowania we własnym kierunku. Ale nie można powiedzieć, że osoba narcystyczna po prostu siebie kocha. To byłaby sytuacja jeszcze w miarę zdrowa. Ona kocha nie siebie, lecz wyobrażenie o sobie. Wizerunek. I to jest źródło kłopotów. Ma przekonanie, że posiada coś specjalnego, osoba narcystyczna definiuje się przez rzeczy niezwykłe.

Narcyzm to wybór. Dziecko na wczesnym etapie życia ma dwa obiekty miłości, pierwszy to osoba, która się nim zajmuje, najczęściej matka. Drugi to własne ciało. Obydwa te obiekty mogą dać jakiś rodzaj zaspokojenia. Dziecko może ssać pierś mamy, ale może też ssać własny palec. Gdy się rozwijamy prawidłowo, częściowo szukamy ukojenia i zaspokojenia w sobie, ale podstawowy wybór relacji to jednak skierowanie się na zewnątrz ku ludziom. Własnym kciukiem – nawet jak się go gryzie do krwi – najeść się nie można. Jedna z głównych prawd o człowieku jest taka, że potrzebuje innych ludzi, żeby w ogóle przetrwać. Ciepło, emocje, wszystko, co ważne dla rozwoju, dostajemy od innych. Tymczasem osoba narcystyczna temu zaprzecza, bo chce żyć w poczuciu wszechmocy: ja nikogo nie potrzebuję, wszystko mam. Oczywiście będzie budować relacje z innymi ludźmi, ale będą to relacje specyficzne.

Czyli jakie?

W dojrzałej relacji drugi człowiek jest dla mnie równocześnie ważny i odmienny. Natomiast dla osoby narcystycznej drugi człowiek, jeśli jest w jakikolwiek sposób ważny, to staje się przedłużeniem jej samej, zostaje psychologicznie przyłączony. A jak jest odmienny, to przestaje być interesujący. Jeśli kogoś nie można do siebie przyłączyć, kontrolować, skolonizować, jeśli na przykład nie będzie się nieustannie zachwycać – taki człowiek jest po nic. Wtedy osoba narcystyczna potrafi w jednej chwili się odwrócić, stracić zainteresowanie, wykreślić kogoś z życia.

Chociaż przed chwilą było: „Ach, jesteś najcudowniejszym facetem, jakiego kiedykolwiek poznałam!"?

Tak. W relacjach z osobami narcystycznymi może pojawiać się klimat nadmiaru. Niektórzy mówią też o bardzo specyficznym odczuciu bycia używanym, manipulowanym. To się bierze stąd, że w odbiorze narcystycznej osoby staję się jej kawałkiem. Jako terapeutka mogę na przykład zostać przedłużeniem myśli wielkościowych: „Pani jest wspaniałą terapeutką, najlepszą w całej Warszawie!". Jestem oceniana nierealnie, idealizowana, a w gabinecie pojawia się klimat miesiąca miodowego, pełen zachwyt.

Czyli jeśli udziela pani wywiadu „Wysokim Obcasom" i jest obecna w mediach, to taki pacjent będzie przeszczęśliwy?

Może być. Dla pacjentów narcystycznych wybór terapeuty obecnego w mediach będzie ważny, bo daje specyficzny rodzaj przeżycia i potwierdza ich wyjątkowość.

Dojrzała relacja to taka, w której jest wzajemność i świadomość zależności. Tych elementów nie ma w relacjach narcystycznych, które mogą być niezwykle barwne i intensywne, ale są w gruncie rzeczy rodzajem pasożytnictwa emocjonalnego. Przyłączając innych ludzi, osoba narcystyczna może próbować zdobyć coś, co oni mają. Może też traktować innych jak tło, na którym szczególnie dobrze ona sama wypada.

Ten jest złośliwy, tamta głupia.

Biedna Zosia taka nieogarnięta, znowu wyleciała z pracy, a Marysia taka brzydula, tak mi jej okropnie żal... Te relacje mogą być bardzo żywe. Takie osoby są w to cały czas zaangażowane, ale nie ma tu czegoś zwyczajnie ludzkiego, dzielenia się, przepływu.

Równości?

Wzajemności. Ale też zwykłej ludzkiej troski o drugą osobę.

Jeśli ktoś do wzorca nie pasuje i daje sygnały, że nie można go skolonizować, no to nie będzie go w tym teatrze. A jeśli wejdzie do gry, to zostanie wykorzystany. Albo jako zwierciadło, w którym odbija się idealny wizerunek, albo jako tło, na którym ten idealny wizerunek wypada jeszcze idealniej. Ewentualnie, jeśli ma coś, co powszechnie uważane jest za atrakcyjne, wtedy można na nim pasożytować i się tym czymś zasilać.

Jeżeli wybieramy kierunek na zewnątrz ku ludziom, a nie ku sobie, wtedy większość energii idzie w budowanie relacji z innymi. Cierpimy, gdy inni odchodzą, czujemy zawiść i upokorzenie, kiedy coś mają, a my nie mamy, czujemy wstyd i poczucie winy, kiedy ich krzywdzimy, wdzięczność, kiedy coś dostaniemy. I przechodząc to wszystko, dojrzewamy, mamy dostęp do coraz szerszego spektrum uczuć. U osoby narcystycznej cała energia idzie w budowanie własnego wizerunku i w wykorzystywanie ludzi do tego, żeby ten wizerunek podtrzymywali.

Zapytał pan na początku, dlaczego osoby z tym zaburzeniem często wydają się tak atrakcyjne. One po prostu w byciu atrakcyjnym intensywnie się trenują. Od zawsze. To jest ich być albo nie być.

To tak, jakby ktoś od zawsze uprawiał jazdę na nartach? I po prostu był w tym dobry?

Można tak powiedzieć, ale uściśliłabym tę metaforę. Osoba narcystyczna trenuje nie tyle jazdę na nartach, ile raczej specyficzne akrobacje na śniegu. Tutaj kogoś potrąci, tam zetnie, przejedzie kogoś na stoku, ale zjeżdża w piruetach, a nie jak inni śmiertelnicy. Zwykli ludzie uważają, żeby na kogoś nie wpaść, czasem sami się przewracają. A ktoś taki nie będzie uważać, bo on ma swoje wyjątkowe popisy.

Osoby narcystyczne mogą mieć rodzaj dopalacza, zdobędą ogromne pieniądze, zrobią fantastyczne rzeczy, bo muszą to zrobić. Inaczej można tylko w łeb sobie palnąć. Poderwie najpiękniejszą dziewczynę, bo ona jest tym gadżetem, który trzeba mieć. Wyda majątek na upiększanie. Wciąż buduje wizerunek kosztem więzi, więc jest analfabetą emocjonalnym, jeśli chodzi o głębsze relacje i przede wszystkim jeśli chodzi o kontakt z samym sobą. Jest też kompletnie bezbronny wobec prawdziwych wyzwań życiowych jak śmierć bliskich, starzenie się, klęski, choroby. Ale na czerwonym dywanie i na Pudelku wypada rewelacyjnie i może budzić zazdrość.

Najważniejszą rzeczą dla osoby narcystycznej, rzeczą, która w ogóle pozwala jej żyć, jest kurczowe trzymanie się poczucia własnej wszechmocy. Zwykli śmiertelnicy wiedzą, że są zależni, że czasem coś im nie wyjdzie, że na tym stoku można się głupio przewrócić i świat od tego się nie zawali. A osoba narcystyczna wie, że jest wszechmocna. Jedna z pacjentek tak o tym mówi: „Muszę być mistrzynią świata i okolic albo nie ma mnie wcale".

Chciałabym teraz dodać ważną rzecz: cały czas mówimy o narcystycznym zaburzeniu osobowości w dość nasilonym wydaniu. A nie o rysach narcystycznych, bo prawie każdy jakieś tego typu cechy w sobie odnajdzie. Wiem, że wiele osób widzi – skądinąd często słusznie – narcystyczne zjawiska i narcyzm w sobie albo w partnerze. Albo w szefie czy rodzicu. Zależy mi, żeby było jasne, że to nie zawsze musi oznaczać taki obraz, jaki przedstawiamy. I dynamika wewnętrzna w przypadku narcystycznych rysów jest inna niż w przypadku nasilonych zaburzeń – to nie jest tak skrajne, ludzie nie zawsze są tak przedmiotowo traktowani jak w tych wyrazistych przykładach, którymi się posługujemy.

Rozumiem, że chodzi pani o to, żebyśmy się zbyt ochoczo nie diagnozowali?

Ani siebie, ani szefa czy kolegi z biurka obok.

W „Wysokich Obcasach" opisywaliśmy historię kobiety, która związała się z narcystycznym mężczyzną. Wszystkich fascynowało w nim właśnie to, że odnosił sukcesy w trzech dziedzinach naraz.

Powiem dość brutalnie: to dodatkowe nieszczęście osób narcystycznych, kiedy rzeczywiście mają talent. Bo talent wzmacnia tę konstrukcję. Wtedy wszystko wskazuje na to, że rzeczywiście „wszechmoc jest ze mną", ktoś taki nie ma okazji dostać od życia po głowie i rozpocząć pracy nad sobą. Jeśli taka osoba urodziła się ze srebrną łyżeczką w ustach, rodzice mieli pieniądze na świetną edukację, ma do tego urodę, mnóstwo kontaktów i jeszcze jakieś talenty, no to oczywiście wszyscy będą jej zazdrościć, chociaż właściwie należałoby współczuć, bo pod spodem jest niebywałe cierpienie. Dlatego można życzyć komuś takiemu utraty wszystkich pieniędzy na giełdzie albo innego poważnego kryzysu, zanim nadejdzie starość, bo wtedy możliwość zmiany psychologicznej staje się bardzo ograniczona, a narcystyczny ból coraz bardziej dojmujący.

No ale powiedzmy, że wszystko się układa, starość obchodzi się ze mną łagodnie, na giełdzie nie przegrałem, w pracy mam sukcesy. Gdzie problem?

Cierpienie psychiczne.

Życiu osoby narcystycznej nieustannie towarzyszy uczucie wstydu, kontaktu z niskim poczuciem wartości własnej, które jest centralnym elementem tej konstrukcji. Bo w poczuciu wszechmocy wciąż tli się przekonanie, że to chyba jest nieprawda. Że ja oszukuję. Gdy tylko coś nie wychodzi idealnie, a w życiu rzadko rzeczy układają się idealnie, natychmiast podsyca ten płomyk wątpliwości, który może przeradzać się w pożar.

Jeśli normalnie się rozwijamy, to budujemy obraz świata, w którym jest jakaś ciągłość. Na przykład ciągłość między tym, że coś mi nie wychodziło, a teraz wychodzi. Czegoś nie umiałam, zaczęłam próbować, potem wyszło na dziesięć procent, potem na trzydzieści, na sześćdziesiąt, aż się nauczyłam i zaczęło wychodzić dobrze. Ale nawet jeśli zaczęło wychodzić świetnie, no to czasem wyjdzie słabiej, powiedzmy – na siedemdziesiąt procent. A osoby narcystyczne widzą świat czarno-biały. Są dwa punkty na ich skali: albo coś jest idealne, albo beznadziejne. W sposób czarno-biały widzą też siebie. Nie ma tu punktów pośrednich, tylko coś jest albo całkowicie dobre, albo złe. Brak całej gamy odcieni emocjonalnych. Pacjenci narcystyczni często skarżą się na uczucie pustki. Przeżywają taki stan, jakby w środku nie mieli treści. Rzeczywiście ich świat wewnętrzny jest bardzo pusty i uproszczony.

A jaka jest korzyść? Bo pewnie jakaś jest.

Przyzwolenie na to, że coś może mi wyjść tylko częściowo, byłoby potwierdzeniem, że jestem śmiertelnikiem jak inni. A każde podejrzenie, choćby cień takiej myśli, że nie jestem wyjątkowy, wszechmocny, jest zagrożeniem dla kruchej konstrukcji narcystycznej. Trzeba natychmiast coś z tym zrobić, czyli odbudować poczucie wielkości i wszechmocy. Spotkać się z koleżanką i wywołać w niej uczucie niższości, bo wtedy to ona jest kawałkiem gówna, a nie ja. Kiedy zaczynam się czuć gorzej, no to muszę sprawić, żeby inni wokół mnie poczuli się gorzej, to wtedy ja nie będę musiał tego przeżywać, inni będą to przeżywać itd. Nie zawsze się udaje. Wtedy pojawia się stan, który nazywamy narcystyczną depresją.

Wtedy ktoś taki zgłasza się do najbardziej znanego terapeuty w mieście.

Raczej zaszywa się w mieszkaniu i oczekuje na powrót wszechmocy. Depresja narcystyczna to dziura, można wpadać w nią regularnie, co dwa, trzy miesiące, przeczekiwać i znów być mistrzem świata i okolic.

Dla dojrzałej osobowości przechodzenie przez trudne uczucia, wpadanie w tzw. gorszy nastrój, jest okazją do rozwoju. Natomiast osoba z silnym zaburzeniem narcystycznym właściwie się nie uczy. Bo zna tylko dwa stany: albo jestem królem, albo jestem beznadziejny w czarnej dupie. Nie jest to bardzo kliniczny język, ale celowo używam takich słów, bo to są cytaty z narcystycznych pacjentów. Oni wolą mieć taki wybór, bo wtedy przynajmniej przez jakiś czas są tymi królami. Lepiej żyć na huśtawce, niż być zwyczajnym.

Czyli przeciętnym? Pozbawionym talentów? To chyba normalne, nikt nie chce być zwyczajny.

Nie o to chodzi. Można być zdolnym, kreatywnym, odnosić sukcesy, ale jednocześnie być zwyczajnym, czyli dopuszczać do siebie zwyczajne ludzkie uczucia i przeżywać zwyczajne ludzkie stany. Niektóre z nich są trudne: zależność, poczucie bezsilności, brak wszechmocy, uznawanie faktów życiowych, zawiść, uczucie straty, poczucie winy, wdzięczność. Osoba narcystyczna na to nie może przystać, bo musi być „zawiścioodporna", „złościoodporna" itd.

Jeśli weźmiemy dwie osoby z podobnymi talentami, to u dojrzałej akcent będzie położony na to, żeby być twórczym, ale niekoniecznie atrakcyjnym. U osoby narcystycznej odwrotnie. Ona musi przede wszystkim być atrakcyjna, czyli znajdować się w ciągłym kontakcie z własnym wyobrażeniem, a nie z innymi ludźmi. Gdy chodzi głównie o bicie piany i wyświetlanie własnego idealnego wizerunku, to nie ma tak naprawdę przestrzeni na kreatywność.

Skąd się bierze niesamowita pewność siebie, którą często emanują osoby narcystyczne?

Im większa kruchość wewnętrzna, tym mocniej muszę ten piękny hologram wyświetlać. Ale czyjaś pewność siebie może też być absolutnie zdrowa i wynikać z dobrych kompetencji społecznych. To nie jest wyznacznik narcyzmu.

Osoby narcystyczne mogą budzić niechęć, lęk albo irytację u ludzi bardziej dojrzałych. Ale trzeba cały czas pamiętać o tym, czego w natrętnie wyświetlanym hologramie narcyza nie widać. Czyli o bólu psychicznym skrywanym we wnętrzu.

Jeśli dokonuję narcystycznych wyborów przez całe życie, to nie mam zbudowanej pełnej tożsamości. Mam tożsamość, która jest nagim rusztowaniem złożonym ze skrajnych elementów, a mną rzuca nieustannie od ściany do ściany, od idealizacji do dewaluacji. W świecie wewnętrznym brakuje poczucia, że można być wystarczająco dobrym. I podobnie są inni ludzie widziani.

Osoba narcystyczna może jednego dnia kogoś ranić, rzucać, odchodzić, a drugiego będzie wyznawać mu miłość. Bo raz kogoś idealizuje, a raz dewaluuje. To męcząca huśtawka dla otoczenia, takie osoby mogą siać w swoich środowiskach chaos i spustoszenie. Ale pomyślmy, jak musi się czuć ktoś, kto jednego dnia sam siebie porzuca i jest kawałkiem gówna dla samego siebie, a następnego dnia – panem świata. To potwornie wyczerpujące.

Tak jak nie udaje się z taką osobą budować stabilnego związku, żyć spokojnie, normalnie, tak samo ta osoba w swoim wewnętrznym świecie nie może spokojnie żyć, tylko ciągle jest czymś zaprzątnięta. Albo musi utrzymywać idealny wizerunek, albo go odbudowywać, bo coś się właśnie skruszyło. Albo ma depresję narcystyczną, albo wyrzut energii i zdobywa cały wszechświat. Mało w tym normalnego życia, gdzie jest stabilnie, gdzie można coś wspólnie zrobić z innymi, poczuć smak przyjaźni, miłości.

Do opisu silnych stanów narcystycznych można użyć metafory mafii w umyśle. Ta wewnętrzna mafia chroni pacjenta przed poczuciem własnej małości i słabości. Zawsze mogę zawołać cyngli, którzy mnie obronią. Taka osoba na pewnym głębszym poziomie swojej psychiki weszła w kolaborację z gangiem, ubezwłasnowolniła się i poddała narracji mafijnej: „Uważaj, bo na zewnątrz jest niebezpiecznie, zabiją cię inne gangi". Ktoś taki jest zastraszony, bezwolny, ale jednak występuje tu element świadomej zgody. Autorem metafory mafijnej – *gang in the mind* – jest psychoanalityk Herbert Rosenfeld. Wielu terapeutów ją zna, bo jest bardzo plastyczna i pomaga pokazać pewnej grupie pacjentów, co się dzieje w ich głowach. To są ogromne siły, nie jest tak, że grasuje tam jakiś gang Olsena, który można z pomocą terapeuty łatwo rozgonić, tylko to zestaw morderców gotowych zabić każdą prawdziwą relację, zamurować drzwi i wszystkie okna na zewnątrz.

Narcystyczny mężczyzna opisywany w „Obcasach" trzyma swoją partnerkę na krótkiej smyczy. Kiedy ona ma jakieś swoje sprawy, zasypuje ją pretensjami: „Zaniedbujesz mnie", „Nie kochasz już mnie". Partnerzy osób narcystycznych często wspominają, że byli nieustannie wypytywani, gdzie chodzą, po co, z kim. Skąd ta nieustanna zazdrość o znajomych, pracę, nawet o dzieci?

Nie wiem, czy to jest zazdrość. To raczej lęk, że partner, zajmując się swoimi sprawami, staje się odrębny, a to zagraża całej konstrukcji, więc osoba narcystyczna chce partnera mocniej przyssać, żeby jeszcze bardziej był kawałkiem jej samej. Osoba z silnym zaburzeniem narcystycznym nawet nie zbliża się do takich złożonych emocji jak zazdrość, ona przeżywa niezadowolenie z tego powodu, że ktoś się czymś innym zajmuje, a nie nią.

Bardzo dba też o to, żeby ludzie z jej otoczenia nie wychodzili z ról, które zostały im przydzielone. Jak ktoś ma się zachwycać, to niech się zachwyca. A jak ktoś ma być ten nieudacznik, który swoimi niepowodzeniami poprawia mi humor, to nie może nagle znaleźć świetnej pracy. Nie będzie w ogóle widziany w nowej funkcji. Chodzi o to, żeby ten teatrzyk utrzymywać i przeciwdziałać oddaleniu się któregoś z bohaterów w nieprzewidzianym kierunku. Osoba narcystyczna może się więc niezwykle aktywować wobec partnera, który na przykład próbuje odejść. Niektórzy terapeuci nazywają to narcystycznym tangiem. Wtedy pojawiają się te erupcje miłości, leżenie na wycieraczce, w tych gestach może być sporo manipulacji.

Narcystyczny mężczyzna z „Obcasów" jednego dnia planował z partnerką wspólną przyszłość, kupował w marzeniach dom, płodził dzieci, a następnego dnia ją rzucał i ogłaszał z patosem: „Nie możemy razem być, musimy zabić naszą miłość!". O co chodzi?

Obraz własny tego mężczyzny, ale też obraz drugiej osoby, jest rozszczepiony i pojawia się wyłącznie w wersjach skrajnych. Nie wiadomo, co się kiedy otworzy. To może być bardzo chaotyczne i nie kierować się żadną logiką. Niestety ludzie z otoczenia osób narcystycznych – zwłaszcza ich partnerzy – ulegają złudzeniu, że mogą sytuację kontrolować i jeśli się bardziej postarają, to będzie dobrze. Wchodzą w grę. Tymczasem naprawdę nie wiadomo, co uaktywni się u osoby z narcystycznym zaburzeniem, bo elementy jej świata psychicznego nie są połączone w spójną osobowość. Jest trochę jak we fliperach: kulka do środka wpadnie, uderzy i pobudzi jakiś element, który natychmiast piszczy, byczy, dzwoni, dużo jest hałasu. Reakcja pojawia się natychmiast, bo takie osoby czują konieczność natychmiastowego rozładowania, pozbycia się trudnych emocji. Nie mają w sobie przestrzeni, żeby coś trudnego wytrzymać, przemyśleć i dopiero później zareagować.

Z tego wynika, że osobom narcystycznym żyłoby się najlepiej w samotności, nie musiałyby ciągle tak się miotać. Otoczenie też mniej by cierpiało.

Osoba narcystyczna w głębi serca nienawidzi wszelkich relacji, bo przypominają jej one o zależności. Najlepiej by się czuła wpatrzona w lustro. Ale jednocześnie dąży do relacji, bo potrzebuje, żeby inni razem z nią w lustro się wpatrywali i utwierdzali ją w zachwycie. Cierpi, jak jest sama, ale gdy nawiąże z kimś kontakt, to uruchamia się w niej nienawiść do tej osoby i strach przed jej niezależnością.

Każda bliższa relacja jest zagrożeniem?

Tak. Bo drugiego człowieka nie da się przyłączyć tak idealnie jak nimfy Echo. W micie o Narcyzie to właśnie Echo zakochuje się w nim najmocniej, nimfa, która nie może wydobyć własnego głosu, może tylko powtarzać po kimś. Tyle że nie jesteśmy nimfami. Nawet jak ktoś się znakomicie dostroi do osoby narcystycznej, to zawsze pozostaje jakiś element odrębny, który będzie odczuwany jako zagrażający. Narcystyczne wybuchy wściekłości pojawiają się w momencie każdego rozpoznania odrębności drugiej osoby. Zawsze gdy partner nie podtrzymuje, nie odzwierciedla tej kruchej struktury, to równocześnie przypomina osobie narcystycznej, że nie jest wewnętrznie zintegrowana. Na co ona reaguje wstydem. A żeby z kolei sobie poradzić ze wstydem, przykrywa go wściekłością. Tworzą się takie piętrowe reakcje służące rozładowaniu lęku.

Związki między ludźmi zwyczajnymi jakoś się budują. To trwa. Nie jest tak, że poznaję kogoś w jedną noc na imprezie i następuje wszechświatowa komunia dusz. Natomiast narcyz musi mieć wszystko niezwykłe, więc w równie niezwykły sposób będzie zawierać swoje niezwykłe znajomości. Przez jeden wieczór na przyjęciu da komuś odczuć, że tak fantastycznej osoby nigdy jeszcze nie poznał, długo z kimś rozmawia i się zachwyca. A tydzień później tej osoby nie pamięta albo się z niej wyśmiewa. Bo zawsze idealizacji towarzyszy potem dewaluacja.

Oczywiście zdarza nam się kogoś poznać i z miejsca mieć z tą osobą dobry kontakt. Jednak w przypadku relacji narcystycznej pojawia się klimat nadmiaru: „Och, jaka ty jesteś wspaniała! Jeszcze z nikim tak mi się nie gadało!", „Och, jaki jesteś niesamowity!".

Wszystkie zdania, których pani używa jako przykładów, brzmią szalenie współcześnie. To są zdania klucze. Nieustannie mam do czynienia z ludźmi, którzy są „cudowni", „wspaniali" albo właśnie wrócili „z podróży życia", o czym zaświadczają liczne zdjęcia na Facebooku. Dziś wszystko jest na jakimś niesłychanie wysokim poziomie ekscytacji i wyjątkowości.

Część terapeutów twierdzi, że pacjentów narcystycznych jest coraz więcej. Że to się staje osobowość naszych czasów. O narcystycznej kulturze można mówić wtedy, kiedy kieruje się w niej uwagę raczej na siebie niż na relacje. Czyli raczej mój zysk, moja wygrana, mój sukces niż nasza wygrana, wspólna. I rzeczywiście kultura w tę stronę idzie, słabnie świadomość, jak ważna jest współpraca i solidarność. Nie sądzę, żeby to dotyczyło całej kultury, ale na pewno tej, która ma największą siłę rażenia, czyli celebryckiej. Nie podoba mi się na przykład nadmiar programów, w których ludzie rywalizują, w tańcu, śpiewie, ostatnio w gotowaniu. Nawet jeśli rywalizują grupy, czyli teoretycznie pojawia się wątek współpracy, to nacisk kładziony jest na walkę o przywództwo w tej grupie. Ja, ja, JA. Ktoś musi wygrać, musi być jakiś idol.

Socjologowie często narzekają, że Polakom brakuje genu współpracy, kapitału społecznego.

Nie tylko w Polsce, w Stanach tak samo lamentują. Alicja i Piotr Pacewiczowie zrobili kilka lat temu wywiad z brytyjskim psychoanalitykiem Ronaldem Brittonem, który mówił między innymi o przyczynach narcyzmu w naszej kulturze. Jego zdaniem w Europie po 1945 roku pokolenie wojenne chciało swoim dzieciom z nawiązką wynagrodzić własne cierpienia i wyrzeczenia. Poszło więc w stronę rozmontowywania granic, nadmiernego zaspokojenia. W Polsce to nadeszło później, cezurą jest 1989 rok, kiedy pokolenie komuny odtworzyło ten sam schemat. Skoro ja musiałam jeść margarynę Palmę i chodzić w juniorkach, to niech moje dzieci mają absolutnie wszystko. To może podsycać postawy narcystyczne.

A gadżety? Słyszałem o narcystycznym mężczyźnie, który głęboko przeżywał rysę na swoim aucie. Przez miesiąc tkwił w stanie depresyjnym z tego powodu. O co chodzi?

Kiedy poczucie wartości jest bardzo kruche, te atrakcyjne przedmioty mogą służyć podtrzymywaniu wizerunku. I są przeżywane jak przedłużenie samego siebie, podobnie jak inni ludzie. Więc rysa na aucie jest w gruncie rzeczy rysą na poczuciu wartości własnej. A jak coś ma rysę, to już nie jest idealne, więc traci całkowicie wartość.

Bo nie ma czegoś takiego jak 60 procent.

Stąd też tak przesadne reakcje na drobne uszkodzenia jakichś rzeczy. W emocjonalnym odbiorze ta rzecz została utracona. Rzecz może być albo idealna, albo wcale. Naprawione auto to już nie będzie to co wcześniej.

Podobnie może być przeżywane własne ciało. Albo jest supersprawne, albo kompletnie bezużyteczne i nic niewarte. Jeżeli ktoś taki traci zdrowie i pełną sprawność, może stracić właściwie wszelkie zainteresowanie życiem. Samochód z rysą na lakierze można ostatecznie wymienić na nowy, spiąć się raz jeszcze, zarobić i kłopot z głowy. A z problemami zdrowotnymi trzeba się jednak w końcu zmierzyć. Często osoby narcystyczne mają nasilone przekonanie, że owszem, wszyscy chorujemy i wszyscy umrzemy, ale mnie to jednak nie dotyczy. Pojawieniu się poważniejszej choroby towarzyszy tak gwałtowny rozpad wszechmocy, że ktoś taki kładzie się i umiera. Nie będzie o nic już walczyć.

I?

Jeśli uda się to przetrwać, to takie sytuacje są okazją do wychodzenia z narcyzmu, bo otwierają dostęp do bólu psychicznego.

Różne rzeczy mogą być przedmiotem narcystycznego obsadzenia. Dla jednej osoby uroda, dla innej zdrowie, gadżety, a dla kogoś dzieci. Świetny obiekt.

Dzieci jako przedłużenie mnie samego?

Więc jak dziecku coś nie wyjdzie, to katastrofa, bo to rysa na mnie.

To przecież normalne, że sukcesy dzieci nas cieszą, a klęski martwią. Kiedy zaczyna to być niepokojące?

Patrząc na to z zewnątrz, można wyczuć jakiś nadmiar. Wszystkie nadzieje są w dziecku umieszczane, taka osoba żyje sukcesem dziecka, podłącza się pod to i praktycznie nie ma własnego życia. Nie dopuszcza myśli, że raz dziecku coś wyjdzie, a raz nie wyjdzie, i że to normalne.

To są te sześcioletnie dziewczynki prowadzane na konkursy miss sześciolatek?
Może tak być, popularne w Stanach.

U nas też robi się modne.
Narcystyczna kobieta traci pierwszą świeżość, która jest teraz umieszczana w córce. Jeśli wygra konkurs, to znaczy, że sama jestem piękna. Podłączę się.

Oczywiście trzeba wspierać talenty dziecka, jeśli ma dryg do tenisa, to nie zaszkodzi, żeby grało, ale gdy rodzice nie patrzą, jakim to kosztem się odbywa, czy pozwala rozwijać się w innych sferach, poznawać kolegów, biegać za piłką, to ukrytą motywacją może być używanie dziecka jako obiektu narcystycznego do poprawy własnego samopoczucia. Co się oczywiście zemści. Bo dziecko może się przyzwyczaić do takiego sposobu funkcjonowania i w dorosłym życiu podłączać pod oczekiwania kolejnych osób. Albo gwałtownie zbuntować się, takie dzieci, gdy dorastają, to uciekają od narcystycznych rodziców gdzie pieprz rośnie i nie chcą mieć z nimi nic wspólnego. I to też jest źródłem cierpienia dla jednych i dla drugich.

Jacy ludzie są najbardziej podatni na wchodzenie w relacje z osobami narcystycznymi?
Mogą się przyciągać dwie osoby narcystyczne. Mężczyzna jawi się jako samiec alfa, ma pieniądze, wszystko może, a ona jest taką samicą alfa, kobietą do kwadratu, za dużo włosów, za dużo sukienek, za dużo butów, a do tego jeszcze na przykład teatralne omdlenia. I są taką parą alfa.

Narcystyczna para: perorujący pewny siebie facet i barwna kobieta motyl, dwie mocne atrakcyjne osoby. Wielu zazdrości.
Tak. Tylko mówi pan o czymś, co może się dziać na przyjęciu. A to nie jest miejsce, gdzie związek istnieje. To jest miejsce, gdzie związek wychodzi i odbębnia jakieś przedstawienie. I może sobie to robić, żyjemy w świecie społecznym, widzowie zawsze się znajdą i brawa będą, jeśli przedstawienie udane. A prawdziwy związek to jest w domu, kiedy ludzie są ze sobą i coś sobie dają.

Taki układ może trwać?
Niestety każde się spodziewa, że będzie dostawać tę drugą osobę w wersji the best. A potem się okazuje, że ona ma gorszy nastrój

i domaga się uwagi, no a jemu to nie pasuje. To niespecjalnie działa, są kłótnie i rozczarowania. Czy taka relacja może polegać na wymianie, na dzieleniu przestrzeni nie tylko fizycznej, ale również psychicznej? W mojej przestrzeni jest odrębna osoba, którą tam wpuszczam, której pragnienia dostrzegam, uwzględniam również jej słabe strony. Osoba narcystyczna tego nie potrafi. A jeśli w relacji tego brak, to atrakcyjność takiej pary będzie się ograniczać do przyjęć. A potem albo mogą żyć całkiem osobno, choć na wspólnej przestrzeni, albo nieustannie toczyć wojny o to, żeby tylko dla jednego było miejsce. Mogę być tylko ja, samiec alfa, ale jak pojawiają się dzieci i ty w roli matki, to mnie nie interesujesz.

A komu nie będzie to przeszkadzało?

Wybór osoby silnie naznaczonej narcyzmem może być wyborem masochistycznym. „Ach, jaki on śliczny, będę tak siedzieć i patrzeć, a sama już nic nie muszę" – to taki scenariusz. Gąska w domu. A on na boku ma trzy inne kobiety, bo przecież mężczyźnie narcystycznemu jedna gąska nie wystarczy, nieustannie potrzebuje potwierdzeń swojej atrakcyjności, inaczej wpada w narcystyczną depresję. Z kolei ta osoba żyjąca w cieniu nie musi sama zaistnieć w sensie psychicznym, budować swojego niezależnego wnętrza, to jest jej zysk. Może istnieć w przyłączeniu do kogoś wspaniałego. No i poświęcać się bezgranicznie, cierpieć zdrady i doznawać innych upokorzeń, co osobie masochistycznej odpowiada.

Komuś z dojrzałą osobowością, kto ma własny umysł, trudno się zakochać w osobie mocno narcystycznej. Albo inaczej: zakochać się może, ale dość szybko ochłonie. Bo po paru numerach wykręconych przez taką osobę zrozumie, że kochał nie realnego człowieka, tylko wyobrażenie, które ten ktoś pracowicie wyprodukował. A z wyobrażeniem żyć się nie da. Ktoś w miarę dojrzały po prostu zwinie żagle.

A jeśli się jednak w coś takiego wdepnęło?

Się nie wdepnęło, bo to nie dzieje się ot tak, bez mojego udziału. Z jakiegoś powodu taką narcystyczną osobę wybrałam.

Może się zdarzyć, że ktoś zagapił się w młodości, związał z osobą mocno narcystyczną, ale teraz dojrzał. I domaga się zmiany zasad tego związku. Próbuje toczyć walkę o siebie, o to, żeby w ogóle mógł samodzielnie istnieć w takiej relacji, a nie być w nieustannym przyłączeniu. I ta walka jest uzasadniona. Nie musi polegać na tym, że się odchodzi. Ale trzeba próbować doprowadzić do tego, żeby druga osoba zobaczyła siebie i swój problem. Trzeba przestać być lustrem, które odbija i podtrzymuje patologię. To trochę jak z alkoholizmem. Nie można dać jednej rady, że wszyscy mają odchodzić od alkoholików. Ale trzeba jednak alkoholika konfrontować z rzeczywistością. Najgorsze jest współuzależnienie, podsuwanie drinków partnerowi, który jest na rauszu, tak jak osoba narcystyczna jest na psychicznym rauszu i wtedy nawet bywa miło.

Co powinno się takiej osobie uświadomić? Co jej powiedzieć?

Lepiej nie mówić takiej osobie różnych rzeczy o niej, nie bawmy się w terapeutę domowego. Warto natomiast uświadamiać, co się samemu czuje. Jeśli miałabym podać taką centralną treść do przekazania, to ona by brzmiała: „Nie widzisz mnie". A nie, że jesteś taki i siaki, narcystyczny i zaburzony, nieodpowiedni. „Mam swoje potrzeby, myślę inaczej w tej sprawie". Konfrontowanie osoby narcystycznej z faktem, że dzieli przestrzeń fizyczną z kimś odmiennym, odrębnym, samodzielnym, jest najlepszą rzeczą, jaką można komuś takiemu ofiarować. I jeśli osoba narcystyczna dostrzeże i uzna tę odmienność, a jednocześnie nadal partner pozostanie dla niej ważny, to jest to moment pojawienia się wyrwy w konstrukcji. A więc to, co można robić, to dbać o utrzymywanie własnej odrębności, nie chodzi o popadanie w skrajność, o jakieś dziecinne demonstracje, że nagle wszystko będę robić sama, ale o zdrowe psychiczne bycie osobnym człowiekiem, a nie nimfą Echo.

Mam własnych znajomych?

Przede wszystkim mam własne myśli.

Historia pary z „Obcasów" kończy się źle. Rozstaniem.

Czyli dobrze się kończy. Gdyby ta kobieta nie zerwała relacji i nieustannie dawała się wciągać w narcystyczne tango – jednego dnia cię wielbię, a następnego rzucam – to byłoby źle dla obojga. On podtrzymywałby swoją zaburzoną osobowość, a ona by leciała na środkach antydepresyjnych do końca życia.

Jeszcze jest malowniczy epilog, kiedy on po rozstaniu leży na jej wycieraczce i błaga, żeby wróciła. Dzwoni. Pisze.

Bo jest niedostępna. A jej odejście jest jak rysa na samochodzie. Bardzo tę kobietę przepraszam, bo to prawdziwa postać i może to przeczytać, ale prawdopodobnie właśnie tak była pani przeżywana w świecie wewnętrznym tego człowieka, jak gadżet, przedmiot.

Oczywiście ból tego porzuconego mężczyzny jest niezaprzeczalny, nie chodzi mi o to, że on udaje. Tylko co z tego, że nie udaje? Dziecko też płacze, jak mu rodzice zabiorą zabawkę, i przez pięć minut przeżywa prawdziwy koniec świata.

On na tej wycieraczce obiecuje, że się zmieni. Zapisuje się na terapię.

Jeżeli idzie na terapię po to, żeby ona wróciła, to ta terapia może nie mieć sensu. Alkoholik wyleczy się tylko wtedy, kiedy zrozumie, że ma problem ze sobą, a nie z żoną. „Kobieta miała dość, wyprowadziła się, ale jak pójdę na AA, to ona wróci i znowu będę mógł się napić" – to może być taki scenariusz w głowie. Żeby skorzystać z terapii, trzeba poczuć głęboko, że ma się problem. Często mówię pacjentom: „To będzie bolało". Bo niektórzy mają pomysł, że to będzie coś miłego, co pozwoli tak się troszeczkę udoskonalić. Tu coś sobie dodam, tam ujmę i będzie świetnie. Nie na tym polega terapia.

Nie da się z narcyzmu zrezygnować bez bólu psychicznego, bo to zaburzenie osobowości na tym właśnie zostało zbudowane, żeby uciekać od bólu.

Jaki rodzaj bólu musi się pojawić?

Niech pan przypomni sobie jakąś sytuację, kiedy ktoś pana upokorzył. Wystawił. Wyśmiał. Zwykle każdy ma tego typu wspomnienie, często z dzieciństwa. Osoba narcystyczna uwalniająca się od swojej patologicznej konstrukcji zaczyna to przeżywać w każdej chwili, bo znikają dawne mechanizmy obronne. Te uczucia są bardzo destrukcyjne i są z takiego spektrum: wstyd, upokorzenie, poczucie własnej małości. Moc jest we wszystkich innych, a ja jestem ten bezbronny, bo nie mam już wszechmocy.

Nie jesteśmy wszechmocni, takie są życiowe fakty, które dojrzali ludzie muszą uznawać. Pacjent narcystyczny, kiedy zaczyna do siebie to dopuszczać, przeżywa to skrajnie. Czuje, że jak będzie słaby, to wszyscy się zmówią, żeby go upokorzyć, i nikt mu nie pomoże. Ale przetrwanie tego bólu pozwala zbudować się na nowo.

Dlaczego podcinamy Sobie skrzydła?

Wojny domowe

Z ANNĄ TANALSKĄ-DULĘBĄ
rozmawia Agnieszka Jucewicz

Są takie pary, które całą uwagę i energię skupiają na tym, by temu drugiemu nieustannie podcinać skrzydła. Raz jedna strona gnębi i poniża, a raz druga. Zazwyczaj oboje czują się skrzywdzeni.

Typową rzeczą w związkach jest walka o prawo do opieki: kto bardziej zasługuje na troskę, wsparcie? Kto ciężej pracuje? Kto jest bardziej zmęczony?

Na początku związku ludzi do siebie ciągnie – bo „ona taka nieśmiała, a ja taki odważny", a „on taki odważny, a ja taka nieśmiała" – a potem ją zaczyna męczyć, że on ją wlecze na jakieś strome szczyty, a jego z kolei denerwuje jej bezustanny lęk i kontrola.

Kto w związku traktuje swojego partnera jak rywala?
Mam kłopot z tym pytaniem. Bo związek w ogóle często się jawi jako naturalne pole do rywalizacji. Jest w nim sporo dóbr, które wydają się ograniczone i o które wobec tego trzeba walczyć. Ta walka ma miejsce od początku, bo przecież spotykają się dwie osoby z różnych światów i każda z nich żywi przekonanie, że to, co on czy ona ma w głowie na temat wspólnego życia, jest jedynie słuszne i prawdziwe. I każda przynosi ze sobą całą długą listę "oczywistości", o których się nawet z partnerem nie rozmawia, bo przecież każdy to wie, prawda?

Na przykład jakich?
O której będziemy jadać obiad, gdzie w domu odkłada się pieniądze, jak należy składać bieliznę. To są te drobne rzeczy, a z tych większych: kto o czym w związku decyduje, co do kogo należy. I taka przepychanka o to, według czyjej definicji ten związek będzie funkcjonował, jest naturalna. Wielu parom udaje się osiągnąć jakiś kompromis, ale są i takie, które budują więź opartą na ciągłej walce.

To jest walka o „wszystko"? O pozycję zawodową również?
Nie spotkałam się akurat z rywalizacją zawodową jako czymś szczególnym. Nie słyszałam, żeby ktoś się skarżył: „Bo ty mi przeszkadzasz robić karierę", albo: „Zobacz, ile ja osiągnąłem, a ty? Kim jesteś?". W każdym razie nie jawnie.

Myślę, że jeśli w związku trwa zaciekła walka, to dotyczy nie tylko pracy, ale w ogóle satysfakcji z życia, w tym sukcesów w różnych innych dziedzinach. Są takie pary, które całą uwagę i energię skupiają na tym, żeby temu drugiemu nieustannie podcinać skrzydła.

Jak wygląda takie podcinanie skrzydeł?

Są na to tysiące sposobów: porównywanie z innymi, umniejszanie, odmawianie, jeśli partner wyjdzie z jakąś propozycją... Jeśli przyjdzie do domu w dobrym humorze, to można mu zaraz ten humor zepsuć i przypomnieć ostatnią porażkę albo jakie ma kiepskie relacje z teściami, albo jak mnie ostatnio skrzywdził.

A jeśli odniesie sukces?

To można mu popsuć jego smak, mówiąc na przykład: „A co to za sukces? Kowalski już dawno to zrobił i o wiele lepiej i szybciej". Można też tę informację pominąć. Na przykład żona wraca zadowolona, bo udał jej się spacer, a od progu słyszy: „Cholera, znowu nie posprzątałaś w łazience, wyszłaś i zostawiłaś po sobie syf".

Co to daje tej osobie, która podcina skrzydła?

Bolesną, na opak rozumianą, ale jednak więź. Pokazuje temu drugiemu: „No popatrz, nie jesteś wcale taka dobra, nie stać cię na wolność, nie stać cię na samodzielność".

Ten, kto podcina skrzydła, się boi?

Jak cholera. Boi się, że ten drugi rozwinie te skrzydła i odleci. Bo on sam na przykład nie wierzy w to, że można z nim być. A jeśli te skrzydła troszkę przytnie albo skrępuje, to się czuje bezpieczniej; takie związki nie są może bardzo przyjemne, ale za to są bezpieczne. Chodzi o to, żeby tego drugiego zawłaszczyć.

A ten drugi jak się z tym czuje?

Na ogół robi swojemu partnerowi to samo. Najczęściej w takich związkach role się obracają i raz jedna strona gnębi i poniża, a raz druga. Zazwyczaj oboje czują się skrzywdzeni. Mówimy tu o warstwie emocjonalnej. Nieco inaczej rzecz się może mieć, gdy w grę wchodzi istotna zależność materialna albo fizyczna.

Znam taką parę: uprawiają ten sam zawód i co on osiągnie jakiś sukces, ona koniecznie musi go dogonić albo nawet przegonić. Jak jej się uda, on się zachowuje podobnie. Stale się ze sobą ścigają.

To, że ludzie ze sobą rywalizują, samo w sobie nie jest złe. Jeśli sukces bliskiej osoby mnie mobilizuje do pracy, do sięgania wyżej, a przy tym mnie nie niszczy, tylko rozwija, to przecież wszyscy na tym zyskują. Natomiast jeśli oprócz tego, że mnie mobilizuje, to jeszcze sprawia, że ja swoim działaniem chcę udowodnić partnerowi, jaki jest beznadziejny albo jakim jest palantem, to gorzej, chociaż sądzę, że to dosyć typowe dla naszej kultury.

Myślę, że jest kwestią przypadku, iż ścigają się na polu zawodowym; gdyby on był nauczycielem, a ona – pielęgniarką, to pewnie zawodowo by nie rywalizowali, ale mogliby już rywalizować na przykład o to, kto więcej zarabia albo kto jest lepszym rodzicem.

A może w tej rywalizacji nie chodzi o to, żeby drugiemu udowodnić, jaki jest słaby, tylko jego sukces sprawia, że to ja czuję się nic niewarta i w związku z tym walczę tak naprawdę o to, żeby poczuć się lepiej?

Zdarza się, że ktoś jest tak skonstruowany, że stale się porównuje z innymi i w związku z tym funkcjonuje na takiej osi: albo jest fantastyczny, najlepszy, albo do bani. Wtedy sukces kogoś bliskiego i ważnego nie stymuluje go do tego, żeby zrobić coś fajnego, tylko sprawia, że taka osoba ląduje na dnie. Zwłaszcza jeśli ten sukces jest blisko tego, co sam chciał osiągnąć.

Na jednym z forów znalazłam wypowiedź dziewczyny, która pisze: „Jestem w związku z chłopakiem, który jak tylko znajdę sobie nowe hobby, też się za nie bierze i za wszelką cenę musi mi udowadniać, że jestem gorsza, a kiedy się nie da, to mówi mi, że to hobby jest beznadziejne".

Może być tak, że on tym swoim zachowaniem w chory sposób usiłuje ją zatrzymać, a może być tak, że on po prostu potrzebuje mieć kogoś, kogo będzie regularnie udupiał i komu będzie udowadniał, że sam jest lepszy. Są tacy ludzie. On na tym dokładaniu jej buduje swoje poczucie własnej wartości. A jeśli do tego ona jest rzutka i ambitna, to tym lepiej, bo przyduszanie jej będzie mu lepiej smakować.

W jakich warunkach ten chłopak mógł wzrastać?

Może sam był tak traktowany? Może czegokolwiek się tknął, było deprecjonowane, dewaluowane? A może przeciwnie – był ceniony, ale wyłącznie za rozmaite sukcesy. Generalnie pewnie zabrakło kogoś, dla kogo byłby ważny jako osoba, kto zauważałby i uwzględniał jego potrzeby.

Przygotowując się do naszej rozmowy, wypisałam sobie listę takich naturalnych dóbr, o które ludzie najczęściej rywalizują w związkach. Mogę?

Proszę.
O walce o definicję związku już wspomniałam. Chodzi o to, według czyjego planu i wzoru będziemy budować naszą rodzinę. Mogę chcieć, żeby było dokładnie jak w rodzinie, z której pochodzę. Albo właśnie dokładnie odwrotnie. Albo jeszcze jakoś inaczej, na przykład jak u Kowalskich. To na poziomie świadomym. A na mniej uświadamianym jest jeszcze te mnóstwo „oczywistości", o których się nawet nie wspomina, dopóki się nie okaże, że „oczywistości" partnera są zupełnie inne. Ponadto typową rzeczą jest walka o prawo do opieki: kto bardziej zasługuje na troskę, wsparcie? Kto ciężej pracuje? Kto jest bardziej zmęczony? Jakby ilość opieki w związku była wielkością stałą, wobec tego ta kołdra jest zawsze przykrótka.

Dlaczego?
Prawo do zachowania ilości opieki działa tak: suma opieki w związku jest stała, więc jeśli ja mam jej więcej, to ty musisz mieć mniej albo możemy jej mieć mniej więcej po tyle samo. Inaczej nie da się tego zorganizować. Słuszność samego prawa rzadko bywa podważana.

I jak ta rywalizacja o prawo do opieki wygląda?
Trzeba na przykład przyjść po pracy do domu z odpowiednio skrzywioną miną, jęknąć, stęknąć, ponarzekać. W skrajnym przypadku można się po prostu rozchorować albo obwiniać drugiego, że niedostatecznie się mną opiekuje.
Drugim ciekawym polem do rywalizacji jest to, kto czuje się bardziej skrzywdzony. Bo lepiej czuć się skrzywdzonym niż winnym.

Innej opcji nie ma?
Otóż są takie pary, w których innej opcji nie ma. Oni grają w taką szczególną grę, której pierwsza reguła brzmi: „Jeśli ktoś czuje się źle, jest niezadowolony, czytaj – skrzywdzony, to ktoś musi być winny". Zasada druga: „Lepiej być skrzywdzonym niż winnym, więc lepiej, żebyś to był(a) ty".
To zresztą dosyć popularna gra w naszej kulturze, męczennicy u nas zawsze byli wysoko cenieni. Z bycia taką ofiarą płynie wiele

korzyści: ktoś się może nade mną ulitować, ja sama mam prawo się nad sobą użalić, odmówić zrobienia czegoś, bo „ty mnie skrzywdziłeś". Mogę też dzięki temu poczuć się wartościowsza, bo przecież cierpię za miliony.

Jeden cierpi za miliony, a drugi czuje się z tego powodu winny?

Oni oboje zwykle cierpią. Oboje się czują skrzywdzeni i szukają winnego w partnerze. Nawet w tych parach, w których jedna osoba używa przemocy fizycznej, agresor robi to w przekonaniu, że został tak dotknięty, tak skrzywdzony w swoim poczuciu godności, tak się z nim nie liczą, że po prostu nie ma innego wyjścia. Co oczywiście w żadnej mierze go nie usprawiedliwia.

O co się jeszcze rywalizuje w parze?

O władzę. Wielu ludziom wydaje się tak: „OK. Nie mogę być kochany, ale przynajmniej ja tu rządzę, będzie po mojemu". Poza tym, jeśli ktoś w związku ma władzę, to ten drugi mu nie ucieknie.

Rywalizuje się też o dzieci, o ich miłość. O to, kto pochodzi z lepszej rodziny, czyi rodzice są porządniejszymi ludźmi, lepszymi dziadkami dla dzieci. Również o rację. Wielu ludziom się wydaje, że jeśli udowodnią swoją rację, to będzie tak, jak oni uważają, co jest raczej bezsensowne, ponieważ doświadczenie pokazuje, że zwykle nie chodzi o rację, tylko o siłę – ten, kto ma większą siłę w związku, postawi na swoim. Racja nie jest istotna.

O to, kto jest bardziej atrakcyjny dla płci przeciwnej?

Też, oczywiście. Kto na przyjęciach skupia na sobie więcej uwagi, kto bardziej błyszczy, kto jest lepszy... Takie puszenie się ma zwykle krótkie nogi, chociaż ludzie oczywiście wierzą, że te zewnętrzne atrybuty potwierdzane raz po raz spowodują, że się w końcu poczują wartościowi. Na tym konkretnym przyjęciu może i tak, ale co, gdy z niego wyjdą?

A czy takie demonstrowanie pawiego ogona w towarzystwie nie ma też na celu pokazania partnerowi: „Zobacz, jaki jestem popularny. Zobacz, jakie masz szczęście, że mnie wybrałaś"?

Wie pani, to jest dla mnie zupełnie nowe spojrzenie na tę sprawę. Nigdy bym tak o tym nie pomyślała. Mnie przychodzi do głowy tylko jeden taki wariant sukcesu, który ma na celu pokazać partnerowi: „Zobacz, warto ze mną być". Kiedy on dużo zarabia, utrzymuje cały dom i w pewnym sensie komunikuje partnerce, partnerowi: „Opłaca ci się być ze mną".

A związki typu Pigmalion i Galatea? Tam tej rywalizacji jest chyba mniej, bo role są już rozdane, trudno o coś konkurować.

Pytanie, jak długo te role się utrzymają. On – wychowawca, ona – uczennica, na przykład, bo przecież może być też odwrotnie. Często związki zawarte między starszym mężczyzną a młodszą kobietą na początku przypominają relację między ojcem a córką i obie strony są zadowolone. Jeśli jednak jest to „dobry ojciec", to córka przy nim zacznie się rozwijać i uniezależniać. Zacznie też osiągać własne sukcesy, a nie tylko grzać się w słońcu jego chwały. I wcześniej czy później w takim małżeństwie może pojawić się kryzys, który bywa, że kończy się rozwodem. Bo ona już nie chce więcej ojca, a on nie chce takiej samodzielnej, dojrzałej kobiety. Żeby związek mógł trwać ku satysfakcji obojga, muszą go wspólnie przedefiniować.

Czy dobrze rozumiem, że te wszystkie przepychanki pełnią niejako funkcję kleju dla związku?

Oczywiście. Zwłaszcza w parach, w których obie strony mają jakiś kłopot z bliskością, kiedy bliskość jakoś im zagraża, jest niewygodna. Gdy zanadto się do siebie zbliżą, zaczynają odczuwać lęk, obawę, co na zewnątrz przejawia się jako agresja lub atak. Lęk i agresja to dwie strony tego samego medalu. Więc często te wszystkie winy, krzywdy czy walki to paradoksalnie momenty największej bliskości.

Ale w tym wszystkim, o czym teraz rozmawiamy, działa jeszcze jeden mechanizm. Jeśli, dajmy na to, spotkają się dwie osoby, z których jedna jest trochę bardziej oszczędna, a druga bardziej rozrzutna, i stworzą parę, to ta rozrzutna pomyśli sobie: „Aha, on jest oszczędny, to ja już nie muszę się tak pilnować". A ten oszczędny z kolei: „O, to skoro ona jest taka rozrzutna, to ja może jeszcze bardziej będę uważał na wydatki". I ta różnica między nimi będzie się powiększać. Ta rozrzutna będzie myśleć z czasem: „Rany boskie, co za skąpiradło, to ja właśnie będę wydawać!", a ten skąpy będzie szedł w stronę: „No jak ona tak, to trzeba zacisnąć pasa!". I z czegoś, co mogło być dobrym uzupełnianiem się, powstaje narastający konflikt.

Tak się dość często zdarza: na początku ludzi do siebie ciągnie – bo „ona taka nieśmiała, a ja taki odważny", a „on taki odważny, a ja taka nieśmiała" – a potem ją zaczyna męczyć, że on ją wlecze na jakieś strome szczyty, a jego z kolei denerwuje jej bezustanny lęk i kontrola.

I o co wtedy rywalizują?

Czyje będzie na wierzchu. Jej rozrzutność czy jego skąpstwo, jej ostrożność czy jego brawura. A kiedy już się ten konflikt zbuduje, to bardzo trudno będzie popatrzeć na niego jakoś inaczej, neutralnie.

Jeżeli ludzie się dostaną w pułapkę „albo-albo", mają poczucie, że istnieją tylko dwie możliwości i są one biegunowe, to wtedy bardzo trudno z tego wyjść, choć wiadomo, że to fałszywy obraz.

Nie ma pani takiego poczucia, że te tendencje rywalizacyjne w związkach się w ostatnim czasie zwiększyły?

Mogą się zwiększać, bo kultura do tego zaprasza. Emancypacyjne ruchy kobiece produkują przecież pretendentki do dóbr, które dotychczas były typowo męskie: do pieniędzy, do dobrych zawodów, do władzy, do rodzajów rozrywki, a w związku – do wolnego czasu, do prawa do opieki. Nie oceniam tego, nie mówię, czy to źle, czy dobrze, ale taki jest kierunek i on oczywiście musi rodzić rywalizację. A przy tym jest wiele związków, które starają się jakoś podążać za duchem czasów i rozwiązywać różne sprawy partnersko, i wielu mężczyzn jest nawet z tego zadowolonych, ale nie zawsze się to udaje, czasem mimo najlepszych chęci.

Dzisiaj w mediach mówi się sporo o tzw. power couples, czyli parach ideałach, niedoścignionych wzorach, które rywalizują z innymi parami o to, która ma bardziej udany związek, która więcej osiągnęła, która jest bardziej atrakcyjna.

Pytanie, po co im to. Czy zabawa w „jesteśmy najlepsi" ma im podreperować jakoś poczucie własnej wartości? Jeśli tak i jeśli zdecydowali się w nią grać razem i sprawia im to frajdę, to w sumie dlaczego nie? Ja bym się tylko obawiała, że ta zabawa w pewnym momencie może się skończyć. Pół biedy, jeśli oni na zewnątrz grają w ideał, a w domowych pieleszach kłócą się, rozwiązują konflikty, mówią o swoich potrzebach itd. Natomiast jeśli utrzymują tę fikcję również w domu, to obawiałabym się, że po jakimś czasie zapłacą za to wysoką cenę, bo taka fikcja wiąże się z zamiataniem różnych niewygodnych spraw pod dywan, na przykład niekonfrontowaniem się z wzajemnymi zranieniami, niezadowoleniem. W którymś momencie ktoś z nich się na tych wypukłościach potknie. Więc pytanie, na ile każde z nich albo jedno z nich jest świadome, że ukrywa coś istotnego przed partnerem w imię tej wspólnej strategii.

Zastanawiałabym się też, z jakich oni pochodzą domów. Czy to jest próba zrekompensowania złych małżeństw ich rodziców na zasadzie przeciwieństwa: „A nasze właśnie będzie fantastyczne"; czy przeciwnie – rywalizują z rodzicami, którzy mieli bardzo udane małżeństwo, o to, żeby ich było jeszcze lepsze?

Może być też tak, że ich małżeństwo jest po prostu bardzo udane.
Pewnie, ale z tym z kolei trudno byłoby nam się pogodzić, prawda? Oczywiście, może i tak być, że oni mają fantastyczny związek, a wszystkie podejrzenia typu: „Na pewno udają", „Tam musi chodzić o coś innego", „Ona przecież go nie kocha, to jasne", które się do nich przylepiają, biorą się stąd, że to inni rywalizują z nimi i nie mogą znieść, że nie są w stanie ich dogonić. W kulturze krzywdy i winy to po prostu nieprzyzwoite tak się obnosić z własnym szczęściem, prawda?

Co chroni ludzi przed toksyczną rywalizacją w związku?
Dwie rzeczy: przyjazny stosunek do partnera i szacunek. W parach, które trafiają do mnie, które się tak boleśnie ranią, to właśnie te dwa wymiary najbardziej się kurczą. Chociaż kamień węgielny miłości może nadal tkwić gdzieś w głębi; inaczej pewnie by nie przyszli.

Miłość przed rywalizacją nie zabezpiecza?
Miłość jest często bardzo zaborcza i władcza. Ludzie często chcą się w miłości posiadać na wyłączność, czego symbolem są między innymi małżeńskie obrączki. I stąd może się biorą te rozmaite kłopoty, również walki i rywalizacje.

Przyjaźń daje najbliższemu nam człowiekowi wolność i pozwala się cieszyć jego sukcesami, bo w tak pojmowanym związku sukces nie jest zagrożeniem dla jego stabilności.

Czego mężczyźni nie wiedzą o seksualności kobiet?

Fajny seks
do grobowej deski

Z ALICJĄ DŁUGOŁĘCKĄ
rozmawia Agnieszka Jucewicz

Zlanie się, fuzja, zbytnia bliskość zabijają pożądanie.
**Bo jeśli mamy kogoś pożądać, to musimy
odczuwać, że to jest ktoś inny, a nie taki sam.**
W momencie, kiedy traktujemy drugą osobę jako
przedłużenie siebie, to ciężko mówić o ogniu pożądania.

Dziewczyny mówią: „Chciałabym, żeby on mnie tak
czasem wziął albo żeby był bardziej zdecydowany.
Żeby mnie czasem zaskoczył".

Kobiety uważają, że zanik więzi psychicznej sprawia,
że seks zanika, czyli ona myśli tak: **„On mnie nie
rozumie, nie docenia i dopóki tego nie zmieni,
nie mam ochoty na seks".** A mężczyźni częściej
uważają, że spadek więzi fizycznej doprowadza
do spadku więzi psychicznej, czyli jeśli nie mamy seksu,
to się od siebie oddalamy.

Przyszłam do pani po receptę na udane życie seksualne w długotrwałym związku.
A co pani rozumie przez udany seks?

To, że obie osoby mają z niego satysfakcję?
Czy za każdym razem mają czuć tę satysfakcję? Czy mamy wyciągnąć średnią z ostatniego roku? Z ostatnich 20 lat? Jak to zbadać? Liczbą przeżytych orgazmów? Kiedyś rzeczywiście wydawało mi się, że można to jakoś zmierzyć – są przecież rozmaite testy do badania satysfakcji z życia seksualnego – a dzisiaj wolę posłuchać ludzi po sześćdziesiątce, którzy już mają wgląd w swoje życie, również seksualne, i opowiadają o nim z perspektywy różnych doświadczeń, przemyśleń i bilansów.

I co mówią?
Przede wszystkim inaczej niż na przykład dwudziestolatki definiują seksualność, znacznie szerzej. Są przecież takie fazy w życiu, kiedy ten potocznie rozumiany seks przesłaniają inne formy, też seksualne, na przykład czułość. Albo takie okresy, w których nie mamy stosunków seksualnych, ale bardzo ważne jest dla nas poczucie atrakcyjności, na przykład dbamy o siebie, flirtujemy. I kto ma teraz rozsądzić, co jest seksem wyższej jakości – regularne, rutynowe współżycie cztery razy w tygodniu, gdzie nie ma satysfakcji psychicznej, czy przejściowy brak stosunków seksualnych, kiedy mimo to czujemy się lwami salonowymi i rozkwitamy? Albo poczucie absolutnej bliskości, kiedy zasypiamy razem na golasa? To jest względne. Ale taka perspektywa przychodzi zazwyczaj z wiekiem.

A co jest na początku?

Wielkie oczekiwania i wyobrażenia.

Że seks to będzie...

...takie wow! Większe albo mniejsze, ale wow! Żar, który nigdy nie gaśnie. Pojawiają się też oczekiwania, że seks nam pozałatwia jakieś sprawy pozałóżkowe – na przykład niskie poczucie wartości. Często mamy takie nastawienie, że jak wielka miłość będzie, to w łóżku wszystko się świetnie samo ułoży. Wchodzenie w seks z takimi nie-adekwatnymi i sztywnymi wyobrażeniami, że ma być jak w filmie, w powieści czy jak w reklamie wafelków, grozi dużym rozczarowaniem. I to rozczarowanie, że nie jest tak, „jak miało być", może nas zablokować na seks, odebrać radość z niego i sprawić, że poczujemy się oszukani. A gdybyśmy przestali się porównywać do jakichś nie-realnych wzorców, to może by się nawet okazało, że jesteśmy z naszego seksu całkiem zadowoleni.

To dlaczego większość poradników dotyczących seksu w długich związkach ciągle kręci się wokół tej myśli: co zrobić, żeby było tak jak na początku?

Ja uważam, że to jest chore. To wzmacnianie jakiejś fikcji.

Zakochanie się jest tą fikcją?

Z perspektywy trwałych związków tak, ale z drugiej strony jest ono potrzebne do podjęcia ryzyka emocjonalnego i zaangażowania w tworzenie relacji z drugą osobą. I paradoksalnie coś, co nas zbliża na początku, potem może oddalać, jeśli będziemy próbowali pozostać w miejscu i za wszelką cenę zachować ten stan.

Z biegiem lat człowiek widzi tę drugą osobę coraz realniej. Na początku zwykle zakochujemy się nie w drugiej osobie, ale w naszym wyobrażeniu na jej temat. Wybieramy to, co nam pasuje, delektujemy się podobieństwami i jesteśmy ślepi na to, co nam przeszkadza. To dlatego te początki są takie fascynujące. Ciekawe jest też to, że nawet negatywne zachowania partnera potrafimy zinterpretować na naszą korzyść.

Jeśli nie powrót do początku, który jest zafałszowany, to co pomoże nam utrzymać fajny seks?

Wiara, że to, co naprawdę cenne, wyłania się po fazie zakochania. Osoby, które są w dłuższych związkach i są szczęśliwe, mówią czasem, że ich seks na początku był tak naprawdę taki sobie. I to, co cenią dzisiaj, wynika z olbrzymiego poczucia bliskości i otwartości. Ludzie przecież muszą się nauczyć czuć ze sobą swobodnie: mieć dystans do swoich niepowodzeń, kompleksów, wstydu, ale na to potrzeba czasu. Trywializując – na początku jest kreacja: tapeta na twarz, majtki modelujące, obcisła sukienka... a tak na poważniej – na początku bardziej skupiamy się na tym, żeby być zaakceptowanym. Później mamy szansę na to, żeby sobie zaufać i wspólnie dbać o jakość relacji, a nie wrażenie, jakie wywołujemy na drugiej osobie.

Chce pani powiedzieć, że fajny seks to jest praca na lata?

Bardzo nie lubię tego słowa – „praca" – ale dobry seks na pewno jest związany z budowaniem bliskości.

I wspólną zabawą. Ale w takim głębszym sensie, bo żeby zabawa się udała z kimkolwiek, musi istnieć i współpraca, i porozumienie, i klimat.

Wystarczy sobie przypomnieć zabawę z własnym dzieckiem albo kiedy samemu było się dzieckiem – czasami to jest jakaś gra, czasami wczuwanie się w rolę, a czasami taki niesamowity moment bliskości, kiedy tworzymy wspólny świat i się w nim zatracamy.

Nie zawsze mamy na tę zabawę ochotę.

Nie zawsze. Dlatego powiedziałam o bliskości i zaufaniu, bo wtedy odmowa nie jest traktowana jako odrzucenie. Bliskość pozwala zobaczyć tego drugiego człowieka takim, jaki on jest – w całej jego różności, z innymi od naszych oczekiwaniami, inną zmysłowością, innym temperamentem, inną fazą życia. I go z tym przyjąć.

Podobnie jest z seksem – czasem nasze spotkanie, tak jak w zabawie – polega na odgrywaniu pewnych ról albo na ich zamianie, czasem jest romantycznie, czasem śmiesznie, innym razem trochę strasznie albo żenująco. Ale w tych wzorcach, z którymi wkraczamy w życie, tego zwykle nie ma – że możemy się pomylić, że mamy prawo do lęków, do wstydu, do bycia nieporadnym. Udany seks tego wcale nie wyklucza.

A dla mnie to brzmi tak trochę...

...za mało seksownie?

Może raczej tak... idealistycznie.

Być może... ale – wie pani – kiedyś jedna z takich kochających się, długoletnich par powiedziała mi: „Pamiętaj, najważniejsze, żebyście siebie szanowali". To mi się wydawało takie nieromantyczne, pozbawione emocji, ale im jestem starsza, tym bardziej mi się wydaje, że o to właśnie chodzi. Że wzajemny szacunek, bliskość i seks są nierozłączne.

Oczywiście, można mieć i udany seks bez szczególnej więzi psychicznej, ale raczej nie w długoterminowym związku. Kiedy patrzę na pary, które są ze sobą dziesiątki lat, które się kochają i mają udany seks, to to widać.

Po czym?

Że chcą być blisko fizycznie ze sobą.

Nie chodzi o to, że się obcałowują przy wszystkich, ale siadają blisko siebie, rozmawiając, dotykają się, nawiązują kontakt wzrokowy. Zwracają uwagę na swój zapach, szukają kontaktu z dłonią, gołym ciałem. To są też takie osoby, które nigdy nie mówią źle o swoim partnerze przy innych, zawsze są po swojej stronie i wierzą głęboko w to, że po to są ze sobą, żeby się wspierać. Są dla siebie autentycznie życzliwe.

A jak to ma się do seksu?

A bardzo się ma. Ta życzliwość sprawia, że nie muszą się obawiać zmian, również w sferze seksualnej. Że są otwarci na swoje samopoczucie, różne fazy psychiczne, fizyczne, na upływ czasu. Dzisiaj wydaje mi się to bazą, również dla bliskości fizycznej. Kiedyś wydawało mi się to staroświeckie.

To, co wychodzi również z badań, co daje taką silną podstawę ludziom, to wspólna hierarchia wartości – jest wtedy szansa, że się dogadają i że będą sobie ufać. Bo podobieństwo charakterów czy podobne zainteresowania to może być o wiele za mało.

Co może być na czubku tej hierarchii wartości?

Na przykład właśnie związek. Nie dzieci, nie praca, nie rozwój własny – ale związek, my. Wczoraj na warsztacie nawet spotkałam takie pary: jedna to katolicy, drudzy nie. Stwierdzili, że dopóki będą się kochać, to dzieciom też będzie dobrze, a i do pracy znajdzie się moc. Jest w tym coś bardzo mądrego. Jak się coś chrzani, to oni się przyglądają, co szwankuje, co trzeba naprawić, i nie zajmują się wtedy w zastępstwie pracą zawodową albo urządzaniem domu. Nie chodzi o wyrzekanie się innych wartości, tylko o tzw. priorytet. Nie chodzi również o zawieszanie się na drugiej osobie, ale o dbałość o jakość relacji. I taką dbałość widzę również w niektórych związkach homoseksualnych albo z różnicą wieku lub bezdzietnych – żeby nie było, że jestem jakąś orędowniczką wartości prorodzinnych w jedynym „właściwym" modelu: kobieta i mężczyzna plus dzieci.

Pani powiedziała, że nie lubi słowa „praca", ale jak tak pani słucham, to w tym wszystkim jest jednak świadomy wysiłek.

Ale ja nie chcę użyć ani słowa „praca", ani „wysiłek".

Zadanie?

Nie, to jest wybór. Chodzi o to, że jeśli wybierzemy drugiego człowieka na życie, to ta decyzja jest równoznaczna z tym, że jeśli mamy jakieś wątpliwości, to je zgłaszamy, słuchamy siebie wzajemnie i zaczynamy nad tym pracować. Ale to nie znaczy, że zaczynamy tę drugą osobę urabiać czy zmieniać, tylko zaczynamy pracować nad sobą. Każdy po swojemu, w swojej głowie. Ale to wszystko wynika z naszego wyboru. Bez niego żadna praca nie da efektu. Bo deklarować to my możemy dużo rzeczy, ale czas i tak je zweryfikuje.

I może się okazać po latach, że nasze wartości są zupełnie różne, bo na początku specjalnie się im nie przyglądaliśmy.

Może tak być. I to przełoży się na seks. Bo jednak seks jest barometrem dla związku. W którymś momencie na przykład ta bliskość fizyczna może zanikać, bo pojawi się uczucie zawodu, ale niezwiązane z tym, że partner nas dotyka w niewłaściwy sposób, albo dlatego, że podejrzewamy, że nas zdradza. Tylko dlatego, że będziemy nim zawiedzione.

Nie jako kochankiem, ale jako człowiekiem?

Dokładnie tak. Bo zorientujemy się w pewnym momencie, że nam się wartości rozjechały, że on tak naprawdę w życiu stawia na coś innego i pojawia się kłopot z dogadaniem, z odnalezieniem siebie. To „rozjechanie" może dotyczyć nadmiernej koncentracji na zobowiązaniach zawodowych, materialnych, wizerunkowych, rodzinnych (żeby rodzice byli zadowoleni), dzieciach, samorozwoju itd. Podkreślam – nadmiernych.

Czy dobrze rozumiem, że jeżeli ludzie zadbają o intymność, będą blisko, to ten seks się będzie udawał tak po prostu?

A pani znowu swoje – co to znaczy, że ten seks się będzie udawał? O co mnie pani pyta?

Że oni nie będą szukali seksu nigdzie indziej?

To nie na tym polega. Bo jest na przykład całe mnóstwo mężczyzn, którzy nie skaczą w bok tylko dlatego, że się boją. Oceniają, że poziom ryzyka jest za duży, a nie dlatego, że mają satysfakcjonujące życie seksualne ze swoją długoletnią partnerką.

Są też kobiety, które są niezadowolone z życia seksualnego, ale nie zdradzają, bo mają tzw. poczucie przyzwoitości, obowiązku. Oczywiście bywa też odwrotnie, że kobiety się boją, a mężczyźni mają poczucie obowiązku.

Nie będą szukać też w takim sensie, że nie będą żyć w świecie fantazji, nie będą realizować swojego życia seksualnego z kimś innym w wyobraźni, w internecie...

A to jest takie bardzo kobiece, co pani mówi.

Nie ma uniwersalnej definicji zdrady, ponieważ zawsze jest ona kwestią umowy pomiędzy dwojgiem ludzi. Bardzo trudno to sprecyzować. Czy jak widzimy przystojnego mężczyznę i na niego reagujemy, to jest już zdrada? Czy musimy fantazjować i masturbować się? Czy jak będziemy z nim korespondować na czacie? Czy dopiero, jak pójdziemy z nim do łóżka?

Zdrada jest siostrą braku lojalności i kłamstwa. Może więc nią być krytykowanie partnera przy innych, ośmieszanie go, narzekanie na niego za jego plecami. Udawanie orgazmu też.

To, co jeszcze często charakteryzuje związki, w których jest udany seks, to jest dana wolność, z której nikt nie korzysta.

To jest taki komunikat: nie musisz ze mną być?

Tak. Nie musisz być ze mną ani ja nie muszę być z tobą. To jest twój wybór i to jest mój wybór. Tylko my się tak pojmowanej wolności tak bardzo boimy, że samo wyobrażenie tego jest straszne.

Mnie osobiście fascynuje w parach, które są ze sobą długo, to, że oni wcale się tak siebie kurczowo nie trzymają. Wyznają zwykle filozofię tu i teraz – dzisiaj chcę być z tobą. Ale jutro? Nie chodzi o celowe stwarzanie atmosfery niepewności, chodzi o brak wzajemnej kontroli, o przestrzeń, ale też o prawo do tego, żeby ten najbliższy człowiek miał też jakiś swój świat, swoje nastroje niezwiązane z nami, swoje emocje – niezależne od nas. I ta filozofia też się bardzo sprawdza, jeśli chodzi o seks. Bo jakikolwiek mus, takie poczucie, że nie wolno mi myśleć o innych, nie wolno mi mieć innych pragnień, powoduje, że pewnego dnia „ta bestia", jaką jest energia seksualna, robi z nami, co chce.

I co się dzieje?

I później przychodzi do mnie na przykład kobieta – młoda mama, która nie potrafi się oprzeć znajomemu z zajęć z jogi, bo ten okazuje jej podziw i zachwyt. Albo mężczyzna, wzorowy ojciec rodziny, wierny mąż, pełen poczucia winy, który mówi, że nie wie, co go opętało. Nie rozumie tego. Ale musiał to zrobić. Przespał się z przydrożną prostytutką albo z koleżanką z pracy na szkoleniu. I teraz przychodzi po rozgrzeszenie, jak do księdza.

Czy to oznacza, że on sam nie dał sobie nawet przyzwolenia, żeby myśleć o kimś innym?

Chodzi właśnie o to, żeby nie udzielać sobie pozwolenia czy braku pozwolenia, bo w momencie, kiedy tak myślimy, stajemy się mentalnymi niewolnikami drugiej osoby. A natura ludzka nie lubi być zniewolona. Przecież nie jesteśmy w stanie żadnymi zakazami czy szantażem sprawić, żeby ktoś był nam wierny. To jest wybór tej drugiej osoby.

I trzeba jednak pamiętać, że jak się żyje z kimś 40 lat, to jest prawie niemożliwe, żeby się kimś innym po drodze nie zafascynować czy w jakimś sensie nie zdradzić, choćby psychicznie. Może i fizycznie też, ale nie demonizujmy – są związki, gdzie zdrada niszczy, i inne – gdzie zostaje wpisana w rozwój osobisty.

Jak to rozumieć?

Że ktoś, kto zdradził, wyciąga z tego jakiś wniosek. Nie chodzi o samobiczowanie się, ale o to, że człowiek dotyka wtedy jakiejś wartości, tego, na czym naprawdę mu zależy.

I co taka osoba może odkryć, błądząc?

Na przykład to, że jakaś fascynacja erotyczna bywa fascynująca, ale miłość jest ważniejsza. Życie bez lojalności nie jest czymś, czego chce. Chociaż chcę też podkreślić, że są związki, które bazują na fascynacji erotycznej i trwają bardzo długo.

Ale nie jest ich jakoś dużo.

Nie, i to są związki, w których element więzi jest mniej werbalny, bardziej fizyczny. Upraszczając, tacy ludzie głównie przez seks okazują sobie miłość, bo dla nich obojga seks jest ustawiony wysoko w hierarchii wartości. Tworzą je zwykle ludzie, którzy mają umiejętność wchodzenia w relacje przyjacielskie, ale mają też duże, niezaspokojone potrzeby pierwotnej bliskości fizycznej. I jeśli spotkają kogoś, dla kogo również to jest ważne, to ta więź czysto seksualna może być bardzo silna, przy pozornie mniejszej psychicznej.

I przez lata to może mieć taką temperaturę?

Tak, ale przestrzegam przed wpadaniem w pułapkę. To nie znaczy, że tacy ludzie przez 40 lat non stop uprawiają ognisty seks. To może mieć też inną formę – w ciągu dnia są dosyć „oddzielni", ale to, co buduje poczucie więzi, to wieczorne pieszczoty i zasypianie, kiedy są wtuleni w siebie. Oni na przykład po 20 latach związku uwielbiają się drapać po plecach i są w stanie sobie powiedzieć, w jakim miejscu chcieliby być dzisiaj podrapani i w jaki sposób popieszczeni. Bywają przy tym bardzo namiętni, ale nie zawsze. Jest między nimi otwartość w wyrażaniu potrzeb. Nie ma tabu. Poświęcają temu uwagę, dbają o bliskość wyrażaną właśnie w ten sposób.

A co sprawia, że ludzie, którzy są ze sobą długo, widzieli się w różnych sytuacjach, także tych mało seksownych, nadal siebie pożądają?

Zaryzykuję tezę, że jednak pewna tajemnica. Zlanie się, fuzja, zbytnia bliskość zabijają pożądanie. Bo jeśli mamy kogoś pożądać, to musimy odczuwać, że to jest ktoś inny, a nie taki sam. W momencie, kiedy traktujemy drugą osobę jako przedłużenie siebie, to jeśli ktoś nie ma inklinacji autoerotycznych, to ciężko mówić o ogniu pożądania.

Muszą być sfery życia, w których jesteśmy osobni – gdzie mamy swoje pasje, swoją pracę, swoje przyjaźnie, tajemnice też – po to, żebyśmy mogli sobie o tym potem opowiedzieć, być dla siebie interesujący, również seksualnie. Przestrzegałabym też przed skapcanieniem.

Chodzi o snucie się w dresie po domu?

Przysłowiowe. O takie poczucie, że już nic nie musimy, bo tak dobrze się znamy – możemy iść do łóżka niedomyci, w byle czym. Dbanie o swoją atrakcyjność fizyczną, o to, żeby się podobać swojej ukochanej czy ukochanemu, jest bardzo ważne.

Nie chodzi mi o jakieś sztampowe dostosowanie się do obowiązującego ideału i mizdrzenie się. Chodzi o to, żeby ładnie pachnieć, ładnie wyglądać, założyć od czasu do czasu to, w czym partner nas lubi, a nie stroić się tylko wtedy, kiedy idzie się na imprezę czy do pracy. To też jest jakiś wyraz szacunku dla tej drugiej osoby.

Co się dzieje takiego, że seks w związku czasem jednak umiera? On ląduje na kanapie, ona sama w łóżku. I tak to trwa.

Czasem związek rzeczywiście seksualnie się rozpada, ale więź nadal jest, bo to nie seks jest obszarem bliskości, ale przyjaźń, porozumienie. Czasem ta więź fizyczna po prostu się nie wytworzyła.

Co to znaczy?

Że ludzie nie dali sobie szansy na to, żeby razem tę więź zbudować. Najczęstszym błędem jest to założenie, że ma być jak w fazie zakochania – seks dwa razy dziennie: w łóżku, w wannie, na łące. A kiedy po dwóch, trzech latach okazuje się, że to się zmienia, to nie postrzega się tej zmiany jako wartości, ale jako pogorszenie relacji. Diagnozujemy, że sytuacja jest fatalna, i się zamykamy. I zamiast dalej budować więź, ludzie się od siebie oddalają. A przecież to, co się wyłania z zakochania, jest dopiero naprawdę wartościowe.

I im dalej w las, tym bardziej okazuje się, że życie seksualne ma różne fazy?

Zmienia się, tak jak i my się zmieniamy. Często w zaskakujący dla nas samych sposób. Kobieta na przykład zachodzi w ciążę i akurat wtedy ma większą ochotę na seks. Albo po urodzeniu dziecka na partnera może bardzo działać ciało kobiety, kiedy jej skóra jest miękka w dotyku, inaczej pachnie, piersi są większe. Ożywiającym seks bodźcem może stać się pójście do pracy, jeśli idzie za nim wzrost samooceny. I po latach związku nagle kochają się pięć razy dziennie.

Przykłady można mnożyć – na przykład mężczyzna po stanie zawałowym przysłowiowo bierze się za siebie, zaczyna ćwiczyć, zmienia radykalnie swój wygląd, czuje przypływ energii życiowej i nabiera ochoty na seks po latach wyciszenia. I jeśli jego partnerka nie zamknęła się w smutku, to mogą teraz przeżyć najlepsze erotycznie lata. Są takie pary, w których ewidentnie taką fazą jest odejście dzieci na studia – wiem, że to wbrew stereotypowi, ale są. Tyle się naczekali, aż się doczekali. „Chata wolna" i wreszcie mają czas dla siebie. Tylko są to pary, które cały czas dbały o relację między sobą, a nie tylko realizowały się w roli rodziców.

Ile cierpliwości trzeba mieć.

Tak. Cierpliwość w seksie jest cechą pożądaną, ale nie jest dzisiaj cechą bardzo cenioną.

Profesor Lew-Starowicz powiedział w jednym z wywiadów, że jak ludzie nie uprawiają seksu dłużej niż kilka tygodni, to bardzo niedobrze.

No tak, duże kontrowersje wzbudziła moja wypowiedź w jednym z wywiadów, kiedy powiedziałam, że to mogą być dwa-trzy lata „ochłodzenia stosunków". I to nie zawsze oznacza koniec.

Dwa-trzy lata?! I co dalej?

I ludzie się w jakiś cudowny sposób potem odnajdują, jeśli się kochają. Przecież różne fazy w życiu się zdarzają – choroby, trudne zdarzenia losowe, u kobiet może to też dotyczyć fazy rodzenia dzieci. Może to również pojawić się w fazie robienia tzw. kariery, która wiąże się z bardzo wysokim poziomem stresu, a tym samym kortyzolu, który obniża libido. I to może potrwać kilka lat, zanim człowiek nabierze dystansu – albo się utwardzi w tych zawodowych wyścigach, albo się wycofa i znajdzie jakieś lepsze rozwiązanie. Powodów może być tysiąc. To jednak nie musi trwać wiecznie i może zrobić się fajnie, jeśli ta druga osoba potrafiła być cierpliwa.

Są też takie etapy w życiu, kiedy my sami ze sobą czujemy się nieszczególnie.

Oczywiście. I to są takie momenty, kiedy my niewiele możemy z siebie dać, nie mamy takiego zasobu energii. Człowiek w depresji traci ochotę na seks. Ale to już jest kwestia takiego mądrego zarządzania swoją energią i decyzji, że może trzeba sięgnąć po pomoc specjalisty. Czasami wystarczy zmienić złe, pozbawiające chęci do życia nawyki – ludzie, którzy są aktywni fizycznie, mają dobre relacje towarzyskie, działają społecznie, często nabierają ochoty na seks.

Czy partner takiej osoby może coś zrobić poza tym, że będzie cierpliwy?

W ekstremalnych sytuacjach, jak depresja czy wyścig szczurów, kiedy towarzyszą temu zmiany biochemiczne, hormonalne, to obawiam się, że niewiele można zdziałać, ponieważ nie można „zmienić" partnera. Niezbędne zmiany muszą wynikać z jego/jej osobistych decyzji, a w przypadku depresji – leczenia. Ale przy okresowych spadkach energii można próbować zachęcić partnera do zabawy i do wspólnego odpoczynku. Innego dnia to może być masaż, pływanie nago w jeziorze, taniec przy dobrej muzyce, niespieszne fellatio czy stymulacja łechtaczki językiem albo pieszczenie szyi, i to też będzie udany seks.

Co jeszcze poza cierpliwością by się przydało?

Umiejętność wyciągnięcia ręki, kiedy jest trudno. Przecież im dłużej jesteśmy ze sobą, tym więcej okazji do sytuacji konfliktowych. Ważne, żeby umieć zrobić jakiś gest pojednania, kiedy na przykład jesteśmy pokłóceni, nie zasklepiać się, nie oddalać – bo to potem rzutuje na bliskość fizyczną, przestajemy się dotykać, przestajemy rozmawiać, pojawia się embargo na seks.

Jaki to może być gest?

Dobre pary mają swoje takie intymne gesty. Nawet jeśli są pokłóceni, to potrafią dać sobie rytualnego, ale jednak szczerego buziaka na do widzenia. Albo inny przykład – mąż, który wylądował na kanapie, w środku nocy jednak wstaje, idzie do łóżka żony i przytula się do jej pleców. To może być pojednawczy SMS w ciągu dnia. Zrobienie śniadania. Chodzi o to, żeby nie zrywać więzi.

Ale przecież są takie etapy życia – małe dzieci, intensywna praca, stres – które sprawiają, że ta więź seksualna jednak się zrywa.

Klasycznie to wygląda tak, że kobiety uważają, że zanik więzi psychicznej sprawia, że seks zanika, czyli ona myśli tak: „On mnie nie rozumie, nie docenia i dopóki tego nie zmieni, nie mam ochoty na seks". A mężczyźni częściej uważają, że spadek więzi fizycznej doprowadza do spadku więzi psychicznej, czyli jeśli nie mamy seksu, to się od siebie oddalamy.

A pani co uważa?

Ja uważam, że to nie ma specjalnego znaczenia, co kto wtedy myśli o seksie, bo nie o sam seks chodzi. W pewnym sensie demonizujemy seks.

Demonizujemy?

Przypisujemy mu jakieś nadzwyczajne moce – że on nam coś załatwi albo że może nam coś popsuć. Nie, seks jest przyjemnością, jego jedynym celem jest odczuwanie przyjemności. I owszem, trzeba mieć do tego i warunki czasoprzestrzenne, czyli niekoniecznie dzieci uwieszone na klamce do sypialni, i warunki psychiczne.

Bo to nie chodzi o to, żebyśmy poszli do łóżka „się bzykać", żeby zmniejszyć sobie napięcie albo się próbować godzić w ten sposób. Ale o traktowanie seksu jako wspólnej zabawy, jako przyjemności, którą dajemy sobie w prezencie. To naprawdę pomaga. I znowu przywołuję porównanie do zabawy. Bo przecież czasem jesteśmy smutne, wściekłe i pogubione, a mimo to potrafimy jakoś wejść w zabawę i zatracić się w niej. Z seksem jest podobnie.

I można się tego nauczyć? Traktować seks jak zabawę i nie wciskać w niego wszystkich pretensji, lęków?

Ja myślę, że tak. Tylko trzeba się tego uczyć w dobrych chwilach, a nie w sytuacjach konfliktu, poprzez to, co buduje tzw. udany seks, kiedy rozwijamy bliskość, zaufanie, swobodę, kiedy śmiejemy się w łóżku, gadamy ze sobą, przytulamy się albo przeżywamy pewien rodzaj natchnienia. To są bardzo intymne chwile, kiedy wiemy, że niczego takiego przy kimś innym byśmy nie zrobili. I w miarę upływu lat tak rozumiany seks może pojawiać się jako taki element scalający, odprężający, wzmacniający.

Na forum dla małżeństw, które nie uprawiają seksu, często powracał jeszcze taki wątek: kocham go, kocham ją, ale go nie pragnę. Tragiczna sytuacja.

To jest bardzo częsty problem. I nie umiem go podsumować jednym zdaniem. Być może jest problem ze wspólnymi wartościami w związku, może są zawiedzeni sobą, a może właśnie są zbyt blisko – i nie ma tam miejsca na żadną tajemnicę, żadną ekscytację. Powody są różne, ale dopóki tego nie odkryjemy sami, nie będziemy tego wiedzieć.

Powiem coś niepopularnego. Kobiety, z którymi rozmawiam, dość często deklarują, że nie pożądają partnerów, których kochają. Bo mimo że cenią sobie bardzo partnerstwo w życiu na co dzień, to jednak partnerstwo w łóżku nie jest czymś, co je najbardziej kręci. I mówię to, z całą świadomością, jako feministka. Chodzi o to, że w seksie realizowanie jakichkolwiek sztandarowych haseł, również równości, partnerstwa, porozumienia, podobnie jak sztywne role płciowe – niezwykle usztywnia i ogranicza.

Chce pani powiedzieć, że te kobiety tęsknią za męską dominacją?

Jeśli traktujemy seks jako zabawę, to tam jest też miejsce na zamianę ról. Na dominację również i bycie feministką tego nie wyklucza. Chodzi o plastyczność, otwartość, która dopuszcza taką możliwość. Kobiety, o których wspomniałam, mówią, że mają takiego partnerstwa za dużo – on jest zaangażowany w dzieci, wspiera je, dzielą się obowiązkami, czytają te same książki, generalnie wszystko jest super, ale one nie widzą w nim faceta, tylko przyjaciela... I w tym łóżku chciałyby poczuć, że on, ale też ona, może czasem wyjść z roli. Autentyczne partnerstwo tego nie wyklucza, wręcz przeciwnie, umożliwia dużą swobodę w tym zakresie.

Kolorowe pisma chyba to sprzedają pod hasłem: „Kup pejczyk, daj mu w prezencie kajdanki".

No właśnie wcale nie o gadżety chodzi. Tylko o otwartość, kreatywność, pewnego rodzaju nieobliczalność.

Dziewczyny mówią: „Chciałabym, żeby on mnie tak czasem wziął albo żeby był bardziej zdecydowany. Żeby mnie czasem zaskoczył".

Tak zerżnął?

To słowo też się często pojawia, ale nie w przemocowym czy upokarzającym znaczeniu. Ma raczej wyrażać zdecydowanie i dominację seksualną. To daje do myślenia.

Może nawet stąd się wziął fenomen „Pięćdziesięciu twarzy Greya" – bo jakoś wyraża niezaspokojoną potrzebę współczesnych kobiet. Może tą potrzebą jest zwolnienie od odpowiedzialności za jakość seksu? Jednak nie zapominajmy, że uległość bohaterki tej książki nie była tak dosłowna, bo to ona sterowała tym układem. Dominacja seksualna w różnych jej przejawach – taka bezpieczna – jest rodzajem gry seksualnej, której często brakuje i kobietom, i mężczyznom.

A co takiego mówią mężczyźni?

Często narzekają, że ich partnerki ich nie uwodzą, nie patrzą na nich z podziwem, a inne kobiety – owszem. A to ważne, żeby trochę swojego partnera podziwiać w życiu – mężczyznę czy kobietę – bo to się wiąże z szacunkiem i z życzliwością, o których mówiłyśmy. Dlaczego mu nie powiedzieć od czasu do czasu, celowo przejaskrawiam, ale coś w rodzaju: „Ryan Gosling wysiada przy tobie" albo „Stanik mi się sam rozpina, kiedy cię widzę"?

Chodzi o to, żeby umieć wejść z partnerem w łóżku w stan alfa, w stan rozluźnienia, a nie być cały czas w stanie beta – wzmożonej czujności.

To ja wrócę do pytania: jak się tego nauczyć?

Najlepiej zacząć od siebie. Bo żeby móc coś ofiarować drugiej osobie, trzeba najpierw się dowiedzieć, co jej chcemy dać, jak, i być na to gotowym. Bliska jest mi praca z ciałem, dlatego prowadzę te wszystkie „waginalne warsztaty" i niewaginalne też, i zachęcam do poznawania swojego ciała, w tym również do doświadczeń masturbacyjnych. Bo absurdalne jest wchodzenie w relację, nie znając własnego ciała i oczekując, że książę na białym koniu nagle wpadnie do sypialni i będzie nas stymulował na tysiąc sposobów dokładnie tak, jak chcemy. To my musimy go tego nauczyć i werbalnie, i niewerbalnie – czasem gestem, czasem słowem, czasem żartem, czasem zostawioną karteczką. Ważna jest też umiejętność dawania informacji zwrotnych, szczególnie tych pozytywnych: „Uwielbiam, jak to robisz, strasznie mi było fajnie" (warto nazwać „to coś"), ale też mówienia: „Nie mam na to ochoty".

Czyli takie dokładne poznanie swojego ciała. Co jeszcze?

Fantazjować seksualnie, otworzyć się na erotykę, bo może odkryje się tam coś o sobie, o czym nie miało się pojęcia. Warto w wyobraźni sprawdzić, jakie się ma granice: co lubię, a czego nie, co mnie podnieca i sprawia przyjemność. Kobiety, odkrywając czasem, że coś takiego bardziej kontrowersyjnego na nie działa, przychodzą i pytają: „Czy ja jestem normalna? Czy wszystko ze mną dobrze? Bo ja myślałam, że jestem inna". I tu odpowiedź brzmi: „Nie, właśnie jesteś taka".

Często takie odkrycia działają jak zapłon, a potem taka kobieta otwiera się i rozkwita.

Wraca z tym do swojego partnera, a tam...?

No i tu różnie bywa. Część partnerów nie jest gotowa na to, żeby to przyjąć, i robi się źle, ale w związkach, w których więź jest zachowana, partnerzy są zwykle uszczęśliwieni. Mówią: „Nareszcie, kobieto, czekałem na ciebie, Boże, jaka ty jesteś piękna, jakie to cudowne". Taka kobieta odkrywa, poprzez pracę z ciałem i z wyobraźnią, że jest się w stanie wprowadzić w seksualny nastrój, że umie znaleźć uwagę dla seksualnego wymiaru swojego życia. Wspaniale, jeśli partner to poczuje i doceni. Gorzej, jeśli nie czuje, bo sam się pozasklepiał i nie chce nad sobą pracować. I tu nie chodzi o to, że seks jest esencją życia, bo nie jest, ale on się taką esencją staje, jeśli jest obszarem, który jest zablokowany. Jeśli jest przedmiotem niespełnionych nadziei, pragnień, może się stać pewnego dnia obsesją.

Związek bez seksu jest możliwy?

Oczywiście, jeśli jest oparty na przyjaźni i seks dla obojga nie jest szczególną wartością. Nie jestem wcale fanką twierdzenia, że bez seksu nie da się żyć, tylko myślę, że wiele osób żyje bez seksu, bo go nie doświadczyły pozytywnie, bo się go bały, bo same siebie nie poznały. Mogły mieć wdrukowany taki pogląd, że seks jest czymś „złym i brzydkim" albo że jest taką mroczną siłą, która pochłania bez reszty. Mając taki pogląd, mogły szukać takich doświadczeń, które je utwierdzały w tym, że seks jest bez sensu i nie było w nim miejsca na szacunek i na miłość do samego siebie. No i potem rezygnowały z niego w ogóle.

Jest też oczywiście część osób aseksualnych, dla których wartością nadrzędną nie jest bliskość fizyczna, tylko bliskość intelektualna. Jeśli dwie takie osoby się dobiorą, to dlaczego by nie? Chociaż osób aseksualnych jest bardzo mało.

Nie chciała mi pani dać recepty na udany seks, a ja mam wrażenie, że jakoś nam jednak niechcący wyszła.

Trochę tak wyszło... dawaj, ale nie oczekuj niczego w zamian. To szczęście, że druga osoba też chce być z nami blisko. Jeśli ja też tego chcę – to razem mamy szansę coś stworzyć.

Problem dzisiaj polega na tym, że my chcemy dawać wtedy, kiedy mamy gwarancję, że coś z tego będziemy mieć.

Ale gwarancji to nikt nam na nic nie da. I trochę bez sensu jest bez przerwy szukać i próbować – a może ten, a może tamta, a może kolejny. Nie potrzeba nam tysiąca przyjaciół na Facebooku, czasem jeden dobry wystarczy.

Nie będę się upierać, że pierwszy kochanek ma być tym jedynym, ale dziesięciu, trzydziestu? Ile razy można opowiadać swój życiorys? Ile razy można zapamiętywać czyjś zapach? Za którymś razem zaczyna się mieć poczucie pustki i bezsensu. Górnolotnie to zabrzmi, ale czasem warto się zatrzymać przy człowieku tak w ogóle. Czasami to nie będzie ten człowiek, bo tak jak nie każdy nadaje się na przyjaciela, tak samo nie każdy nadaje się na partnera życiowego, ale budując coś wspólnie, mamy szansę, że coś z tego wyjdzie.

Szansę, nie gwarancję.

Jak się w związku nie zaharować?

Miłość i pieniądze

Z WOJCIECHEM EICHELBERGEREM
rozmawia Agnieszka Jucewicz

Jeśli w związku jest niedobrze, jeśli więź jest słaba, to zaczyna się walka o władzę, czyli o pieniądze. Ten, kto je ma, ten rządzi.

W wielu związkach nie ma już „my". To, co zarabiamy, przestaje być wspólną własnością. Ona mówi: „Ja bym chciała pojechać na wakacje do pięciogwiazdkowego hotelu, stać mnie". A on spuszcza oczy i odpowiada: „A mnie stać tylko na trzygwiazdkowy".

Niewydolność seksualna jest przejawem nieświadomego buntu mężczyzn, którzy znaleźli się w roli utrzymanka, a zarazem wyrazem biernej agresji przeciwko dominującej kobiecie.

Kobieta, cedując na swojego mężczyznę zarządzanie pieniędzmi, chce go w ten sposób „umężczyźnić". Ponieważ wielu mężczyzn słabnie, część kobiet nieświadomie czyni podobne zabiegi, żeby im poprawić samopoczucie.

Czym są pieniądze w związku?

To papierek lakmusowy. Jak seks. Jeśli przychodzi do mnie para i temat pieniędzy pojawia się już na początku, ostro i konfliktowo, to oznacza, że ten związek jest w kryzysie emocjonalnym, a pieniądze to symptom. Jeśli związek dobrze funkcjonuje i opiera się na silnej emocjonalnej więzi, to kwestie pieniędzy nie są przedmiotem sporu. Rozwiązuje się je spokojnie.

Nawet wtedy, kiedy tych pieniędzy jest mało?

Nawet. Wtedy w naturalny sposób powinna się rodzić solidarność i mobilizacja. Jest „wspólny wróg", z którym trzeba sobie jakoś poradzić, i to jednoczy – razem myśli się o tym, jak wyjść z sytuacji, planuje się oszczędności, ewentualnie zmiany pracy itd.

Nawet jeśli partnerzy znacznie różnią się stosunkiem do pieniędzy, który wynieśli z domu rodzinnego?

Dobry związek, w którym ludzie naprawdę się kochają, jest w stanie w sobie wszystko pomieścić, także różnice wynikające z psychologicznego dziedzictwa. Jeśli, dajmy na to, on jest sknerą, a ona jest rozrzutna, to się jakoś dogadają. A być może ona przy nim nauczy się lepiej gospodarować pieniędzmi, a on przestanie nadmiernie je kontrolować.

A co wtedy, kiedy nie jest między nimi tak dobrze? Co te spory o pieniądze mogą nam powiedzieć?

Generalnie pieniądze w wymiarze historycznym i symbolicznym są tożsame z władzą i wpływem, a te z kolei – z wolnością. Więc jeśli w związku jest niedobrze, jeśli więź jest słaba, to zaczyna się walka o władzę, czyli o pieniądze. Ten, kto je ma, ten rządzi. W tradycyjnych związkach mężczyzna był odpowiedzialny za zarabianie pieniędzy, przynosił je do domu, ale władzę ponoć sprawowała kobieta, która tymi pieniędzmi zarządzała, bo znała się na cenach, sklepach i fachowcach. Ja uważam, że mężczyzna jednak wcale tej władzy nie tracił. Oddawanie pieniędzy żonie było racjonalne i wygodne, a może była to jakaś symboliczna kurtuazja.

Dzisiaj jak to wygląda?

Dzisiaj stoimy jedną nogą w starym paradygmacie związku, a drugą w pokusie i zarazem iluzji wolności obojga partnerów. Dopiero szukamy nowego rozwiązania, próbując po drodze różnych wariantów. To jest fascynujący okres przejściowy. Ale też niezwykle trudny – dla obu stron. Niedawno czytałem w „Wyborczej" tekst o tym, że kobiety częściej niż mężczyźni inicjują rozwody i prawie tak samo często jak mężczyźni miewają partnerów seksualnych poza związkiem. Różnice między płciami coraz bardziej się zacierają. Kobiety mają coraz więcej kontroli nad swoim życiem i coraz więcej władzy w związkach. Są świetnie wykształcone, realizują się zawodowo, dzięki temu coraz więcej z nich jest niezależnych finansowo. Nie muszą już być quasi-niewolnicami, które nie miałyby szans godnie przeżyć poza związkiem. Nie muszą się godzić na kompromisy, które uwłaczały ich poczuciu godności, ale jeszcze niedawno umożliwiały społeczne, a czasami również biologiczne, przeżycie.

To źle?

To bardzo dobrze. Ale ten piękny medal ma także drugą, trudną stronę. Bo władza, jak to władza – demoralizuje. Tak jak zdemoralizowała mężczyzn, którzy będąc u władzy, pozwalali sobie na demonstrowanie siły, bezkarność, rozpasanie, kłamstwa i zdrady – tak teraz zaczyna demoralizować kobiety. Im więcej pieniędzy i władzy, tym trudniej kontrolować tego typu zachowania i pokusy. Bogactwo przewraca w głowie ludziom obu płci: „Jestem panem/panią świata, stać mnie na wszystko, więc wszystko mi wolno".

To wygląda jak taka narcystyczna „jazda".

I w wielu związkach, niestety, ją widać. Jestem „ja", jesteś „ty". Ale nie ma już „my". Są „moje" pieniądze i są „twoje" pieniądze, nie ma wspólnych pieniędzy. Nie znam dokładnych statystyk, ale coraz częściej słyszę i w gabinecie, i poza nim, jaką popularnością cieszy się dzisiaj intercyza. Jest to niemal standardowy rytuał współcześnie zawieranych małżeństw. Nikt się nie dziwi i nikt się nie obraża. To, co zarabiamy, przestaje być wspólną własnością.

I jak to wygląda na co dzień?

Na co dzień tego często nie widać, ale problem pojawia się na przykład przy okazji wakacji. Ona mówi: „Ja bym chciała pojechać na wakacje do pięciogwiazdkowego hotelu, stać mnie". A on spuszcza oczy i odpowiada: „A mnie stać tylko na trzygwiazdkowy".

Żartuje pan?

Nie, to cytat.

I co, spędzają wakacje osobno?

Nie aż tak. Bo ona łagodzi sytuację: „To ja ci dorzucę". Ale on nie jest z tego powodu szczęśliwy. Ukrywa, że jest to dla niego uwłaczające.

Wydatkami na dzieci, na jedzenie też się tak „dzielą"?

To na ogół jest wliczane w jakieś wspólne „koszta". I partnerzy różnie się na nie zrzucają. Ale rzadko umawiają się na udział proporcjonalny do zarobków.

Taka spółka z o.o.?

Raczej dwie oddzielne firmy, które ze sobą kooperują. Raz lepiej, raz gorzej.

Rozumiem, że ludzie, którzy podpisują intercyzę, nie wierzą, że będą do końca życia razem?

W sensie psychologicznym to może być akt braku wiary w szczęśliwe zakończenie. Intercyza jest zabezpieczeniem, które ma ułatwić prawdopodobne rozstanie. Myślę też, że pozwala partnerom na bieżący pomiar rozkładu władzy w związku, chociaż nie jest to oczywiście wprost wyartykułowane. Kto zarabia więcej, kto może na więcej sobie pozwolić, kto silniejszy. To zdecydowanie podkręca rywalizację i te tendencje rywalizacyjne w związkach są dzisiaj bardzo widoczne. Ale intercyza ma też swoje plusy.

Naprawdę? Jakie?

Szczególnie dla zarabiających matek. Daje im poczucie bezpieczeństwa. Zabezpiecza je i dzieci. W razie czego osamotniona matka nie będzie musiała biegać po sądach i wykłócać się o nędzne 500 złotych miesięcznie na dziecko. Intercyza niewątpliwie sprzyja emancypacji kobiet. A jeśli związek jest dobry, to ona go na pewno nie popsuje.

Jak pan patrzy na te współczesne związki, to co pan jeszcze widzi?

Widzę to, że zarówno mężczyźni, jak i kobiety są dzisiaj dość pogubieni. Bo żyjemy w czasach, w których te relacje kształtują się na nowych zasadach, ale za plecami mamy stare anachroniczne dziedzictwo, które jednak wciąż jest bardzo żywe. A to powoduje różnego rodzaju komplikacje. Bo jeśli dzisiejsze związki mają być oparte na całkowitej współodpowiedzialności i symetrii, to jak to właściwie miałoby wyglądać? To jest naprawdę duże wyzwanie. Zwłaszcza że nie ma już tych „lepiszczy", które dotychczas cementowały tradycyjne związki. Tam role były rozdane, wiadomo było, kto za co jest odpowiedzialny, co wypada oczekiwać, a czego nie. Że – na przykład – gdy on po dziesięciu godzinach wracał z pracy, to mógł się spodziewać talerza gorącej zupy na stole albo tego, że z racji swoich strategicznych obowiązków i zmęczenia mógł być mniej angażowany w bieżące sprawy rodzinne.

Dzisiaj oboje często pracują po 12 godzin.

No właśnie, i kto tę zupę ma postawić na stole: pani z Ukrainy? Matka, teściowa? Jeśli pani z Ukrainy, to kto ma na pensję tej pani zarobić?

Z tego mieszania się starego z nowym jakie wynikają kłopoty?

Na przykład takie, że kiedy mężczyzna wychowany w starym paradygmacie patriarchalnym – a innych jeszcze na rynku matrymonialnym właściwie nie ma – zwiąże się z partnerką niezależną ekonomicznie, to jemu się to kiepsko w głowie pomieści. Jeśli nie jest wystarczająco elastyczny, żeby przestawić się na nowy paradygmat związku, to może się zacząć odwoływać do różnych form przemocy ekonomicznej i psychologicznej. Może się na przykład zmienić w takiego misia, który uznaje, że przez sam fakt, że jest mężczyzną, wszystko mu się należy. I jeśli trafi na kobietę dobrze zarabiającą, lecz nadal uwikłaną w stary paradygmat, to ona mu zagra w tym teatrze i będzie dowozić wszystko, na co miś ma ochotę.

I co wtedy?

I on będzie jej pieniądze bez zmrużenia oka wydawał na siebie i swoje zachcianki. Spokojnie, w poczuciu dziejowej sprawiedliwości pożre nieproporcjonalną część rodzinnego budżetu. To jest forma przemocy zwana eksploatacją.

Może też się zdarzyć tak, że wyemancypowana kobieta, która ma wysokie stanowisko i świetnie zarabia, zwiąże się z mężczyzną, który ma niższą pozycję zawodową, mniejsze pieniądze. Wtedy szybko się okaże, że ona jednak nie czuje się z tym dobrze, że głęboko w sobie żywi przekonanie, że to on, mężczyzna, powinien przede wszystkim łożyć na rodzinę. I będzie nim coraz bardziej rozczarowana. A jemu również zacznie być coraz mniej fajnie w tej sytuacji, chociaż na początku bardzo go to kręciło, że taka samodzielna, zdecydowana, odważna.

Może się czuć z tym niemęsko?

Może się czuć wręcz zagrożony. Bo to ona ma władzę, jest wolna, samodzielna i nie musi z nim być, a nawet w każdej chwili może odejść. Na razie nie spotkałem mężczyzny, dla którego taka sytuacja byłaby w pełni komfortowa. Wprawdzie nierzadko deklarują, że im to pasuje, ale odnoszę wrażenie, że to w imię poprawności politycznej i lansu na nowoczesność czemuś w sobie zaprzeczają. Potwierdza to coraz powszechniejsze zjawisko niewydolności seksualnej młodych mężczyzn w tego typu związkach. Mężczyzna, który w swoim przekonaniu nie dorasta do nadal obowiązującego w kulturze męskiego etosu, traci poczucie sensu, przydatności i godności. Nie może odnaleźć się w roli, która kojarzy się z byciem utrzymankiem czy trutniem. Niewydolność seksualna jest przejawem nieświadomego buntu tych mężczyzn przeciwko takiej sytuacji, a zarazem wyrazem biernej agresji przeciwko dominującej kobiecie.

Z tego samego powodu mężczyźni boleśniej niż kobiety przeżywają utratę pracy i pozycji, i częściej niż kobiety cierpią na poczucie winy i upokorzenia, co w skrajnych przypadkach kończy się depresją i/lub samobójstwem.

Ale przecież jeśli jest tak, że ona głównie zarabia na dom, to on może wziąć na siebie obowiązki domowe, zająć się dziećmi.

Ale mężczyźni, którzy od tysiącleci uznawali prace domowe i wychowywanie małych dzieci za zajęcie poślednie i przynależne na pół zniewolonym kobietom, nie mają się do czego odwołać. Bo nie istnieje żadna tradycja ani przekaz, które rolę męskiej matki wiązały z poczuciem godności, na punkcie którego mężczyźni są tak przeczuleni.

Kobieta, która nie pracuje i zajmuje się domem, może powiedzieć: „Nie robię kariery, ale wychowuję dzieci, jestem dobrą matką". I to w zasadzie wystarczy. Mężczyzna nie może powiedzieć: „Jestem ojcem. Zajmuję się domem i wychowywaniem dzieci", bo to długo jeszcze nie zagwarantuje mu szacunku innych mężczyzn ani odpowiedniej społecznej pozycji.

Przecież są tacy mężczyźni.

I to dobrze, że są. Niech jeżdżą z tymi wózkami, niech gotują te obiady, niech sprzątają mieszkania i robią zakupy. I niech utrzymujące dom kobiety przynoszą im swoje ciężko zarobione pieniądze, aby mogli się godniej poczuć. Być może okażą się prekursorami nowego porządku i bohaterami przyszłości. Ale na razie z pewnością czuliby się w tej roli jeszcze lepiej, gdyby to nie była ich jedyna misja na tym świecie i gdyby mogli się stopniowo emancypować, rozwijać swoje pasje i zainteresowania, zdobywać atrakcyjne zawody i zarabiać swoje pieniądze.

A taki wariant: on jest stereotypowym samcem alfa, który mówi jej: „Nie musisz się martwić o pieniądze, ja się tym zajmę".

To byłaby próba konserwowania starego małżeńskiego paradygmatu, który kobietę dewaluuje, czyniąc z niej dzidzię, ewentualnie – niewolnicę.

Albo księżniczkę.

Na początku związku prawie każda jest traktowana jak księżniczka. Dzięki temu kobiety dają się wciągnąć w tę „pułapkę Sinobrodego". To przecież kusząca wizja „nie musieć się o nic martwić". A gdzie władza, wpływ i kontrola nad własnym życiem? Tym bardziej że w obecnej fazie przemian społecznych i obyczajowych taką bajkę odgrywać jest coraz trudniej. Obu stronom. Bo taki układ oznacza, że facet kupił sobie kobietę, a ona dała się kupić, więc nawzajem blokują sobie możliwość psychicznego i społecznego dojrzewania.

Nie będzie happy endu?

Może być tak, że z czasem samiec alfa utrzymujący samodzielnie swoją niewolnicę, dzidzię czy księżniczkę zacznie zazdrościć kolegom, którzy mają aktywne, pracujące żony, a do swojej zacznie mieć pretensje, że go nie wspiera i traktuje jak bankomat.

A jeśli ona nie jest typem księżniczki, tylko zajmuje się domem i dziećmi?

Dopóki kocha i pragnie, to pieniądze będzie przynosił w darze. Jak przestanie, to zacznie wydzielać – w nagrodę więcej, za karę mniej. W końcu powstanie upokarzająca dla obu stron reguła, że kobieta będzie musiała prosić nawet o pieniądze na waciki.

Zakładając, że mamy jednak do czynienia z dojrzałymi ludźmi, którzy zgodnie i świadomie uznali, że w ich sytuacji i dla nich rozwiązanie „on pracuje, a ona zajmuje się domem" jest najlepsze, że nikogo to nie upokarza ani nie wywyższa, i jeśli sobie ufają, to czemu nie? Żyjemy w wolnym kraju i każdy ma prawo szukać swojej drogi do szczęścia. Tylko że wtedy on powinien brać wszystkie koszty na siebie oraz płacić jej pensję za jej pracę w domu. To jest wielkie oszustwo i nieszczęście, że praca domowa nie jest częścią PKB. Na początku transformacji byłem przez jakiś czas zaangażowany w walkę o wynagradzanie pracy w domu. Już wtedy ekonomiści policzyli, że była ona warta około 2,5 tysiąca złotych za miesiąc.

A co by pan powiedział o takim związku: oboje zarabiają podobnie, oboje dzielą się obowiązkami i opieką nad dzieckiem, a jednak to on jest tym, który kontroluje wydatki, planuje oszczędności, wie, ile jest na koncie, ona nie wie?

Męskie ego z pewnością byłoby wdzięczne. Ale wygląda to na pozostałość po modelu tradycyjnym przebraną we współczesne ubranko. Bo de facto jedna osoba zarządza finansami, a druga może zachowywać się nieodpowiedzialnie, jak dziecko. To jest oczywiście dla kobiety wygodna pozycja. W ekstremalnym wydaniu wygląda to tak, że „dzidzia" nie odróżnia „banknotu stuzłotowego od dziesięciozłotowego i nie wie, co ile kosztuje" – jak ostatnio skarżył mi się jeden z pacjentów. Ale może być też tak, że ona, cedując na swojego mężczyznę zarządzanie pieniędzmi, chce go w ten sposób „umężczyźnić". Ponieważ wielu mężczyzn słabnie, część kobiet nieświadomie czyni podobne zabiegi, żeby im poprawić samopoczucie, by czuli się bardziej godni, bardziej władni.

A on? Jakie z tego może mieć korzyści?

No właśnie takie, że dzięki temu czuje się bardziej kompetentny, bardziej zorientowany, bardziej przytomny i ważniejszy od niej.

Z tego, co pan mówi, to najlepiej byłoby, gdyby ludzie w związku oboje pracowali i wspólnie podejmowali decyzje finansowe.

Tak uważam. A przede wszystkim, żeby się przyjaźnili – czyli traktowali po partnersku, cenili i szanowali.

A jak to się przekłada na pieniądze?

Przyjaciel przyjacielowi pomoże w biedzie, pożyczy, skredytuje, podpisze mu, co trzeba, bo mu ufa, bo wie, że mu nagle nie odbije, że nie zostanie przez potrzebującego wykorzystany. Nawet gdy ten przyjaciel zaangażuje się w kogoś innego lub nawet zakocha. To ma ogromne znaczenie, bo największe, dewastujące wszystkich i wszystko jatki o pieniądze mają miejsce wtedy, kiedy ludzie się rozstają.

Ja znam sporo takich partnerskich związków, gdzie jeśli chodzi o pieniądze, to też jest po partnersku, czyli fifty-fifty.

I co w tym złego?

W ekstremalnej sytuacji to wygląda tak, że nawet jak kupują pączka, to się składają na niego równo, po 50 groszy.

Ale to nie ma nic wspólnego z przyjaźnią! To jakaś obsesyjna buchalteria! W takim związku na pewno o coś innego chodzi niż o to, żeby było równo, po aptekarsku. Może oni nie mają do siebie zaufania za grosz? A może w ogóle nie są pewni, czy chcą ze sobą być?

Kiedy ludzie się przyjaźnią, to mogą sobie też coś bezinteresownie ofiarować. Choćby kupić tego pączka i nie domagać się rozliczenia.

Znałem pewne małżeństwo za granicą, które wypracowało moim zdaniem idealny model zarządzania pieniędzmi w związku. Mają policzoną pulę wspólnych kosztów – dom, rachunki, wydatki na jedzenie, na dzieci itd. Zarabiają podobnie, więc dzielą się nimi po równo. Gdyby któreś z nich zarabiało więcej, to z pewnością znaleźliby jakiś adekwatny algorytm, żeby było sprawiedliwie. To, co im zostaje, odkładają na swoje, osobne konta i mogą z tymi pieniędzmi robić, co chcą. Również sprawiać sobie nawzajem prawdziwe prezenty z własnych pieniędzy.

Bardzo fajny model, tylko biorąc pod uwagę polskie realia, to w wielu związkach po opłaceniu wszystkich rachunków i wydatków nie zostaje już nic.
Zdaję sobie z tego sprawę. Ale często bywa tak, że dajemy się wkręcić w życie ponad stan. Zamiast zmywać ręcznie, wolimy kupić zmywarkę na raty, samochód na kredyt, i to taki, że za samo wjechanie do mechanika płacimy 500 złotych. Jak ludzie żyją realistycznie, według stawu grobla, z tego, co mają, to potrafią coś odłożyć do swojej puli i kupić za swoje tego pączka.

Uważa pan, że wiele związków dało się po prostu wciągnąć w taką maszynkę konsumpcyjną?
A nie? Kredyt jeden, drugi, trzeci. To nakręca spiralę pracy ponad siły, by móc te długi pospłacać. Tylko pytanie, co z nimi będzie, jak już im się to wreszcie uda. Czy będą jeszcze w stanie wtedy coś sensownego i twórczego z siebie dać i cieszyć się życiem?

Co się dzieje z takimi związkami?
Jeśli związek ma silny emocjonalny fundament, to może uda im się jakoś przez to przebrnąć. Zacisną zęby, zakaszą rękawy i powiedzą sobie: „No dobra, to przez najbliższe dziesięć lat zasuwamy". Ale większość związków może jednak tego nie udźwignąć i się z czasem rozpadnie. Bo jeśli będą tylko pracować przez dziesięć, piętnaście, dwadzieścia lat, to się w końcu okaże, że ten „wspólnik" może i dobrze pracuje, dobrze liczy, ale kim on do cholery jest i co robi w moim łóżku? Jaki sens ma wspólne spędzanie czasu, jeśli nawet się go znajdzie, leżąc obok siebie na kanapie przed telewizorem w pracoholicznym odlocie?
To niedobrze wróży, jeśli ludzie nie znajdują czasu ani energii dla siebie, dla dzieci. Jeśli nie mają czasu ani siły, by się kochać, ogarniać własny dom i własne sprawy własnymi rękami, lecz wynajmują do tego innych ludzi – nianie, gosposie, panie do sprzątania.

Tym ludziom zresztą trzeba przecież za tę pracę zapłacić.
I kółko się zamyka. Trzeba wziąć na siebie jeszcze więcej roboty. Na dodatek mamy mnóstwo zakupionych na kredyt maszyn i gadżetów, które niby miały nam ułatwiać życie, ale okazuje się,

że ich utrzymanie na chodzie tyle kosztuje, że nie mamy czasu z nich korzystać – bo musimy na nie pracować.

Ponieważ nasze doświadczenie z drapieżną gospodarką wolnorynkową jest stosunkowo krótkie, więc popełniamy dużo błędów – chcemy za szybko zbyt wiele.

Czyli co, dobrze by było się jakoś obudzić?

Nie jest to łatwe, bo wymaga ustawienia się w kontrze, kontrkulturowo, a nawet kontrsystemowo. Ale znam wielu ludzi, którzy się ogarnęli i zredukowali swoje potrzeby do bardziej naturalnych. Spostrzegli, że się zapędzili, że ich życie, ich związek na tym cierpi. Więc ograniczyli swoje wydatki, zamienili mieszkania na mniejsze, żyją skromniej, ale za to mniej pracują i mają więcej czasu dla siebie.

To są świetne decyzje, ale wymagające nie lada odwagi i determinacji. Bo wiążą się z degradacją w hierarchii społecznej, groźbą wypadnięcia z kręgu bogatszych znajomych, gdy już nie stać nas będzie na wakacje we Włoszech, na knajpy czy na prywatną szkołę dla dzieci. Ale dla coraz większego grona ludzi jest to najbardziej dojrzała decyzja, jaką mogą podjąć.

Kłótnie o pieniądze pojawiają się przede wszystkim wtedy i tam, gdzie ich zaczyna brakować. Warto więc robić i systematycznie weryfikować nasze rodzinne biznesplany, traktując rodzinę jak spółkę, która ma przynosić zysk. Zysk w postaci wolnego czasu i pieniędzy na rozwijanie naszych pasji, zainteresowań i połączeń z ludźmi. Po to, żeby się nie zaharować na śmierć, nie poniżać się do kłótni o pieniądze i nie zmarnować naszego partnerstwa z najbliższym nam wspólnikiem.

Czego kobiety nie wiedzą o seksualności mężczyzn?

Nakręceni na seks

Z ANDRZEJEM DEPKĄ
rozmawia Grzegorz Sroczyński

U młodych mężczyzn może pojawiać się coś takiego jak lęk zadaniowy. Im większe ona wrażenie na nim robi, im mocniejsze w nim budzi pożądanie, tym słabszy on ma wzwód lub nie ma wcale.

Budowanie związku na fascynacji erotycznej to strategia ryzykowna. **Dobry seks może powodować, że nie dostrzegamy niedostatków i niedopasowania w innych ważnych sferach.** Ludzie często mylą fascynację erotyczną z głębokim uczuciem.

Próbowanie wszystkiego nie jest w seksie obowiązkowe. Niestety zwykle oboje nadbudowują na tym całe konstrukcje emocjonalne, jedno i drugie ma poczucie krzywdy.

Jakie są dziś typowe nieporozumienia seksualne w związkach?

Nie ma typowych, bywają bardzo różne i pojawiają się na każdym etapie związku. Gdybym miał jednak wybrać coś, co charakteryzuje nasze czasy, to byłaby to technicyzacja seksu, która powoduje wiele nieporozumień.

Skąd ta „technicyzacja"?

Z filmów porno. Edukacja seksualna młodych ludzi, którzy teraz wchodzą w związki – dwudziesto- i trzydziestolatków – jest oparta na wzorcach przemysłu pornograficznego. Dużą wagę przykłada się do technicznej sprawności, a właściwie żadnej do uczuć, przekonań, wrażliwości. Tak wyedukowanym ludziom wydaje się, że im bardziej będą sprawni, tym bardziej spełnią oczekiwania drugiej strony. A to nieprawda.

Bo spełniają wtedy głównie własne oczekiwania.

Tak. Jakiś swój ideał zaczerpnięty z filmów pornograficznych. To bywa źródłem poważnych kłopotów w związkach, bo jeżeli ktoś ukształtował sobie określone przekonanie w sferze seksu, to trudno je zmienić. Jeśli w dodatku słyszy od drugiej osoby, że coś jest złe, wstrętne, grzeszne, to reaguje zaczepnie: „Bo ty masz głupie zahamowania".

Na przykład?

Takim obszarem konfliktu polskich par bywają kontakty analne. Jedna strona – zwykle mężczyzna – pragnie tego, naciska, a partnerka nie chce albo się boi. Nie tylko bólu, ale przede wszystkim jego ukrytej skłonności homoseksualnej, którą sobie dośpiewuje. Jedno jest wyedukowane na filmach porno, a tam w zasadzie obojętne, którą dziurkę mężczyzna penetruje, ważne, żeby było dużo i mocno, zawsze oboje mają frajdę, natomiast drugie może wywodzić się ze środowiska, w którym seks analny jest grzeszny, wynaturzony, „brudny seks", „sodomia". Partner jest zawiedziony, bo na filmach widział ten fantastyczny kobiecy odbyt łatwo dostępny, można w niego wejść jak w masło.

Przypomina się scena z „Ostatniego tanga w Paryżu".

Tak. Ale tam masło zostało jednak użyte! A wzorzec z filmów porno jest taki, że mężczyzna zachodzi partnerkę od tyłu i już jest w środku. Bzdura, fałsz. Dwudziestoletni mężczyzna – który poza pornografią nie dostał żadnej edukacji seksualnej, co w Polsce jest sytuacją najczęstszą – nie ma zielonego pojęcia, jak się zachować. Na filmie przecież było to takie proste! Podejmuje więc jedną mało delikatną próbę, drugą, co wywołuje w partnerce traumę, a kolejne namowy budzą w niej opór i agresję.

Ten problem się pojawia w gabinecie?

Wiele razy. Bo oczywiście sprawa nie kończy się na tym, że para nie uprawia seksu analnego, wtedy nie byłoby w zasadzie problemu. Nie, to nie, próbowanie wszystkiego nie jest w seksie obowiązkowe. Niestety zwykle oboje nadbudowują na tym całe konstrukcje emocjonalne, jedno i drugie ma poczucie krzywdy. Partner, bo koledzy na wyjeździe integracyjnym przy piwie opowiadali, że ich dziewczyny „TO" uwielbiają. „A ja tego nie mam" – martwi się. Albo: „Dlaczego moja partnerka tego nie chce mi dać? Może mnie nie kocha?". To są zdania, które słyszę od pacjentów.

Z kolei kobieta ma poczucie krzywdy, bo przecież wyraźnie deklaruje, że nie ma na coś ochoty, a on naciska. I są ciche dni, on staje się nieprzyjemny, ona często czuje wewnętrzną presję, żeby wbrew sobie ulec, co oczywiście spowoduje, że będzie jeszcze bardziej spięta i kolejne próby będą bolesne.

Nieporozumienia seksualne nie biorą się z powietrza, zwykle są objawem różnic między partnerami w jakichś innych ważnych sferach ideowych czy religijnych.

Para zaczyna się kłócić – oczywiście nie wprost o sprawy seksu. Idą razem na niedzielną mszę, ksiądz coś powie o grzesznym świecie, na co on wywraca oczami: „Ten twój zaściankowy katolicyzm". Albo: „To twoja głupia matka idiotycznie cię wychowała". I tak dalej.

Na tle nieporozumień seksualnych mogą wyraźniej ujawniać się różnice światopoglądowe, które wcześniej nie przeszkadzały, a teraz nagle urosły na wysokość Himalajów.

No i?

Często jedna ze stron musi zrozumieć, że sposób, który przyjęła na przekonanie drugiej osoby do określonych zachowań seksualnych, wywołał tak poważną traumę, że zmiana postaw może być trudna, długo trwać, wymagać cierpliwości i empatii. W gabinecie często trzeba też prostować rozmaite przekonania. I jego, i jej.

Zostańmy przy przykładzie seksu analnego: niektóre kobiety tłumaczą, że go odmawiają z troski o partnera. Są przekonane, że taki seks „coś" w nim uruchomi, poczuje pociąg do mężczyzn i zacznie podrywać kolegów z pracy. Trzeba więc jej spokojnie wyjaśnić, czym jest biseksualność i że nie bierze się z seksu analnego. Jego namowy na taki seks nie wynikają z ukrytego homoseksualizmu, tylko najczęściej to kwestia ciekawości, poszukiwania urozmaiceń.

A może on po prostu powinien sobie wybić z głowy tę zachciankę, skoro ona nie chce?

I czasem tak się kończy. Są ludzie, którzy chcieliby spróbować różnych rzeczy, żeby zaspokoić własną ciekawość, eksperymentatorzy. Ale zdarzają się też bardziej skomplikowane sytuacje. Na przykład on nalega na seks analny, bo ona po kolejnym porodzie ma luźniejszą pochwę, doszło do mikrourazów, statyka dna miednicy też jest inna. I on próbuje jej powiedzieć delikatnie, że przy klasycznym seksie ma problem z odczuwaniem przyjemności.

W sferze seksu – jak w każdej innej – szczególnie kłopotliwa jest słaba zdolność do komunikowania się. Braku umiejętności przekazania własnych potrzeb i oczekiwań. Niestety często rozmowy par o seksie kończą się pretensjami, że „wszystko przez ciebie", jedna strona obarcza drugą stronę winą za jakieś prawdziwe lub wydumane niedostatki życia seksualnego. To też kwestia zwykłej kultury osobistej, dobierania wulgarnego słownictwa.

Powiedział pan, że wiele nieporozumień w związkach generuje przemysł pornograficzny. Oglądanie pornografii szkodzi?

Pornografia nie jest szkodliwa dla dorosłych, szkodzi natomiast dzieciom i nastolatkom, którzy wkraczają w dorosłe życie. Bo oni socjalizują swoją seksualność na podstawie fałszywych wzorców, nie są w stanie oddzielić ziarna od plew. Nie zdają sobie sprawy, że aktorzy odgrywają określone sceny, powtarzają duble po kilka razy, krzyczą specjalnie, bo tego dźwiękowiec oczekuje, że zużywają tony lubrykantów, aby w ogóle te kontakty mogły się odbyć. Trzydziestoletni mężczyźni przychodzą do gabinetu i martwią się: „Z moim wytryskiem jest coś źle, jestem chory", bo nie tryska na pięć metrów jak na filmie.

I co pan mówi?

Prawdę: „To jest trik". Na takiej samej zasadzie ten mężczyzna mógłby zapytać, jak to jest, że w „Gwiezdnych wojnach" miecze świetlne są takie skuteczne. Aktor ma wzwód, który trwa, trwa i trwa, co nie jest normalne. Zwłaszcza że sytuacja na planie jest mało intymna, reżyser krzyczy: „Szybciej!", „Wolniej!", „Odchyl się!", to są czynniki, które rozpraszają, i wtedy naturalna reakcja mężczyzny to zanik wzwodu. Ale wystarczy mu wstrzyknąć porcję prostaglandyny do ciał jamistych i będzie miał wzwód przez cztery godziny niezależnie od tego, czy jest podniecony, czy nie. Wtedy można dwa filmy z dziesięcioma partnerkami nagrać.

Przychodzą mężczyźni, którzy uważają, że partnerki mogą przeżywać z nimi satysfakcję tylko wtedy, jeśli oni będą się zachowywać jak na filmie. A ponieważ nie osiągają tego poziomu „sprawności", więc wpadają w kompleksy lub w nerwice.

Czego kobiety nie wiedzą o seksualności mężczyzn?

Kobiety na przykład nie wiedzą, że u młodych mężczyzn może pojawiać się coś takiego jak lęk zadaniowy. Tak bardzo mu zależy, żeby dobrze wypaść w łóżku, że dochodzi do pobudzenia części współczulnej układu autonomicznego, co zawsze powoduje ustąpienie erekcji. Innymi słowy: im większe ona wrażenie na nim robi, im mocniejsze w nim budzi pożądanie, tym słabszy on ma wzwód lub nie ma wcale. Oczywiście ona zupełnie coś innego sobie dośpiewuje – albo że on jest gej, albo: „Nie podobam mu się". Uważa, że mężczyzna powinien dostać wzwodu na sam widok jej nagości, a nie dopiero, jak się zaczną pieścić i on się rozluźni.

Czego Ani nikt nie nauczył w szkole, tego Anna nie wie.

Podobne nieporozumienia pojawiają się w długotrwałych związkach. W przekonaniu wielu kobiet, jeśli mąż nie ma w łóżku wzwodu, to „już mnie nie kocha", „znalazł sobie inną i mnie zdradza". Tymczasem wzwód jest barometrem zdrowia mężczyzny. Jeżeli przez lata był i nagle zniknął, to nie ma sensu od razu myśleć, że partner znalazł sobie młodszą kochankę. Pierwszy kierunek myślenia powinien być taki, że on nie chodzi do lekarza, prowadzi niezdrowy tryb życia i może warto go namówić, żeby coś z tym zrobił. U mężczyzn po czterdziestce problemy ze wzwodem mogą być pierwszym objawem choroby układu krążenia, która w pełni ujawni się za dwa do czterech lat zawałem serca.

Niestety ona obserwuje te zaburzenia w sypialni i zaraz ma tę swoją fałszywą narrację, on z kolei zaczyna unikać zbliżeń, bo się boi kompromitacji, więc ona tym bardziej go podejrzewa, że już wypstrykał się z koleżanką z pracy, i tak się to nakręca.

A jeśli w grę wchodzi ten gorszy scenariusz, że on rzeczywiście znalazł sobie młodszą partnerkę, regularnie z nią współżyje i wraca do domu całkowicie zaspokojony, niezainteresowany seksualnie żoną?

Zgłosił się do mnie kiedyś mężczyzna i wprost powiedział: „Panie doktorze, jest mi z żoną dobrze, mamy dzieci, wspólny dom, wspólne finanse, nie chcę tego psuć, ale ona kompletnie przestała mnie pociągać seksualnie, nie jestem w stanie się przy niej podniecić. Więc będę do pana przychodził i udawał, że się leczę na zaburzenia erekcji, pan mi będzie coś zapisywał, a w domu powiem, że leczenie nie idzie, że jestem ciężki przypadek. I wszyscy będziemy zadowoleni, pan na tym zarobi, a żona przestanie się martwić, że mam romans".

A miał?

Miał.

Pokazałem mu, gdzie są drzwi.

Właściwie dlaczego?

Bo jestem lekarzem, a nie parawanem dla czyichś zdrad. Poza tym to wszystko dobrze brzmi tylko w teorii: „Wszyscy będą zadowoleni". Nie będą. Wykorzystywanie sfery seksualnej do gier i manipulacji zawsze źle się kończy.

Ale co on ma zrobić, jeśli ta żona rzeczywiście go nie podnieca?

Zastanowić się, co się dzieje, a nie szukać łatwych rozwiązań i wchodzić w romanse.

Często przychodzą mężczyźni i mówią: „Panie doktorze, żona przestała mnie podniecać"?

Przychodzą.

Brał ślub ze szczupłą Anną, a po 20 latach małżeństwa ma Annę grubą. I po prostu nie osiąga przy niej erekcji, nie może z nią współżyć. To samo może dotyczyć kobiet: brała ślub ze szczupłym, wysportowanym studentem, a teraz ma wiecznie spoconego, sympatycznego grubasa, którego kocha, ale on już nie budzi w niej pożądania.

No właśnie, i co wtedy? Bo w mediach najczęściej mamy taką pogodną terapeutyczną narrację, że wszystko da się naprawić, pójdą na terapię par i znowu będą mieli fantastyczny seks. Ludzie z nadzieją czytają poradniki seksualne pełne znakomitych rozwiązań, a potem życie konfrontuje ich z rzeczywistością. Jeśli jego nie podnieca pięćdziesięcioletnia żona, która waży 30 kilogramów więcej niż kiedyś, no to co mogą zrobić?

Mogą się zastanowić, co jest przyczyną zmiany figury partnerki czy partnera. I jak to zmienić. Są pięćdziesięciolatki, które pod względem atrakcyjności biją na głowę kobiety 20 lat młodsze.

Tak. Ale inne nie biją.

Mężczyzna nie wygłosi zaklęcia, żeby mieć erekcję na widok żony. Reakcja wzwodu jest wyrazem podniecenia skierowanego do obiektu pożądania.

No właśnie.

Rozważmy taki przykład z życia: związek we wszystkich sferach działał znakomicie, naprawdę była między tymi ludźmi bliskość, porozumienie, wspólne lektury, zainteresowania, czułość, tylko ona po czterdziestce gwałtownie utyła i zupełnie przestała go pociągać seksualnie. W dodatku z powodu choroby nie bardzo było możliwe, żeby schudła. No i on nie osiągał wzwodu. Bo jeśli ktoś ma swoje preferencje dotyczące obiektu pożądania, to chociaż kocha żonę całym sercem i jest do niej szaleńczo przywiązany, to jednak nie będzie się podniecał wbrew utrwalonym skłonnościom. Sytuacja patowa. Ona pragnęła bliskości, wyrażała swoje dość duże potrzeby, ale dla niego stała się całkowicie pod tym względem przezroczysta.

No i?

Moglibyśmy rozpocząć terapię małżeńską, no ale ta para miała dobrą relację, więc po co? Pozostaje kwestia jego fantazji, jego pragnień, preferencji. Na ile można je zmienić. Jest to bardzo trudne, a właściwie skazane na niepowodzenie, żeby ona zaczęła go podniecać taka, jaka jest.

Ale czy para może taki problem w jakikolwiek sposób oswoić? Czy uważa pan na przykład, że powinni otwarcie o tym porozmawiać?

To bardzo trudne pytanie. Bo dla drugiej strony taka otwarta rozmowa może być szokiem i skończyć się głęboką traumą. Właściwie nie wiem, jak on mógłby to jej zakomunikować bez zranienia. A przecież ją kocha i poza sferą seksualną w tym związku wszystko gra.

Tak naprawdę ma do wyboru albo romans, a to złe rozwiązanie, albo masturbację i fantazjowanie na przykład o koleżance z pracy. Skoro nie jesteś w stanie uzyskać podniecenia przy ukochanej osobie, to zaspokajaj się sam i nie powiększaj pola potencjalnych strat.

Rzadko omawia się takie przypadki.

Bo my, lekarze i terapeuci, wolimy sytuacje standardowe, gdzie łatwo pokazać, jaki zakres sukcesu można osiągnąć. Ale istnieje ciemna liczba przypadków, kiedy nie odnosimy sukcesów.

Mogę temu mężczyźnie zapisać lek, dzięki któremu raz w miesiącu będzie miał wzwód mimo to, że żona go nie podnieca. I odbędą ten stosunek.

To już coś.

Też tak uważam.

Taka para może szczęśliwie trwać i nie musi stawać na głowie, żeby ten seks wrócił?

Nie musi. Ponieważ szczęście znajduje w innych obszarach, które są dla tej pary ważniejsze.

Zna pan mężczyzn, którzy seks zastąpili czułością?

Znam. To jest wyśmiewane jako zjawisko nieistniejące, ale ja znam takich mężczyzn. Po prostu życie bywa skomplikowane i nie da się przyłożyć do wszystkich par jednej miary.

Inny przykład: ona jest w zaawansowanej ciąży, nie uprawiają seksu. On sobie musi radzić sam. I potem już nie wracają do seksu, bo on zostaje przy masturbacji. Co pan na to?

Trzeba poszukać odpowiedzi na pytanie, co tak naprawdę działo się w tej parze przed okresem ciąży, czy były konflikty i jakie, dlaczego masturbacja jest dla niego atrakcyjniejszym sposobem rozładowania napięcia niż uwodzenie własnej żony. Bo na powstanie takiego układu wpływają czynniki z innych sfer niż seksualna. On z jakiegoś powodu wybiera postawę nieangażowania. To, że pojawiła się ciąża, wcale nie oznacza, że ten mechanizm by się nie uruchomił samoistnie. Może on już wcześniej masturbował się na przykład wtedy, jak się kłócili, żeby rozładować stres, a w czasie ciąży na masturbacji się zafiksował?

Masturbacja może być dopełnieniem w związku. Na przykład kiedy mężczyzna ma seks z partnerką nie tak często, jak by chciał. Albo rozkład dnia u obojga powoduje, że ona wróci późno, zmęczona, z tego seksu nic nie będzie, to po co on ma się męczyć z nabrzmiałymi jądrami, zrobi sobie dobrze. Ale masturbacja może też być wyrazem dezaprobaty dla partnerki: mógłbym z tobą współżyć, ale nie będę tego robić, bo na przykład karzę cię w ten sposób za jakieś moje prawdziwe lub wydumane krzywdy.

A może po prostu mężczyźni masturbują się z lenistwa, bo nie chce im się od rana rozwijać tej całej sztuki uwodzenia własnych żon?

Tak. Tyle że to jest na samym wierzchu, a pod spodem zwykle są poważniejsze przyczyny. Dlaczego taki mężczyzna uważa, że jego partnerka nie zasługuje, żeby ją uwodzić? Co powoduje, że woli iść na łatwiznę? Dlaczego nie chce spełnić jej potrzeb, tylko ją odrzuca, jakie jest głębsze dno, którego sam może sobie nie uświadamia? Szukanie odpowiedzi na te pytania pozwala wiele się dowiedzieć o związku.

Pamiętam pewne małżeństwo, ona uznała, że musi w określonym czasie osiągnąć sukces zawodowy i trafić do wyższego managementu. A ponieważ kobieta, która chce w korporacji osiągnąć tyle, ile mężczyźni, musi zasuwać trzy razy ciężej, więc zasuwała, dużo wyjeżdżała w delegacje, prawie nie było jej w domu. Ale pamiętała o mężu i przywoziła mu z każdego wyjazdu jakiś film porno. Za obopólną zgodą masturbacja stała się naturalnym elementem tego związku. I on tak się do tego przyzwyczaił, że żona w ogóle przestała go pociągać. Tymczasem gdy ona zajęła już swoją wymarzoną pozycję w firmie, to zaczęła się spotykać z innymi kobietami z wysokiego szczebla kariery i okazało się, że tamte chodzą do kosmetyczki, do fryzjera, mają trenera fitness, a jednym z zasadniczych elementów ich światowego życia jest też udany regularny seks z partnerem. I nagle ona wraca do domu, wyjmuje swój kalendarz i mówi mężowi, że od tej pory w poniedziałki, środy i piątki dokładnie o 21.30 chce uprawiać seks, który wpisuje sobie do notesu. W nim narasta bunt. Czuje się manipulowany, czuje się narzędziem: „To nie jest moja wizja, ja byłem zadowolony z tego, co było" – mówi w gabinecie.

I?

Nie wiem, jak to się skończyło. Niestety na próbę podjęcia wspólnej terapii kobieta zareagowała agresywnie: „Zmieniamy seksuologa, pan się nie nadaje", bo powiedziałem coś, co nie do końca było zgodne z jej wizją.

Są związki, w których żona świetnie wie, że mąż się masturbuje. I jeśli ona ma mniejsze potrzeby seksualne, to jest zadowolona, że on załatwia to we własnym zakresie i nie szuka dopełnienia na zewnątrz. Tak samo w sytuacji, kiedy to kobieta ma wyższy poziom potrzeb od swojego mężczyzny, który po stosunku w poniedziałek dopiero około czwartku znowu ma ochotę na seks, a ona by chciała współżyć codziennie. Regularnie się więc masturbuje i nie jest zainteresowana szukaniem wątków pobocznych, bo używa prysznica albo ma swoje zabawki i doskonale w ten sposób niweluje różnicę potrzeb.

Wiele zależy od dobrej woli obojga partnerów, bo udany seks nie musi się wiązać z penetracją. Mogą się przytulać, kiedy jedno się masturbuje. I to jest bliskość. Wiele par potrafi się po prostu dogadać i życie seksualne zmienia swoją intensywność, zmienia formy, ale nadal jest udane. Nikt nie powiedział, że częsty seks jest gwarancją dobrego związku. Jeżeli jakiejś parze seks raz na pół roku wystarcza, są udanym związkiem, dopełniają się, a życie erotyczne jest gdzieś na dalszej pozycji w hierarchii potrzeb, to znakomicie. Próba narzucania przez seksuologa innej hierarchii, innej częstotliwości może tych ludzi unieszczęśliwić.

Jakie gry seksualne uprawiają polskie pary?

Podstawowa gra niestety polega na tym, że wiele kobiet traktuje seks jak taki sklepik. Jeżeli spełnisz moje oczekiwania w ciągu dnia, będziesz grzeczny, to sklepik wieczorem otworzę. Seks w takim układzie staje się narzędziem do manipulowania.

Pamiętam parę, on trudnił się wlepianiem mandatów, jeżeli wlepił ich wystarczająco dużo, to dostawał premię, więc ona codziennie go z tej liczby mandatów rozliczała i albo ten seks był, albo nie. Skończyło się rozwodem.

Używanie seksu jako środka do rozgrywania jakiegoś planu korzyści jest zaprzeczeniem istoty seksualności.

Myślałem raczej o grach typu trójkąty. Jest coś, co obecnie staje się modne?

Romans biurowy.

To stara gra. A coś nowego?

Nic nowego w tej dziedzinie się już raczej nie wymyśli.

Popularnością cieszą się trójkąty, bo teraz mamy łatwość poszukiwań tej trzeciej osoby w internecie.

I co? Ryzykowne?

Różnie bywa. Pary decydujące się na taki eksperyment muszą zdawać sobie sprawę, że realizują fantazję, w której wszystko jest pod pełną kontrolą, wiadomo, jak ja w łóżku zareaguję, jak zareaguje partner i ta trzecia osoba, potencjalnie w tych wyobrażeniach jesteśmy szczęśliwi. A może się okazać, że rzeczywistość wszystkich przerośnie. Na przykład pojawi się zazdrość.

Znam taki przypadek: mąż bardzo nalegał na trzeciego do trójkąta, żona miała opory, ale w końcu się zgodziła. W trakcie seksu okazało się, że ona przeżywa ogromną satysfakcję, kiedy tamten mężczyzna ją dotyka, na co mąż przerwał zabawę, wyrzucił tego faceta i zaczął jej czynić awantury, że nie wiedział, że ożenił się z kurwą.

Ha, ha.

No bo jak to możliwe, że ona tyle przyjemności ma z tym trzecim? „Ze mną nigdy wcześniej tak nie reagowała!". Przerosło go to. No ale kto za wszelką cenę parł do trójkąta? On. Kto przekonywał, że będzie cudnie i wspaniale? On. Komu się wydawało, że realizuje fantazje? Jemu. A na końcu okazało się, że realizacja marzenia go unieszczęśliwiła.

Pamiętam jeszcze inną parę, on nalegał, żeby wprowadzić dodatkowa kobietę. Żona się zgodziła. Szukali tej trzeciej w internecie starannie, oboje ją zaaprobowali. Umówili się na wspólny wyjazd do hotelu w innym mieście, wzięli dwa pokoje połączone ze sobą drzwiami, poszli na dyskotekę, trochę wypili, a jak wrócili, to on na chwilę poszedł do łazienki, a żona... poszła do niej. Panie zatrzasnęły drzwi i do rana się głośno kochały. On kopał w te drzwi, błagał, prosił, żeby go wpuścić, ale one wolały się realizować bez jego udziału. Siedział smętnie ze szklanką whisky.

Czy udany seks na początku związku to dobra prognoza na przyszłość? Czy to w ogóle o czymś świadczy?

Budowanie związku na fascynacji erotycznej to strategia ryzykowna. Dobry seks może powodować, że nie dostrzegamy niedostatków i niedopasowania w innych ważnych sferach. Albo nawet dostrzegamy, no ale skoro tak świetnie jest w łóżku, to w tamtych innych sprawach też się na pewno dotrzemy z czasem.

Czyli fascynacja seksualna maskuje problemy?

Ludzie często mylą fascynację erotyczną z głębokim uczuciem. Znakomity seks powoduje, że nasze mózgi mają tak wysoki poziom neuroprzekaźników – endorfin, fenyloetyloaminy – że jesteśmy jak na haju.

I dopowiadamy sobie do tego miłość?

Dobudowujemy całą tę fantastyczną otoczkę, głębokie emocje, dwie połówki pomarańczy itd. Po mniej więcej trzech latach fascynacja mija i – jeśli byliśmy w miarę dobrze dobrani – przychodzi faza przywiązania. Albo nie przychodzi, jeśli dobraliśmy się źle.

Statystyki Światowej Organizacji Zdrowia nie kłamią: najwięcej rozwodów bez względu na szerokość geograficzną jest w czwartym roku trwania związku. Zatem coś w tym trzecim roku zaczyna się psuć.

Zawsze podstawowym problemem są błędy popełnione na początku. Nic innego. To nie jest tak, że po czterech latach nagle coś się okazuje, jakaś prawda wychodzi na jaw – czy to w sferze seksualnej, czy jakiejkolwiek innej. Decydujemy się na związek, zbyt mało się znając, albo wiążemy się z osobą nierealną, którą sobie tylko wyobraziliśmy. Z jakimś wyidealizowanym obrazem partnera, który został pozbawiony mniej przyjemnych elementów na przykład dlatego, że miałam z nim taki fantastyczny seks.

Jak przeżyć
pierwszy rok
z dzieckiem?

Kiedy rodzi się dziecko

Z AGNIESZKĄ IWASZKIEWICZ
rozmawia Agnieszka Jucewicz

Dzisiaj jest duża presja na to, by związek absolutnie każdy obszar traktował po partnersku. Ma być równo i już. Mnie się to akurat bardzo podoba, ale nie uważam, że to jest jedyna słuszna droga.

Część młodych ojców idzie za kobietą krok w krok i wtedy mogą się czuć przeciążeni jej oczekiwaniami i swoimi wymaganiami wobec siebie.

Mam wrażenie, że matki szczególnie, ale ojcowie również, są pochłonięte nieustającym konkursem na najlepszego rodzica. Ciągle trzeba się sprawdzać, porównywać. To może być bardzo frustrujące i też rodzić konflikty wewnątrz związku.

Pierwsze dziecko i pierwszy kryzys w związku. Nie zawsze, ale jednak często. Dlaczego?

Bo dzisiaj dziecko jest głównie oglądane z perspektywy kobiety. I tutaj upatrywałabym źródła wielu konfliktów w parze na tym etapie życia.

Jest ona, jest dziecko, które jest jej – a on?

Najlepiej, żeby był taki jak ona.

Kiedyś role ojca i matki były jednak bardziej jednoznacznie i wyraźnie rozdzielone. I nie chcę tu, broń Boże, powiedzieć, że to, co się wydarzyło z mężczyznami przez ostatnich kilkadziesiąt lat, zmierza w złym kierunku. Przeciwnie, bardzo mnie cieszy, że chętniej się angażują w opiekę nad dziećmi, chętniej podejmują obowiązki domowe, ale mam poczucie, że ta rewolucja toczy się głównie na zasadach kobiet. Choćby samo słowo „tacierzyństwo", które tak się przyjęło. Sugestia jest taka, że ojciec ma zadbać o dziecko tak samo jak matka.

To „umatczynianie" ojca kiedy się zaczyna? Na etapie ciąży?

Jeszcze wcześniej. Proszę spojrzeć na poradniki, reklamy – większość adresowana jest do matek, a nie do rodziców, nie do ojców.

Potem jest test ciążowy i się zaczyna. Wizyty u ginekologa, USG, w których mężczyzna koniecznie musi uczestniczyć. Jeśli odmawia albo nie może, to zaraz usłyszy zarzut, że jej nie wspiera, nie przeżywa tej ciąży razem z nią, że ona czuje się opuszczona i niezrozumiana. I zaczyna się eskalacja pretensji i skarg: „Inni jakoś mogą, tylko ty nie możesz! W poczekalni wszystkie kobiety siedziały ze swoimi partnerami, tylko ja siedziałam sama i płonęłam ze wstydu i wściekłości".

A jeśli nawet pójdzie na to USG, ale się nie wzruszy tak samo jak ona?

To zły ojciec i zły partner. Nieczuły.

Jeśli chcą być tam we dwoje, to niech absolutnie będą, ale przecież nie każda odmowa, nie każdy brak wzruszenia to oznaka obojętności czy wręcz niechęci. On może nie chcieć iść na to USG, bo ma na przykład coś ważnego do załatwienia, również dla nich jako rodziny. Może uważać, że skoro ona w wielu sprawach jest samodzielna i niezależna, sama chodzi na fitness, sama wyjeżdża na urlop czy idzie do kina, to może też sama pojechać na rutynowe badanie, a on potem chętnie obejrzy zdjęcie i o tym z nią pogada. Oczywiście, nie myślę o sytuacji, kiedy ciąża jest zagrożona albo kiedy to są jakieś specjalistyczne, przesądzające badania. Wtedy jego obecność może naprawdę uspokoić i wesprzeć.

Natomiast jeśli z tego się robi poważny zarzut, że on nie rozmawia z brzuchem, kiedy ona jest w lirycznym nastroju, tylko gra na komputerze, albo nie struga łóżeczka, kiedy ona rozrysowuje wnętrze dziecinnego pokoju, to jest w tym coś niepokojącego.

Na forum internetowym „Życie rodzinne", na którym występuje pani w roli eksperta, takich żalów jest sporo.

I taka żaląca się kobieta, niestety, jest często dopingowana przez swoje forumowe koleżanki: „Nie widzisz, jaki jest beznadziejny?!", „Uciekaj, póki nie jest za późno", „Nie kocha cię", „Pan na odstrzał sanitarny" itd.

Kiedy się pokłócą, jak to w związku czasem bywa, to mężczyzna od razu jest stawiany w roli „przemocowca", a ta żaląca się kobieta jest atakowana, że jak takiego drania sobie wybrała na ojca dziecka, to niech się teraz nie dziwi. Tam rzadko trafiają się bardziej wyważone głosy: „A może on inaczej okazuje wsparcie i zainteresowanie?", „A może on właśnie tak to przeżywa, chowając się?".

Jest w tym oczekiwanie absolutnej symetrii i synchronizacji uczuć i zachowań. Najczęściej jest to oczekiwanie kobiet wobec mężczyzn. Jeśli to nie następuje, kobieta gotowa jest się zastanawiać, czy jest w dobrym związku.

Perspektywa męskiego przeżywania ma niskie notowania.

„Jak śmie jechać na narty, kiedy ja jestem w siódmym miesiącu!".

„Niedojrzały egoista!" – wtórują koleżanki.

A może on chce pojechać właśnie teraz, bo jest rozsądny i zdaje sobie sprawę, że to jest przyjemność, którą trzeba będzie w naturalny sposób, przynajmniej na początku, ograniczyć. Bo może dziecko będzie wymagające, a może żona też będzie w nie najlepszej formie, a może przeciwnie – będzie chciała szybko wrócić do pracy i on będzie potrzebny, żeby jej to jakoś ułatwić.

Ostatnio byłam świadkiem, jak koleżanka w ciąży wyrzucała mężowi, że nie przeczytał ani jednej książki na temat opieki nad niemowlęciem i teraz nie będzie wiedział, co robić.

Dla kobiet to jest naturalne, że się w ten sposób przygotowują: rozmawiają z innymi kobietami, czytają książki czy przeszukują internet. To jest taki kobiecy sposób przyswajania wiedzy, ale mężczyzna jest bardziej praktyczny – uczy się w działaniu. To nie znaczy, że jak nie przeczyta „Pierwszego roku twojego dziecka", to nic nie będzie umiał zrobić przez ten pierwszy rok. Wręcz przeciwnie, jego męskie podejście może wpłynąć na kobietę uspokajająco, bo on może na przykład odkryć jakiś sprytny patent na ubranie dziecka albo na usypianie go, którego w poradniku nie było. Ten mężczyzna też ma jakieś swoje doświadczenie. Nie wychował się przecież w kosmosie – może miał młodsze rodzeństwo, a może starsza siostra wcześnie urodziła dziecko, a może sam miał fajnego ojca. Warto z tego męskiego doświadczenia skorzystać, zamiast stać mu nad głową i go rozliczać.

Dlaczego kobiety to robią?

Wydaje mi się, że kobiety, po latach jednak realnego osamotnienia w macierzyństwie, weszły dzisiaj w fazę wydobywania się ze swojej krzywdy. I mają w tym wydobywaniu się dużo wsparcia – o ich sprawach dyskutuje się przecież w mediach, są ruchy feministyczne, są organizacje dla matek, są wreszcie owe fora dyskusyjne, o których rozmawiałyśmy. Ja je bardzo cenię i wspieram, ale myślę, że czasem to poczucie krzywdy jest jednak nadmierne i nieadekwatne. Oczywiście, czasem te kobiece pretensje są słuszne, czasem ten mężczyzna rzeczywiście zachowuje się nieodpowiedzialnie, ale bywa, że jego zachowanie jest nadinterpretowane jako z gruntu wrogie i złe. Wtedy ożywia się ta archetypiczna krzywda i zamiast rozsądnego zastanowienia się czy rozmowy mamy od razu atak jakby w samoobronie: „Ciebie o nic nie można poprosić!", „Jesteś beznadziejny jak każdy facet".

Mówi pani, że kobiety były kiedyś osamotnione w macierzyństwie, a ja mam poczucie, że dzisiaj są bardziej samotne, że więź z innymi kobietami kiedyś była większa.

Z kobietami tak, ale z mężczyznami nie. Przecież kiedyś to nie było niezwykłe, że mężczyzna wchodził w kontakt z dzieckiem dopiero, gdy wychodziło z okresu niemowlęctwa.

Ale ma pani rację, że ta naturalna kiedyś więź z innymi kobietami, zwłaszcza tymi ze starszego pokolenia, jest dzisiaj słabsza. Współczesne babcie chętnie angażowane są do opieki nad dzieckiem, ale znów na warunkach młodych matek. Młode matki nie chcą ich rad, ich doświadczenia. Często uważają je za szkodliwe i każą się im bezwzględnie stosować do swoich zaleceń, z których je następnie twardo rozliczają. Czasem ambitnie nie proszą o pomoc, bo one przecież same sobie wszystko zawdzięczają – same zrobiły karierę, to i dzieckiem same się zajmą. To jest samotność trochę na własną prośbę.

Bardzo waleczne te młode matki.

Ja bym raczej się zastanawiała, czy nie przestraszone.

Dlaczego?

Może boją się, że wpadną w starą pułapkę i staną się zależne od mężczyzny albo od dziecka, że to macierzyństwo je wchłonie, a potem się z niego nie wydobędą, powtarzając los swojej matki czy babki. Nie zrealizują jakichś swoich ważnych potrzeb, przegapią swój czas. Zostaną wrzucone w stereotyp „matki Polki" lub „lirycznego macierzyństwa". A do tego w realnej już swojej roli matki zostaną surowo ocenione. Przez siebie i innych.

A poza tym to są teraz naprawdę dobrze wykształcone dziewczyny i świat ma im wiele do zaoferowania. One też chcą, lubią i potrzebują być „na zewnątrz". To napina i może być zarzewiem kryzysu.

Spada im poczucie własnej wartości?

Może tak być, ale poza tym wydaje mi się, że dzisiaj jest duża presja na to, żeby związek absolutnie każdy obszar traktował po partnersku. Ma być równo i już. Mnie się to akurat bardzo podoba, ale nie uważam, że to jest jedyna słuszna droga. I jeśli nawet kobieta czuje, że wolałaby się realizować w tej stereotypowo kobiecej roli i przejąć więcej obowiązków domowych, w tym opiekę nad dzieckiem – to myślę, że dziś może czuć się z tym nienowoczesna, głupia i gorsza. Mogą się też w niej pojawić takie myśli: „O matko! Może ja coś przeoczyłam? Może on chce ze mnie zrobić kurę domową? Udupić, a ja tego nie widzę?".

A jak to wygląda z perspektywy mężczyzny? Czym jest dla niego dziecko dzisiaj?

Dużym wyzwaniem. Bo musi sprostać podwójnym oczekiwaniom – temu „zakodowanemu genetycznie", że ma zapewnić byt rodzinie, być zaradny, wykazać się, oraz temu nowemu, kulturowemu oczekiwaniu, że będzie zaangażowanym ojcem, ale też empatycznym i wrażliwym partnerem.

Myślę, że dzisiaj ojcowie mają dużo lęku, czy się, brzydko mówiąc, „wyrobią".

I „wyrabiają" się pani zdaniem?

Wielu z nich autentycznie chce być aktywnymi ojcami, mieć z dziećmi kontakt od samego początku, wpływać na ich rozwój. Podejmują to wyzwanie i mają z tego bardzo dużo satysfakcji. Ale to ma swój koszt.

Jak w związku z tym taki młody ojciec może się zachowywać?

Część idzie za kobietą krok w krok i wtedy mogą się czuć przeciążeni jej oczekiwaniami i swoimi wymaganiami wobec siebie.

Może gdyby pozwolić mężczyznom zaangażować się po swojemu, zgodzić się na ich dynamikę wchodzenia w taką wczesną relację z dzieckiem, nie byłoby tylu konfliktów i tylu wzajemnych rozczarowań.

Część mężczyzn rzeczywiście może mieć poczucie, że ciąża partnerki i dziecko to koniec ich wolności, i wtedy w ramach takiego żegnania się z nią trochę zaczynają szaleć. Ale to nie jest już dzisiaj jedyny standard zachowań młodych mężczyzn. Są tacy, którzy autentycznie się starają przygotować do nowej roli.

Dla kobiety biologicznie dziecko jest obiektem troski, aby utrzymać je przy życiu, dla mężczyzny ważniejszy jest dalszy przekaz genów. To trochę różne zadania, choć zmierzające w tym samym kierunku. Dla kobiety dziecko to zadanie długofalowe, dla mężczyzny niekoniecznie. I dlatego dzisiejszy ojciec powinien się przestawić na tę długofalowość. Ale potrzebuje na to trochę czasu.

Kolega, zaangażowany ojciec, powiedział, że gdyby nie to szykowanie pokoju, wybieranie mebelków, wspólne chodzenie do

lekarza, to on by w sumie nie wiedział, co ma ze sobą zrobić, bo ona przeżywała tę ciążę całą sobą, referowała mu ją na bieżąco, a on co miał robić? Więcej jeździł do Ikei.

I w porządku. On nie był w ciąży, nigdy nie będzie i nie ma mu co tego dziecka do brzucha wkładać. Oczywiście, może być empatyczny i wielu mężczyzn jest, ale też nie musi się to koniecznie manifestować słuchaniem z żoną bulgotania w jej brzuchu. Może za to sprawdzić, które foteliki samochodowe są najlepsze albo który samochód najlepiej się nadaje dla powiększającej się rodziny i jak na niego zarobić. I to też jest aktywność wokół kobiety i dziecka, chociaż nie wokół brzucha.

Rozmawiamy o kryzysie w związku, gdy pojawia się dziecko. Mężczyzna także może być rozczarowany partnerką i myśleć, że ona nie rozumie i nie akceptuje jego sposobu zaangażowania. I bywa powodem męskiej frustracji. To też może sprzyjać kryzysom, choć wielu mężczyzn swoje emocjonalne niewygody znosi w milczeniu. Stąd kobiety często nie wiedzą, co się z nimi dzieje, i tym chętniej eskalują swoje oczekiwania, a wycofanie mężczyzny są skłonne odczytywać jako bierność lub dezercję.

Czy nie jest tak, że kobieta już w ciąży czuje się matką, a mężczyzna dopiero, kiedy dziecko się rodzi, czuje się ojcem, i że to też może powodować nieporozumienie?

Problem w tym, że my w ogóle mało wiemy, co ci mężczyźni na tym etapie życia czują, bo – tak jak powiedziałam – specjalnie się tym nie dzielą, nawet jeśliby chcieli, to nie mają z kim. Książki, które opisują to doświadczenie z perspektywy męskiej, można na palcach jednej ręki policzyć.

Estela Welldon w książce o macierzyństwie opisuje sytuację, w której dużej grupie mężczyzn zadano pytanie, z kim się identyfikują, kiedy widzą ciężarną kobietę. Prawie wszyscy odpowiedzieli, że z dzieckiem, co może jakoś odpowiada na pani pytanie. Większość mężczyzn jednak czuje się ojcami już wtedy, kiedy ich partnerka jest w ciąży.

Ale myślę, że większym źródłem konfliktów nie jest to, czy on zaspokaja jej potrzeby w czasie ciąży, czy nie, lecz to, co się z nim dzieje, niezależnie od jej stanu. Przecież nie tylko kobieta przeistacza się z dziewczyny w matkę, on też się zmienia. Był wolny, niezależny, stanowił o sobie, a teraz musi przyjąć zależność i uruchomić przywiązanie. I zmaga się z tym. Kobiecie jest może łatwiej, ona ma swój rytm, pomaga jej w tym fizjologia. Mężczyzna nie ma tylu naturalnych sprzymierzeńców. Więc trzeba dać mu na to trochę przestrzeni. Może też go wesprzeć, a może się nim zaciekawić? Jak wygląda w tym momencie jego wewnętrzny świat?

Co musi się wydarzyć, żeby oni sobie poradzili z tą zmianą?

Nie wiem, czy wystarczy sobie powiedzieć o tych wszystkich dylematach, wysłuchać się nawzajem i zrozumieć. Im dłużej pracuję, tym bardziej jestem sceptyczna, czy wszystko da się przegadać i w ten sposób zażegnać kryzys.

Ale myślę też, że ludzie przecież wiedzieli, z kim się wiążą, i to, że robi się trudno, kiedy pojawia się dziecko, może wynikać z tego, że z tej wiedzy nie korzystają.

Co ma pani na myśli?

Nie wiadomo, dlaczego część osób oczekuje, że partner stanie się zupełnie innym człowiekiem, kiedy pojawi się dziecko. A przecież, kiedy już się na nie decydujemy z kimś, to w większości przypadków wiemy już, kto to jest, jak funkcjonuje w różnych obszarach swojego życia, jakie ma relacje z przyjaciółmi, jakie z rodzicami, czym się interesuje, co jest dla niego priorytetem. Z tego mniej więcej da się wywnioskować, jakim będzie ojcem czy matką, jak zareaguje w trudnej sytuacji. Jasne, że w rozmowie można wypracować jakiś konsensus, ale może być trudno go utrzymać. A jeśli ja przy tym zrezygnuję z wiedzy, którą posiadam na temat mojego partnera, to w ogóle ta rozmowa będzie jałowa.

Na przykład?

Jeżeli kobieta wybiera faceta, który od początku daje jasne sygnały, że ma kłopot z bliskością, że się jej boi, bo kojarzy mu się z uwiązaniem, że nie ma zakończonej separacji z domem rodzinnym, a zwłaszcza z matką, a jego partnerka go naciska – najpierw na związek, potem na dziecko – i on w końcu ulega, to nie wiem, czy ona może liczyć na to, że on tę metamorfozę w zaangażowanego partnera i ojca przejdzie błyskawicznie i bezboleśnie w ciągu dziewięciu miesięcy. Może będzie potrzebował na to trzech czy pięciu lat.

Tylko kto tyle wytrzyma?

No właśnie, a ja bym jednak oczekiwała, że ludzie dorośli będą ponosili konsekwencje swoich działań, i jeśli wiedzą, że naciskają, to powinni się liczyć ze skutkami tego, jakkolwiek by było, pewnego wymuszenia. Podobnie, jeśli decydują się na dziecko z kimś, kogo dobrze nie znają. Wtedy należy wziąć pod uwagę, że ich procesy przystosowywania do nowej sytuacji będą różne i wpisane w ich ukształtowane już tendencje osobowości. Zwłaszcza że dzisiaj ludzie coraz później decydują się na dzieci, więc jeśli ktoś ma 30, 35 czy 40 lat, to nie jest już w szponach młodzieńczych procesów i można oczekiwać od niego większej dojrzałości. Ale myślę też – z drugiej strony – że dawanie sobie nawzajem szansy i przestrzeni na dorośnięcie do nowej roli też jest oznaką dojrzałości. Bo my się poznajemy przecież nie tylko, kiedy rozmawiamy ze sobą, lecz także w działaniu, przez obserwację.

Jakim ludziom jest łatwiej przejść przez ten etap w życiu?

Tym, którzy są elastyczni. Ludzie sztywni, tacy, którzy na każdym etapie życia stosują te same metody radzenia sobie – na przykład uparcie bronią tzw. swojej indywidualności – są raczej skazani na niepowodzenie, bo życie tę elastyczność chce wymuszać.

Łatwiej jest tym, którzy są gotowi rozumieć, co się dzieje z partnerem w nowej sytuacji, ale też są uważni na siebie. Ktoś, kto na przykład uprawia skoki spadochronowe i nie jest w stanie ich ograniczyć i wziąć pod uwagę lęku swojej żony w ciąży o niego, o ich wspólne dziecko, tylko broni swego do upadłego, czując w tym jedynie jej presję, nie tylko broni się przed zmianą, on też w ten sposób nie daje sobie szansy, żeby ją zrozumieć.

Czego konkretnie?

Na przykład jej lęków, tego, jaki jest ważny dla niej, dla rodziny, oraz że sam się zmienia i jest kimś innym, kiedy ma lat 40, niż kiedy miał 20.

Bardzo dobrze ten proces opisuje Grażyna Jagielska w swojej książce „Miłość z kamienia". Taką fazę powolnego dojrzewania do zrozumienia drugiej, bliskiej i ważnej, osoby. Zrozumienia działającego w obie strony. Ale żeby to zrobić, trzeba być ze sobą blisko.

Tyle że dojrzałość dzisiaj nie jest specjalnie w cenie.

A co jest? Wieczna młodość?

Raczej.

Tylko że to jest bardziej życzeniowe niż realne.

Co jest jeszcze ważne poza dojrzałością i elastycznością?

Pokora. Takie nastawienie, że może nie wszystko wiem, nie wszystko potrafię, może trzeba czasem poprosić o pomoc. W sytuacji krytycznej w związku może warto pójść na jakiś warsztat nowych umiejętności psychologicznych, a może nawet psychoterapię.

Pomaga też taka ogólna życzliwość i ciekawość drugiej osoby, które pozwalają przyjąć uwagę partnera czy partnerki nie jako krytykę czy atak, ale na przykład słuszną obserwację, nad którą warto się pochylić. Albo jako inną perspektywę. Ludzie, którzy lepiej znoszą kryzysy, nie uważają, że zmiana to jedynie strata. Wiedzą, że też mogą na niej coś zyskać. Są bardziej akceptujący dla tego, co życie przynosi.

Akceptują na przykład to, że przez kilka lat nie będą się wysypiać?

Że nie będą się wysypiać, że być może dziecko będzie płaczliwe, że będą musieli może zrezygnować z różnych swoich przyjemności na jakiś czas, że będą się więcej kłócić, bo pojawi się jeszcze jeden obszar, w którym mogą mieć różne zdania: bo tę pieluszkę to trzeba inaczej założyć, a tu dawać smoczek czy nie dawać, spać z dzieckiem w małżeńskim łóżku czy nie itd. Ale tam pod spodem jest też radość z tego, że różne rzeczy możemy robić wspólnie, że kiedyś jeździliśmy razem na rowerze, a teraz razem idziemy z dzieckiem na spacer i że to też jest fajne. Jest satysfakcja z tego, że tworzy się rodzinę.

Rodzicielstwo ma też oczywiście i tę drugą stronę – poczucie pewnego rodzaju bezwzględności.

Że to dziecko to już na zawsze?

Klamka zapadła i nic się już nie cofnie.

Kobiety to wiedzą, jeszcze zanim zostaną matkami?

Myślę, że szybciej to czują. Oczywiście na początku kobiety są zabezpieczone przez hormony, są endorfiny, jest oksytocyna i jest to niezwykłe, transcendentne doświadczenie porodu. Ale przez to wszystko przebija się też świadomość, że oto teraz jestem matką już na zawsze i dziecko nie zniknie, kiedy na przykład będę w złym humorze. Do tego dochodzi też poczucie, że to dziecko już na wieki wieków łączy tę kobietę z tym mężczyzną, niezależnie od tego, czy przetrwają jako para, czy nie. To też jest bardzo determinujące egzystencjalne doświadczenie, które może wywołać kryzys.

Zwłaszcza chyba dzisiaj, kiedy tak ceni się wolność. Nawet kiedy jest się w związku, to ludzie bardzo o tę swoją niezależność dbają.

Tak, i takie poczucie egzystencjalnego związania może być frustrujące. A dodatkowo dochodzi i to, że kiedyś i kobieta, i mężczyzna realizowali się w zaledwie kilku rolach. Kobieta właściwie w dwóch – była głównie żoną i matką. On był mężem, ojcem i realizował się jeszcze w tzw. świecie. A dzisiaj tych ról, tożsamości, do wyboru jest znacznie więcej – jesteśmy rodzicami, realizujemy się zawodowo i społecznie, jesteśmy przyjaciółmi, osobami publicznymi. Świat stoi otworem i macierzyństwo czy ojcostwo staje się jedną z takich ról, a nie rolą główną, zapewniającą satysfakcję i realizującą przeznaczenie. I to też może być trudne.

Bo jeśli ja mam sześć ról, ty masz sześć, to jak my mamy to wszystko w życiu pomieścić?

A doba ma tylko 24 godziny, prawda?

Ale też nie demonizujmy, bo my tu mówimy o kryzysie, ale w większości przypadków to nie jest kryzys w sensie kataklizmu, tylko normalny etap w życiu, który może rodzić naturalne konflikty. Jestem przeciwna psychologizowaniu każdego życiowego etapu. Weźmy taki przykład: kiedyś, jak ktoś stracił bliską osobę, to przeżywał żałobę i to trwało parę miesięcy, dzisiaj po dwóch-trzech tygodniach obniżonego nastroju z tego powodu diagnozuje się depresję i podaje leki, a przecież to normalny proces układania się z bólem, stratą, nieuchronnością. Podobnie jest z macierzyństwem czy z rodzicielstwem – to nie jest choroba, na którą trzeba się zaszczepić. Nie każdy baby blues po porodzie jest od razu depresją poporodową. To może być po prostu adekwatna reakcja na przejście z jednego etapu życia w drugi. I to nie jest też tak, że jak się przyniesie to dziecko ze szpitala do domu, to tam się będą działy jakieś niesamowite trudne rzeczy. W 90 procentach będzie zwyczajnie. Oczywiście trzeba się będzie zmierzyć z nowymi obowiązkami – z karmieniem, wstawaniem w nocy, zmianą rytmu dnia czy trybu pracy. Ale to są rzeczy, dla większości, do ogarnięcia.

Amerykański Instytut Gottmana, który od 40 lat robi badania nad związkami, ma taki kultowy warsztat dla przyszłych rodziców, podczas którego odwracają reflektor z dziecka i tego, co się z nim może dziać, na parę, żeby oni, wchodząc w rolę rodziców, nie zapomnieli o sobie jako o kochankach, przyjaciołach.

Myślę, że to czasem ma miejsce i że można się w tej roli rodzica jakoś zatracić.

Kiedy ta rola jest zupełnie świeża, to trudno, żeby nie dominowała w związku, dopóki człowiek się w niej nie poczuje pewniej. Choćby z biologicznego punktu widzenia ludzie z roli kochanków na jakiś krótki czas muszą wyjść. Ale nie dla wszystkich to oznacza całkowitą rezygnację z intymności. Zdarza się, że połóg jest dla obojga bardzo erotyczną sytuacją. Fajniej by było, gdyby ludzie częściej się na to otwierali. I nie mam na myśli jakiegoś ognistego seksu od razu po porodzie, ale na delikatną ekscytację, poczucie bliskości, innego obcowania z chwilowo zmienionym ciałem kobiety. Czasem się tak dzieje, że kiedy rodzi się dziecko, to ludzie się od siebie odsuwają seksualnie w nierealnym oczekiwaniu, żeby było jak wcześniej. Ta sama częstotliwość, takie same uniesienia i taki sam apetyt. A to się zmienia. Często zresztą na korzyść, ale ta chwila na asymilację do nowej roli jest potrzebna.

Czasem to odsunięcie trwa długo. Wystarczy prześledzić ten wątek na bardzo popularnym forum „Małżeństwo bez seksu".

Bo im dłużej to trwa, tym więcej jest niedomówień, oczekiwań, pretensji. Wiadomo, że na początku kobieta buduje niezwykle silną więź z dzieckiem, to ją pochłania, ona jest w tym zanurzona i to ją odrywa na czas jakiś od tego ukochanego mężczyzny. Ale przecież nie jest to stan permanentny. Jeśli facet to jakoś spokojnie przeżyje, zrozumie, nie będzie naciskał, zobaczy w jej macierzyństwie też pewną erotyczną osnowę, to oni przecież do siebie wrócą. Większość przecież w naturalny sposób wraca.

Ale są mężczyźni, którzy czują się na tym etapie odrzuceni. Jacy to mężczyźni?

Narcystyczni. Tacy, którzy nie mogą znieść tego, że ich kobieta ma jeszcze inny obiekt miłości i fascynacji. Kobiety też bywają w drugą stronę narcystyczne – że oto im teraz, ponieważ zostały matkami, należy się jakaś wyjątkowa pozycja.

Mężczyźni generalnie gorzej znoszą ten etap, bo kobieta jednak czerpie bezpośrednią przyjemność z symbiozy z dzieckiem, też taką bardzo fizyczną – ciągle to dziecko dotyka, tuli, ono ją ssie. Ma w tym swoją przyjemność, czasem na granicy erotycznej. To nie ma nic wspólnego z seksualizacją relacji z dzieckiem czy nadużyciem. Tak tworzy się więź i temu procesowi trzeba dać czas.

Jak się zachowuje w takiej sytuacji ojciec narcyz?

Urażony, skrzywdzony, z pretensjami. Będzie czuł, że musi odzyskać swoją pozycję, że nie może chwili poczekać. Będzie rywalizował z noworodkiem o uwagę, zamiast znaleźć swoje miejsce i po prostu pocieszyć się tym, co on może w tej sprawie zrobić.

Ja w ogóle mam poczcie, że rodzicielstwo dzisiaj jest taką przestrzenią, gdzie takich narcystycznych tendencji jest sporo.

Co ma pani na myśli?

Mam wrażenie, że matki szczególnie, ale ojcowie również, są pochłonięte takim nieustającym konkursem na najlepszego rodzica. Kto lepszy – ci eko, a może ci bardziej zorientowani na nowe technologie? Przedszkole Montessori, czy może państwowe? Więcej sportu, czy może iść w języki? Ciągle trzeba się sprawdzać, porównywać. To może być bardzo frustrujące i też rodzić konflikty wewnątrz związku.

Bo ja uważam, że Montessori, a ty, że państwowe?

Na przykład. I jest to bardzo ważna dla nas decyzja, która świadczyć będzie o nas, o naszym dziecku, w ogóle o tym, kim jesteśmy. Bo przecież bierzemy udział w tym konkursie na rodziców roku. Może też się zdarzyć, że ludzie w parze będą ze sobą rywalizować o to, kto jest lepszym rodzicem, kto tym dzieciom więcej jest w stanie dać.

Taka postawa może się nasilić jeszcze bardziej, kiedy para z jakichś powodów zdecyduje się rozstać.

Kto ten konkurs nakręca?

W jakieś mierze media, niestety. Przecież jak się zajrzy do tabloidów, ale i mainstreamowych pism, to tam przedstawia się karykaturalną wizję macierzyństwa, moim zdaniem też odrealnioną.

Ale ludzie to kupują.

Kobiety kupują i się frustrują. Bo jak celebrytka, której kolejne ciąże każe nam się śledzić w napięciu, tak wygląda po urodzeniu dwójki dzieci, to może ja też powinnam. Może też powinnam mieć ten sam designerski wózek, prać w orzechach piorących i szukać ekologicznej marchewki prosto od chłopa. Jeśli kobieta nie doskakuje do tej mocno wyśrubowanej, nie jej wizji, to ma niskie poczucie własnej wartości, poczucie winy i poczucie krzywdy. Wtedy często projektuje te emocje na zewnątrz i zaczyna szukać winnych na przykład w swoim partnerze zamiast w absurdalnych oczekiwaniach.

Co by pani więc radziła? Wyrzucić wszystkie gazety, poradniki, wyłączyć telewizor?

Mieć swój rozum i umieć znajdować w nim oparcie. Zobaczyć, co mi z tego, co jest aktualnie lansowane, pasuje, a co nie. Poznać siebie, wiedzieć, czego się potrzebuje, poznać swoje dziecko i jego potrzeby, swojego partnera. Kapitalnie jest móc jeść co tydzień śniadanie z przyjaciółmi w modnej restauracji, ale może mnie na to nie stać. Świetnie jest mieć swoją ekofarmę i chować na niej dzieci w imię powrotu do natury, ale może to nie jest coś, czego ja chcę. Super jest móc posłać dzieci do wyjątkowej szkoły demokratycznej z odpowiednim czesnym, ale może ja tak naprawdę lubię tę swoją, zwykłą, państwową obok domu.

Warto zobaczyć swoje życie takim, jakie jest, z tym, co jest w nim również fajne i niepowtarzalne, a nie ciągle się skupiać na tym, czego w nim brakuje. Taka filozofia tu i teraz. Jeśli sami tego nie potrafimy, to uczmy się tego od dzieci. One najlepiej się na tym znają.

Do czego dziecko używane jest w związku?

Gra w trójkącie

Z BOGDANEM DE BARBARO
rozmawia Agnieszka Jucewicz

Najczęstszą sytuacją w grach rodzinnych jest koalicja jednego partnera z dzieckiem przeciwko drugiemu. **Gra toczy się o to, kto jest ważniejszy, kto jest bardziej kochany,** kto bardziej kocha, kto jest bliżej.

On mówi do niej: „**Rozpieszczasz go**", a ona do niego: „**Nie ma cię ciągle w domu**". I to będą teksty zewnętrzne, a pod spodem będzie pewnie zawód związany z brakiem bliskości między nimi. On będzie w pracy spędzał coraz więcej czasu, skoro nie jest chciany, a ona będzie coraz częściej swoje potrzeby uczuciowe przekierowywać na dziecko.

W rozbijaniu toksycznych koalicji pomocne jest przywrócenie granicy międzypokoleniowej, która polega na tym, że następuje podział na rodziców i dzieci, a nie podział na drużynę mamy i drużynę taty.

Co dziecko daje parze?

Wydobywa z nich dobro. Inspiruje i zachęca do wymiany uczuciowej. Czasami samym swoim istnieniem, rozwojem, a czasami poprzez kłopoty, które mobilizują. Dla wielu ludzi jest realizacją ważnego planu życiowego, dodaje poczucia sensu. To na poziomie indywidualnym, a w związku? Tutaj nasuwa się taki nieomal banalny obraz pary rodziców, która stoi nad łóżeczkiem dziecka i przytula się do siebie. Od tej chwili mają wspólny obiekt miłości i radości, ale też zmartwień i zobowiązań. To ich bardzo zbliża.

Niektórzy z takim obrazem w głowie decydują się na dziecko, kiedy w związku zaczyna się coś psuć.

To może być pułapka. Kiedy dziecko jest poczęte „na ratunek", to spada na niego ciężar spajania tego małżeństwa. Oczywiście ono nie jest tego świadome. Jeśli to się uda, to pół biedy, ale jeśli nie, to dziecko może być używane do jakichś rozgrywek między małżonkami.

Dziecko chyba w ogóle bywa używane do takich rozgrywek.

Tak. I takie rodzinne gry, w które dziecko jest wciągane, terapeuci rodzinni nazywają triangulacją. To coś w rodzaju odwróconego trójkąta – rodzice na górze tworzą dwa wierzchołki, w pewnym sensie dominują, bo tak naprawdę gra toczy się między nimi. Ale tego napięcia nie przekazują sobie bezpośrednio, tylko właśnie przez dziecko, czyli trzeci wierzchołek tego trójkąta.

Dlaczego tych problemów nie mogą rozwiązać tylko między sobą?

Bo może wychodzą z założenia, że lepiej jest mieć sojusznika, niż go nie mieć, lepiej zorganizować partyzantkę, niż zaatakować frontalnie. Generał Clausewitz by się tutaj mógł przydać ze swoją wiedzą o sztuce prowadzenia wojny. Niektórzy po prostu nie potrafią inaczej.

Jak taka trójkątna relacja wygląda?

Może mieć różne postacie, ale najczęstszą sytuacją jest koalicja jednego partnera z dzieckiem przeciwko drugiemu. Gra toczy się o to, kto jest ważniejszy, kto jest bardziej kochany, kto bardziej kocha, kto jest bliżej. Triangulacja może się kształtować na przykład tak: jest związek, powiedzmy sobie, średni. Z jednej strony może i się kochają, ale z drugiej – ich drogi się rozchodzą, bo on dużo pracuje, a ona ciągle na niego czeka, martwi się, że jest go mało w domu, i przeżywa jakiś rodzaj frustracji uczuciowej. Kiedy pojawia się dziecko, to ono zaczyna uczuciowo tę matkę absorbować, szczególnie w pierwszych miesiącach, z przyczyn naturalnych – bo matka to dziecko karmi, jest z nim fizycznie blisko. Do tego może dojść tymczasowa abstynencja seksualna między małżonkami po porodzie, co z kolei może budzić frustrację mężczyzny, a kiedy mężczyzna daje wyraz tej frustracji poprzez agresję jawną albo tłumioną, to powoduje, że matka jeszcze bardziej skupia się na dziecku, bo z tego kontaktu czerpie radość i bliskość, także zmysłową.

Jeśli tego kontaktu miłosnego między matką a dzieckiem będzie przybywać, a kontaktu między kobietą a mężczyzną – ubywać, to jego frustracja będzie rosła i wtedy on będzie swoją złość adresował do żony, a żona jeszcze bardziej będzie się „chować w dziecku". I mamy błędne koło oraz koalicję matki z dzieckiem przeciwko ojcu.

W miarę jak to dziecko będzie rosło, to co oni będą do siebie mówić?

Na przykład on do niej: „Rozpieszczasz go", a ona do niego: „Nie ma cię ciągle w domu". I to będą te teksty zewnętrzne, a pod spodem będzie pewnie zawód związany z brakiem bliskości między nimi. On będzie w pracy spędzał coraz więcej czasu, skoro nie jest chciany, a ona będzie coraz częściej swoje potrzeby uczuciowe przekierowywać na dziecko. I tak dalej.

I jak ta koalicja będzie się zacieśniać?

Na przykład tak, że matka z dzieckiem będą mieć jakieś wspólne sprawy, o których ojciec nie wie. Wiadomo, że tajemnice integrują. Dziecko będzie przychodzić ze szkoły i mówić matce na przykład: „Dostałem dwóję, tylko nic nie mów ojcu". A mama swym milczeniem będzie koalicję z dzieckiem wzmacniać.

W skrajnej postaci matka może spać z dzieckiem w łóżku, a ojciec na kanapie w salonie. Niestety, znam takie sytuacje, kiedy to dziecko miało już dziewięć czy dziesięć lat i „dzieliło łoże" ze swoją mamą.

Z punktu widzenia psychoseksualnego rozwoju dziecka taka sytuacja ma już pewne znamiona nadużycia seksualnego i nawet jeśli tam nie dochodzi do jakichś wyraźnych zachowań erotycznych, to niewątpliwie blokuje normalny rozwój.

Czy nie jest tak, że to dziecko będące w koalicji staje się adresatem różnych zmartwień i problemów matki czy ojca, które powinny być kierowane do osoby dorosłej?

Może tak być, i wtedy, im ten syn czy córka są starsi, tym chętniej mogą niepostrzeżenie wchodzić w rolę partnera swojego rodzica. I tu już nie będzie chodziło tylko o bliskość z rodzicem koalicjantem, ale również o rywalizację z tym drugim, który jest na zewnątrz tego układu.

Słyszałam o chłopcu, dziś już dorosłym, którego matka sadzała codziennie w kuchni i nie dość, że zarzucała go swoimi zmartwieniami życia codziennego, to jeszcze żaliła się na ojca, że on jest taki i owaki. On tym nasiąkał.

I teraz zależy, czy ten syn w takiej sytuacji będzie tylko wiernym słuchaczem matki, czy będzie się identyfikował z tym przekazem na temat ojca, czy też może stanie się „spikerem" jej frustracji. Jeśli włączy się czynnie do rozgrywki między swoimi rodzicami, to mamy błędne koło, o którym mówiliśmy. Ale może być też tak, że ojciec zainterweniuje i będzie się starał takie przymierze osłabić. Szczególnie w dzisiejszych czasach wydaje się to bardziej realne, bo świadomość tego, co to znaczy być dobrym ojcem, jest większa. Ojcowie coraz częściej zdają sobie sprawę z tego, że dziecko potrzebuje ich bliskości, wspólnych zajęć, zabawy, przygód.

W rozbijaniu takich toksycznych koalicji pomocne jest przywrócenie granicy międzypokoleniowej, która polega na tym, że następuje podział na rodziców i dzieci, a nie podział na drużynę mamy i drużynę taty.

Co się dzieje z takim związkiem, w którym ta koalicja trwa latami?

Jeżeli oni nie są świadomi tego, co robią, to prawdopodobnie będzie między nimi narastała odległość i niezadowolenie. Może ten ojciec znajdzie sobie kogoś, kto go zrozumie i kto będzie go doceniał. Może to być jego własna mama, ale może też być koleżanka z pracy.

Z kolei syn najprawdopodobniej będzie się czuł przeciążony całą sytuacją, bo będzie występował w roli takiego quasi-rodzica, który ma matkę zrozumieć, wesprzeć i pomóc jej. Jeśli nasiąknie wściekłością na ojca, to być może będzie ją tłumił, bo przecież jest słabszy – psychicznie, fizycznie i społecznie – a to tłumienie z kolei będzie blokować jego rozwój. Tacy ludzie po latach już jako dorośli zgłaszają się często do terapeuty z jakimiś objawami – psychosomatycznymi czy lękowymi – i zwykle w ogóle nie są świadomi, jaka jest przyczyna tych objawów.

Tej koalicji nie widać gołym okiem?

Ci, którzy w niej biorą udział, najczęściej nie zdają sobie z tego sprawy. Chcę też podkreślić, że ta koalicja nie musi przebiegać pod postacią jawnego konfliktu. Rodzice mogą nawet funkcjonować jako para, na przykład zbliżają się do siebie, kiedy jadą na wakacje, a dziecko tam gdzieś sobie biega po plaży z kolegami i wszystko jest w porządku. Koalicje mogą mieć różne nuty: jedne są wyraźne, a inne dyskretniejsze, na przykład ojciec się spóźnia, a matka mówi do dziecka: „No popatrz, ojciec jak zwykle się spóźnia", i to jest de facto tekst z koalicji.

I taki związek, w którym te dyskretne koalicyjki się powtarzają, można nawet uznać za dobry?

No na pewno nie taki dobry, gdyby ich w ogóle nie było, bo dla rozwoju dziecka ważne jest poczucie spójności pary rodzicielskiej. To nie znaczy, że oni mają mieć ten sam styl wychowawczy. Mogą mieć różne pomysły pedagogiczne, ale nie powinni być ze sobą sprzeczni, zwłaszcza w obecności dziecka. I nie powinno być tak, że na przykład mama zabrania jeść słodycze, a dziecko idzie do tatusia, który pozwala je zjeść, bo myśli, że w ten sposób zapunktuje, taki fajny z niego gościu. Pół biedy, jeśli rzecz dotyczy tego ptasiego mleczka raz na tydzień. Wtedy mamy taką dyskretną, uczuciową koalicyjkę, która może zostać rozpuszczona przez mamę w postaci ciepłego żartu, kiedy na przykład powie: „Ej, chłopaki, co wy tutaj wyprawiacie? Przecież inaczej się umawialiśmy".

Natomiast jeśli te koalicje dotyczą poważniejszych spraw, są częstsze i zawsze się kończą awanturą, to jest groźne, bo dziecko wtedy zaczyna się zastanawiać: „Czy jak kocham jednego rodzica, to czy wolno mi kochać tego drugiego?". Dziecko oczywiście wprost sobie takiego pytania nie zada, ale gdzieś tam na głębszym poziomie uczuciowym ono się pojawia. I jeśli rodzic oczekuje takiego rodzaju lojalności od dziecka: „Jesteś ze mną albo z nim, wybieraj!", to dziecko wtedy jest w pułapce. Z drugiej strony, paradoksalnie, dziecku w tej relacji przybywa władzy.

Jak to?

Bo jak to z koalicjantem bywa, on jest po prostu potrzebny, więc żeby go przy sobie utrzymać, ten rodzic musi się właśnie czasem zachować niepedagogicznie – na przykład rozpieszczać dziecko albo się przymilać. Tylko że to jest bardzo niebezpieczne, dziecko nie powinno mieć takiej władzy, bo wtedy będzie opacznie rozumieć świat. Zamiast się rozwijać, utknie w roli rycerza swojej matki albo królewny ojca.

I czego ta rola go pozbawi?

Na przykład wewnętrznego dziecka i tego, co z nim związane: prawa do twórczości, do rozwoju, do penetrowania świata, do bliskości z obojgiem rodziców, bez wybierania, które z nich lepsze.

Znam rodzinę, w której pijący ojciec wszedł w koalicję z córką przeciwko matce, która piła w jeszcze bardziej niszczący sposób. Mam wrażenie, że ta koalicja służyła mu głównie po to, żeby się czuć lepiej z tym, albo wręcz zasłonić fakt, że on też pije. Tak jakby mówił sobie i światu: „Zobaczcie, córka mnie kocha bardziej, to znaczy, że jestem w porządku".

Nie wiem, czy tak było, czy to rzeczywiście poprawiało jego autoportret. Bardziej bym myślał, że istotą tej sytuacji był jednak chaos alkoholowy i że to głównie ta siła tutaj działała. Prawdopodobnie ta córka była z nim w chaotycznej więzi. Niektórzy psycholodzy powiedzieliby, że tak właśnie powstaje osobowość DDA, czyli ktoś, kto wobec bliskości kogoś, kto raz jest czuły, a raz jest agresywny, staje się nieufny, niepewny, bierze na siebie nadmiar odpowiedzialności.

Czy poza koalicją jest jeszcze jakiś inny model, w którym dziecko jest wprzęgnięte w konflikt między rodzicami?

To są na przykład takie sytuacje, kiedy dziecko zaczyna sprawiać kłopoty, na przykład gorzej się uczy, albo ma nawracające choroby i nagle rodzice, którzy się od siebie oddalali, jednoczą się i zaczynają wspierać w swoich rodzicielskich odpowiedzialnościach i zadaniach. Chodzą razem na wywiadówki albo kursują po lekarzach. W takiej triangulacji dziecko ratuje rodzinę przed rozpadem. Ono to robi instynktownie, nieświadomie. Z tym że dziecku niekoniecznie musi zależeć, by rodzicom układało się życie seksualne, ale na pewno zależy mu na tym, żeby w domu panował spokój i życzliwość. I kiedy takiej rodzinie grozi rozpad, to ono to „oprotestuje": na przykład przestanie chodzić do szkoły, zacznie mieć przewlekłe bóle brzucha albo będzie imprezować bez umiaru. Jeśli zobaczy, że to działa, raz, drugi, i że dzięki temu rodzice się do siebie zbliżają, to za każdym razem, kiedy będzie źle, będzie wracać do tej metody, która się już w przeszłości sprawdziła.

I wtedy z takim sprawiającym kłopoty dzieckiem rodzice na przykład trafią do psychologa.

I jeśli ten psycholog będzie miał intuicję, to ich zapyta: „Jak państwo myślą, co by złego się stało, gdyby wasze dziecko przestało sprawiać kłopoty?". Pierwsza odpowiedź jest zwykle taka: „No, my byśmy się bardzo z tego powodu cieszyli, tylko o tym marzymy!". „To przyglądnijmy się teraz temu, zróbmy taki mentalny eksperyment, wyobraźmy sobie, co będzie się działo" – mówi dalej terapeuta. No i potem się okazuje, że oni wtedy by się rozeszli, jeśli nie w sądzie, to do swoich pokoi, pasji czy przyjaciół. Kłopoty dziecka sprawiają, że oni znowu się zauważają, troszczą o siebie, zaczynają się komunikować.

Jak w takiej sytuacji można pomóc temu dziecku?

Być może najlepszą pomocą byłaby małżeńska terapia rodziców? Jeśli już wiadomo, że z jedynek dziesięcioletniego Kazia wynikają dla jego rodziny wyraźne korzyści, to kolejne pytanie powinno brzmieć: „Co by się musiało stać, żeby te korzyści, które dają jedynki Kazia, spróbować uzyskać inaczej?".

Ze swojej praktyki sprzed lat pamiętam młodego człowieka, który miał nawroty choroby psychicznej, kiedy rodzice zaczynali myśleć o rozwodzie. I tam się odbywał taki ruch wahadłowy. On dostawał nawrotu, rodzice się jednoczyli, razem odwiedzali go w szpitalu, odżywały między nimi dobre uczucia. On się wtedy poprawiał, wychodził ze szpitala, wówczas rodzice znowu wracali do idei rozwodu, on odstawiał leki, dostawał psychozy i tak w kółko. Przez dwa czy trzy takie cykle to było niezidentyfikowane, aż terapeuta ich zaprosił i zobaczyli czarno na białym, co się dzieje u nich w rodzinie. I jeszcze raz chcę podkreślić, że to nie były żadne manipulacje, to był zupełnie nieświadomy proces.

A w co grają rodzice, jeśli ich dziecko jak listonosz biega z wiadomościami od mamy do taty?

To się dzieje wtedy, kiedy rodzice nie umieją się ze sobą komunikować. „Powiedz tacie, że…". „Zapytaj ojca, czy…". Pamiętam taką pacjentkę, której matka szła po gazety do kiosku, dawała je córce i mówiła:

„Zanieś ojcu". Między rodzicami była jakaś taka bolesna pustka, chociaż na dnie była miłość, tylko żadne z nich nie umiało jej wyrazić wprost. Czasem jest łatwiej wyrażać negatywne uczucia niż pozytywne. Łatwiej powiedzieć: „Odpieprz się", niż: „Kocham cię".

Albo nic nie mówić.

Na przykład.

Przez to wysyłanie córki do ojca z gazetą matka wyrażała miłość do męża?

Jakąś troskę. Ta córka nie tylko biegała z tą gazetą, ale w ogóle była takim posłańcem między nimi. Kiedy dorosła, zaczęła chorować psychosomatycznie i w ten sposób zaprzęgła rodziców do opieki nad sobą. Ojciec ją woził po lekarzach, a matka umawiała te wizyty, więc też była potrzebna. I to była taka wyraźna pułapka dla całej trójki, bo ta córka wciąż funkcjonowała w tej rodzinie jako pewnego rodzaju klej.

Co w sytuacji, kiedy dziecko zupełnie świadomie bierze na siebie rolę mediatora między rodzicami – interweniuje podczas awantury, uspokaja jedno, uspokaja drugie?

To jest rola tragiczna. Bo wtedy dziecko staje się takim buforem, który też jest przy okazji miażdżony.

Kiedy słucham pacjentów, którzy odtwarzają sceny z dzieciństwa, jak łapali mamę za nogę, bo na więcej nie mieli ani siły, ani rozmiaru, żeby ochronić ją przed ciosem ojca, to oni cali są jednym, splątanym kłębkiem nerwów. Ta trauma do nich wraca z całą mocą.

Dla dziecka takie awantury, nawet bez przemocy fizycznej, są jak trzęsienie ziemi. Ono się czuje bezradne i boi się, że ci, którzy dali mu życie, oraz ono samo zaraz zginą.

Powiedział pan, że dla dziecka nie ma różnicy, czy tam jest przemoc fizyczna, czy tylko krzyk.

Różnica jest, ale rana w sercu dziecka może być równie głęboka.

To tak, jakby pani popatrzyła na pęknięcie na suficie, które się powiększa. Nie wiadomo, czy to farba tylko odpadła, czy to jakiś mocniejszy wstrząs i ten dom zaraz runie. Oczywiście zależy, czy to dziecko ma dwa lata, czy dwadzieścia dwa. Jak ma dwadzieścia dwa lata, to jest w stanie jakoś objąć to rozumem i na przykład wyjść z tego domu, ale jak ma dwa lata, to dla niego koniec świata. Wiele zależy też od tego, jaką ma konstrukcję psychiczną. Teraz wśród badaczy popularny jest termin „resilience", czyli hart ducha. Z tych badań wynika między innymi, że są tacy, którzy po przysłowiowym „trzęsieniu ziemi" są w stanie się podnieść i bardzo dobrze funkcjonują, a inni zostają przez tę traumę złamani.

Czy może mieć miejsce taka sytuacja, że to rodzice jednoczą się w koalicji przeciwko dziecku?

Może być tak, że rodzice będą surowi i wymagający w stosunku do dziecka i będą się unosić jakimiś restrykcjami typu: „Jak nie wrócisz punkt 9 do domu, to szlaban", „Jak nie będziesz mieć samych piątek na świadectwie, to kara". Swoją wściekłość wysublimują w pomysł pedagogiczny, nawet nie zauważając, co go zrodziło.

Ta wściekłość skąd może być?

Na przykład przemieszczą ją spomiędzy siebie na dziecko.

A sytuacja przeciwna, czyli dziecko, które jest w rodzinie pępkiem świata?

Jeśli dziecko jest tym, na którym skupiają się cała uwaga i uczucia, to być może pomiędzy tymi małżonkami coś gaśnie. Chyba że na przykład długo na to dziecko czekali, długo się o nie starali. Wtedy takie zaabsorbowanie może być na początku czymś naturalnym.

Ja jeszcze myślę o innej sytuacji. Na przykład takiej, że dobiorą się ludzie, którzy sami mieli negatywne doświadczenia w dzieciństwie i teraz chcą je sobie zrekompensować przez to dziecko.

To dość częsta sytuacja. Nieraz rodzice wprost i bezkrytycznie mówią: „Chcę oszczędzić dziecku tego, co sam wycierpiałem. Nie dostałem bliskości, czułości, uwagi, to teraz swojemu dziecku je dam". Swoją rodzinę tworzą na zasadzie antyskryptu w stosunku do rodziny, z której wyszli. I często dają w nadmiarze, przedobrzają, na przykład jeśli sami byli głodni, to dziecko przekarmiają, dosłownie – jedzeniem, albo nadmiarem uczuć, bo obiektem ich zainteresowania nie jest tylko to realne dziecko, ale również to ich dziecko wewnętrzne.

Dramat zaczyna się wtedy, kiedy ci już całkiem „zrodzicowani" małżonkowie nagle to dziecko stracą, kiedy ono będzie mieć lat dwadzieścia parę i dostanie na przykład atrakcyjną propozycję pracy w Anglii albo pojawi się na horyzoncie jakaś Zosia czy Ziutek, którzy zagarną ich skarb. Jeśli realizowali swoje życie uczuciowe poprzez rodzicielstwo, nie małżeństwo, to grozi im jako parze jakaś bolesna samotność. Mogą też chcieć to dorosłe dziecko za wszelką cenę zatrzymać w domu. A ono może nie dawać sobie prawa do tego, żeby ich opuścić.

Jak się ustrzec przed takim „zrodzicowaniem"?

Można powiedzieć tak: wszystko, co jest zaniedbaniem małżeństwa, będzie się odbijać na dziecku, w ten czy inny sposób, w takiej lub innej formie. Więc jeśli ludziom zależy na tym, żeby być dobrymi rodzicami, to – paradoksalnie – przede wszystkim powinni zadbać o swój związek, komunikując się ze sobą, szanując, wykazując się empatią.

Są tacy, którzy mówią: „Nasz związek się skończył, ale zostajemy razem dla dobra dziecka".

Są różne badania na ten temat – czy lepiej się w takiej sytuacji rozejść, czy trwać. Te najbardziej konserwatywne mówią, że dziecko zawsze będzie stratne, jeśli rodzice się rozejdą, z wyjątkiem dwóch sytuacji: kiedy w rodzinie jest przemoc i kiedy jest uzależnienie, na przykład od alkoholu. Oczywiście, kiedy dziecko jest ofiarą przemocy, to jest dramat, ale jeszcze większy dramat jest wtedy, kiedy dziecko jest świadkiem przemocy. Według tych konserwatywnych badań, jeśli w związku są tylko sprzeczki, jakiś dystans między rodzicami, ale jakoś tam się dogadują, to lepiej, żeby się nie rozstawali.

A pan jak uważa?

Ja wolę nie wiedzieć, co według badań jest lepsze, a co gorsze, bo jakiekolwiek uogólnienie dla terapeuty, który ma pomóc konkretnej rodzinie, jest niebezpieczne. Ponieważ to uogólnienie zasłoni tę rodzinę. Nie powinienem się opierać na statystyce, lecz na tym, co oni czują, co mówią.

Jedno wiem na pewno: nie wolno dopuścić do realnej przemocy, a sprawcę przemocy trzeba izolować od ofiar. Resztę bym wolał zbadać, razem z tą rodziną.

Kiedy w związku pojawia się obcość?

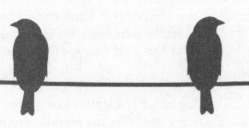

Przepis na samotność

Z DANUTĄ GOLEC
rozmawia Grzegorz Sroczyński

Źle dobrana para może się częściowo dotrzeć i mieć udaną relację. Często jednak ludzie nic nie robią, a poważne problemy spychają do piwnicy. Wszystko między nimi jest nie do końca omówione, nienazwane.

Jeżeli oboje się wspierają w tym, żeby nie widzieć różnic, nie widzieć tego rozchodzenia się – ze strachu, że prawda może zabić ich związek – problemy się nawarstwiają.

Nie zawsze poczucie samotności w związku jest czymś niepokojącym. Samotność jest związana z odrębnością. Zgoda na to, że mam własny umysł, własne osobne myśli, inne niż partner, to objaw zdrowia psychicznego.

„Czuję się w związku bardzo samotna, jakbym żyła z kimś obcym, z kosmitą". Co by pani powiedziała tej kobiecie?
Ona to mówi o swoim stałym partnerze?

Tak, o mężu. Są ze sobą od 15 lat.
Każda historia samotności jest nieco inna. Ale jeśli partner A oddala się i zostaje „kosmitą", to może się to dziać przy nieświadomym współudziale partnera B.

Zacznijmy od tego, że nie zawsze poczucie samotności w związku jest czymś niepokojącym. Samotność jest związana z odrębnością. Zgoda na to, że mam własny umysł, własne osobne myśli, inne niż partner, to objaw zdrowia psychicznego. Żeby istniał związek, potrzebne są dwie odrębne osoby, inaczej nie mamy związku, tylko jakąś formę symbiozy, zlania.

Trzeba też pamiętać, że relacje między ludźmi mają naturalną dynamikę. Jeśli jesteśmy mocno w siebie wtuleni, to po jakimś czasie robi się niewygodnie, trzeba się oddalić, odejść do swoich spraw. Są ludzie, którzy tego nie potrafią.

Pamiętam pacjentkę, dla której dużym osiągnięciem było to, że ona czytała książkę, a partner siedział przy komputerze, bo wcześniej wszystko musieli robić razem. Razem zmywamy, razem oglądamy telewizję, razem czytamy sobie na głos. Każda z tych rzeczy niby brzmi dobrze, ale jeśli tak jest cały czas, to nie ma miejsca na odrębność.

W gabinecie często widzę, jak bardzo różna może być nasza tolerancja na samotność. Jeśli ktoś czuje się samotny i szuka przyczyn w partnerze kosmicie, to być może tak naprawdę potrzebuje pomocy w znalezieniu większej przestrzeni na samotność w sobie. Istnieją udane związki, w których ta przestrzeń jest ogromna, para na przykład mieszka osobno. Szymborska i Filipowicz – trwały związek, oboje byli dla siebie niezwykle ważni, ale też osobni. Piotr i Maria Curie z kolei wszystko robili razem, przede wszystkim razem pracowali, w tamtych czasach to była sytuacja absolutnie nietypowa, a jednocześnie tworzyli namiętną relację. Jest tysiąc różnych możliwych rozwiązań, za dużo widziałam, żeby móc powiedzieć, że jest jakiś wzorzec. Często ktoś mnie pyta: „Jak byłoby lepiej?". No ale sęk w tym, że nie ma tego „lepiej". To zależy.

Jednak niektóre pary czują się ze sobą bardzo samotnie, partnerzy wydają się całkowicie osobni, właściwie mało sobą zainteresowani. Ten klimat jest wręcz wyczuwalny dla osób z zewnątrz, które wchodzą do takiego domu.

W domu, w którym żyje razem dwoje ludzi, powinna być obecna jeszcze trzecia postać. To nie jest tylko pani A i pan B, ale też coś, co przekracza ich oboje. I to „coś" rzeczywiście bywa wyczuwalne dla innych osób. Czasami może to być bardzo chore, ale jednak nadal jest obecne, choroby to przecież nieodłączny element życia. I może też tego po prostu nie być.

Kiedyś jeden z pacjentów z żoną zaprosili na kolację znajomych, a następnego dnia usłyszał od najbliższego przyjaciela takie zdanie: „Czułem się u was jak w luksusowej trumnie".

Nieprzyjemne. Obraził się?

W pierwszej chwili zareagował źle. Ale potem bardzo go to poruszyło, bo przyjaciel trafnie opisał stan, w którym znalazł się ten związek. Została wspólnota majątkowa i rosnąca samotność, taki stan martwoty między partnerami wyczuwalny dla większości ich znajomych. To zdanie ujawniło coś, co oboje przeczuwali, tylko bali się powiedzieć.

Jeden ze znanych literackich przykładów samotności to postać Emmy Bovary z powieści Gustawa Flauberta. Mieszczańskie monotonne życie, nużący mąż – wiejski lekarz: „Rozmowa z Karolem była płaska jak uliczny chodnik". Być może rzeczywiście on nie był za ciekawy. Ale równocześnie mamy do czynienia z bardzo zaburzoną narcystyczną kobietą, która żyje w świecie fantazji. Czyta paryskie gazety plotkarskie, w których są relacje z rozmaitych balów, przyjęć, i uważa, że tak powinno wyglądać dobre życie. Czyta romanse, ale jest ich najgorszą czytelniczką, bo nie pobudzają wyobraźni Emmy, ona może je tylko realizować. Jej wyobraźnia jest martwa, odtwarzająca, nic nowego się tam nie pojawia. Nie widzi realnie ani męża, ani kolejnych kochanków, są aktorami w przedstawieniu, które próbuje odtwarzać na podstawie powierzchownych lektur. W tym przypadku to, że ta kobieta czuje się w związku potwornie samotna, jest problemem całkowicie drugorzędnym. To jedynie odbicie pustki, którą ona nosi w sobie. Gdyby trafiła na innego partnera, inne środowisko, to prawdopodobnie odtworzyłaby w świecie zewnętrznym ten sam wewnętrzny dramat.

Czyli samotność jest winą osoby samotnej?

Tego nie powiedziałam. Flaubert opisał przykład osoby bardzo zaburzonej. I to jest tylko jeden ze scenariuszy.

Inny scenariusz to samotność jako efekt nieświadomej zmowy partnerów.

Zmowy?

Bywa, że ludzie się bardzo źle dobiorą, ale nie potrafią tego rozpoznać. W optymistycznym wariancie pracują nad związkiem, to bywa trudne, ale nawet źle dobrana para może się częściowo dotrzeć i mieć udaną relację. Często jednak ludzie nic nie robią, a poważne problemy spychają do piwnicy. Wszystko między nimi jest nie do końca omówione, nienazwane. Jeśli nawet jakaś prawda się pojawia, to wykrzyczana w nienawiści, w trakcie dzikiej kłótni, a to w zasadzie tak samo, jakby czegoś w ogóle nie mówić. Bo potem są przeprosiny, łzy i rzeczy pozostają w piwnicy. Aż zaczyna z niej cuchnąć.

W związek wchodzimy najczęściej dość wcześnie, kiedy nie do końca jesteśmy dojrzali emocjonalnie. Trochę nie wiemy, kim jesteśmy, kultura nie sprzyja dziś dojrzewaniu, dużo jest idealizacji: ładna buzia, kochamy się, będzie cudownie. A potem dopiero zaczynamy się rozwijać, tyle że często w całkowicie odmiennym tempie. I nie mówię o tym, że jedno siedzi w domu, a drugie pracuje, albo że jedno jest inżynierem, a drugie humanistą, ale o rozwoju emocjonalnym, o coraz głębszym rozpoznawaniu własnych potrzeb i uczuć. Jeśli rozwijają się oboje – znakomicie. Jeśli oboje stoją w miejscu – to dla związku też w miarę dobrze. Gorzej, jeśli jedno się rozwija dość szybko, a drugie prawie wcale. To może prowadzić do narastającego niezrozumienia i obcości.

Kiedy para motywuje się wzajemnie do rozwoju, to może być z tego sporo hałasu, kłótni, może być czasami nieprzyjemnie i wcale nie ma gwarancji, że coś się nie posypie. Ale jest duża szansa, że nie będzie między nimi tego oceanu samotności.

Jeżeli natomiast oboje się wspierają w tym, żeby nie widzieć różnic, nie widzieć tego rozchodzenia się – ze strachu, że prawda może zabić ich związek – problemy się nawarstwiają. I w końcu wybuchają – zwykle przy okazji konfrontacji z naturalnymi życiowymi wyzwaniami jak choroba, śmierć bliskich, dorastanie dzieci, konieczność opiekowania się starymi rodzicami. Partnerzy lądują na innych planetach, na których tak naprawdę już od dawna byli, tylko woleli tego nie wiedzieć. I mamy dwoje kosmitów.

Można powiedzieć, że sami wybrali samotność?

Wybrali wygodę, która często prowadzi do samotności.

Wspólny rozwój to nie jest prosty zabieg kosmetyczny ani umycie głowy z masażem, bywa nieprzyjemnie, bo ktoś pokazuje mi coś trudnego, ja wtedy reaguję na to obronnie, potem pomyślę, dopuszczę to do siebie, być może uwzględnię, tak samo różne trudne rzeczy pokazuję tej drugiej osobie. Potrzeby partnerów mogą się zderzać, czasem nie da się ich dopasować, trzeba z czegoś zrezygnować. Druga osoba jest nie tylko do kochania, ale również po to, żeby stawiać nas przed lustrem: „Zobacz, taki jesteś, popatrz sobie, ja się nie zgadzam, to mi się nie podoba". I wzajemnie. Nie chodzi o organizowanie nasiadówek, w czasie których będziemy się krytykować, ale o to, żeby nie unikać w związku naturalnych momentów konfrontacji. I albo jest zgoda, że druga osoba będzie przede mną stawiać to lustro, a ja będę próbowała przynajmniej rzucić okiem, albo tej zgody nie ma i zamiast tego para nerwowo krząta się wokół utrzymania status quo za wszelką cenę.

Ludzie bardzo często wybierają święty spokój. Uważają, że jak zdecydują się na udawanie, że czegoś nie ma, to ten święty spokój osiągną. O najważniejszych sprawach nie rozmawiają latami: o kwestiach dotyczących systemu wartości, wyborów życiowych, sposobu wychowywania dzieci czy relacji z rodzicami.

Pacjentka marzyła o dziecku, którego nie mogła mieć. Rozważała więc adopcję. Ale jej partner w ogóle nie chciał o tym rozmawiać. Jedna próba, druga, trzecia, partner milczy, nie potrafi powiedzieć ani „tak", ani „nie", tylko na przykład: „Dziś jestem zmęczony". Po kilku miesiącach prób kobieta w końcu rezygnuje, nigdy już tego nie omówili. Ale ta sprawa – choć niewypowiedziana – już zawsze będzie tkwić między nimi.

W postaci poczucia samotności?

To jest koszt, który niektórzy płacą za święty spokój. Chociaż nie widzą tego połączenia, nie rozumieją, za co płacą, i wydaje im się, że to jakaś niezasłużona kara z nieba. Czasem widzę taką alternatywę, że albo w związku będzie święty spokój w pakiecie z samotnością, albo będzie takie włoskie małżeństwo.

I być może za chwilę w ogóle nie będzie tego związku, bo tak się pokłócą, że się rzucą.

Oczywiście, to jest jedno z ryzyk, których osoby wybierające święty spokój próbują uniknąć. Tyle że zwykle w efekcie i tak związek tracą, może nie w sensie dosłownym, ale jako pewną jakość, która istnieje między ludźmi. Zostaje taka skorupa. Niby są razem, ale to nie jest związek. Chyba że związek definiujemy jako dwie osoby przemieszczające się po tej samej powierzchni i razem płacące podatki.

Co robić, kiedy ta najbliższa osoba nagle staje się kosmitą, kimś zupełnie innym, niż sobie wyobrażaliśmy?

Nagle? Nie bardzo w to wierzę. Wierzę natomiast we współpracę. Wcześniej musiało być ignorowanie faktów, wspólne unikanie trudnych tematów albo zniekształcanie pewnych cech partnera.

Jakich?

Często niestabilność emocjonalna widziana jest jako barwność. Partner ma gwałtowne zmiany nastrojów, jest niezrównoważony psychicznie, ale jest to interpretowane na przykład jako „artystyczny temperament". Przez lata nie usłyszy więc zachęty, żeby się tym zajął, zaczął leczenie. Ktoś ma depresyjne spadki nastrojów, ale jego partner uważa, że po prostu jest taki „refleksyjny" i „musi się zastanowić".

Inny typowy przykład: ktoś przez lata wyciąga partnera z ciągów alkoholowych, no ale przecież on nie jest alkoholikiem, tylko „jest taki wrażliwy". Wrażliwość to przecież piękna cecha. Więc ktoś taki nigdy nie usłyszy: „Albo idziesz na odwyk i zaczynasz terapię, albo do widzenia". Autorytaryzm jest często brany za zdecydowanie, nawet przemoc bywa tłumaczona jako przejaw miłości: „Bije, znaczy kocha". Efekt jest taki, że ludzie coś widzą i jednocześnie nie widzą, bo źle to nazywają. Ale zawsze chodzi o to, że sprzedają podstawę zdrowia psychicznego – czyli widzenie rzeczywistości – na rzecz jakiegoś interesu. Dla świętego spokoju, wygody, po to żeby nie zmierzyć się z prawdą, z kryzysem w związku, bo wtedy trzeba zakasać rękawy i wziąć się do roboty. Taka korupcja zwykle kończy się źle, bo kiedyś trzeba rachunki płacić.

Prawdziwa historia, chociaż niektóre szczegóły musiałem zmienić. On wraca do domu z firmy, którą prowadzi, całuje żonę, otwiera wino i mówi: „Kochanie, jesteśmy bogaci! Dałem w ministerstwie ogromną łapówkę, ale mamy ten kontrakt. Zarobimy na czysto osiem milionów!". A jej cierpnie skóra, że ten ideowy chłopak, którego kiedyś pokochała za płomień w oczach, robi coś takiego. Co pani na to?

Chciałabym od razu zapytać, czy to jest tak, że on pierwszy raz coś takiego robi. Podejrzewam raczej, że mówił jej podobne rzeczy wcześniej, tylko ona pierwszy raz odważyła się to usłyszeć. Jej moralne oburzenie na męża wydaje mi się nieco podejrzane. Wracamy do nieświadomej współpracy, która zwykle trwa całe lata.

Ona nie powiedziała mężowi, co sądzi o tej łapówce. Skrzywiła się tylko i nigdy więcej już o tym nie rozmawiali. Mają dwoje dzieci w prywatnych szkołach, dom i tak dalej...

Tak wybrała. Trudno. Tylko ważne, żeby widziała, co robi. Żeby nie zamykała oczu na swoją rzeczywistość wewnętrzną i mogła powiedzieć uczciwie: „Jestem osobą, której bardziej zależy na bezpieczeństwie finansowym niż na wyznawanym systemie wartości; nie jestem już idealistką walczącą o lepszy świat". Jeśli to sobie potrafi powiedzieć, to przynajmniej będzie żyć w zdrowiu psychicznym.

Na razie żyje w poczuciu radykalnej obcości z własnym mężem.

Ale przecież ona to samo wybrała co on! Skąd mają pieniądze? Przepraszam, ona nie kupuje nic sobie? On wybrał bezpieczeństwo finansowe zdobyte w sposób nieuczciwy i ona wybrała. Iluzje sobie robi, sama siebie oszukuje, że jest inna niż w rzeczywistości. Czuje się samotna nie z tego powodu, że oddalili się z mężem, tylko dlatego, że ona oddaliła się od samej siebie.

Taka alienacja od samego siebie to kolejna częsta przyczyna poczucia samotności. Ktoś przestaje widzieć, czego właściwie chce, co wybiera, przestaje to nazywać, za to żyje w wymyślonym świecie. Pańska znajoma w tym wymyślonym świecie występuje jako uczciwa, niezłomna Joanna d'Arc, ale to już nie jest ona.

Co by jej pani radziła?

Nie ma „radziła". Psychoterapia to nie jest udzielanie dobrych rad. Podjęłabym pewnie próbę namówienia jej, żeby zamiast zajmować się oburzaniem na męża, zajęła raczej sobą i tym, co się z nią dzieje. Żeby rozumiała, jakie są koszty uklepania tak poważnej sprawy i jakie by mogły być, gdyby ją z partnerem spróbowała omówić. To jest typowa sytuacja, z której nie da się wyjść bez ponoszenia kosztów. Takich czy innych. Wiele osób niestety uważa, że z kryzysów życiowych da się znaleźć jakieś magiczne wyjście, które będzie kosztów pozbawione.

Kwestia tego, żeby wiedzieć, które koszty wybieram.

Tak. Zawsze jakieś będą. Być może, jeśli ona z nim pogada, to będzie jeszcze bardziej samotna, bo się okaże, że on zasady moralne ma gdzieś i kompletnie nie rozumie, o co jej chodzi. Ale przynajmniej dowie się, na czym stoi.

Co robić, jeśli jeden z partnerów jest skrajnie niedostępny emocjonalnie? Nie chce rozmawiać o emocjach, nie odpowiada na pytania, ucieka w pracę albo przed telewizor. Są takie osoby.

Nie wiem, czy można coś zrobić. Dostępność emocjonalna oznacza na przykład to, że uwzględniam nastroje drugiej osoby, nawet jeśli są one dla mnie niewygodne. Nie wychodzę z pokoju, jeśli ktoś obok przeżywa smutek. Nie wpadam w panikę, kiedy ktoś obok płacze. Ale nie zachowuję się też obojętnie, nie mówię: „Weź tabletkę, to ci przejdzie".

Kobiety często narzekają na niedostępność mężczyzn. „O wielu uczuciach w ogóle nie mogę z nim rozmawiać".

No jak nie można, to nie można. Czasem trzeba to uznać. Potrzeby emocjonalne, które nie mogą być zaspokojone w związku, można zaspokajać gdzie indziej. Rozmowa o ważnych sprawach może też się odbywać w innym kontekście. Ten pomysł, że małżonkowie ze sobą o wszystkim rozmawiają, jest dość świeży i pochodzi z drugiej połowy XX wieku. To nie jest tak, że wcześniej małżonkowie dużo rozmawiali, jak ktoś miał taką potrzebę, to z przyjacielem czy przyjaciółką prowadził korespondencję.

I to było dobre, że nie rozmawiali?

Nie. Ale pomysł, że partner jest od wszystkiego, wydaje mi się nierealny. Warto oczywiście myśleć, kogo wybieramy. I jeżeli jakaś sfera jest dla nas niesamowicie ważna, to warto zadbać, żeby ta osoba nie była na nią zamknięta.

Można też przesunąć akcent w związku na taką sferę, która działa dobrze, gdzie ta wspólnota naprawdę istnieje. Pary budują bliskość na rozmaitych rzeczach. Vita Sackville-West, która była jedną z kochanek Virginii Woolf, miała męża, bardzo była do niego przywiązana, no ale rozeszli się seksualnie. Mieszkała z nim w ogromnym domu, mieli osobne skrzydła, a ich miłość wyrażała się w tym, że wspólnie projektowali ogrody. Stworzyli jeden z najsłynniejszych ogrodów w Anglii, Sissinghurst Castle Garden. I to był obszar, gdzie wyrażała się cała wzajemna namiętność. Znaleźli coś, w czym potrafili się nadal łączyć. Czy można decydować, patrząc z boku, czy to było dobre, czy złe małżeństwo?

Zamożna para pięćdziesięciolatków spaceruje po lesie, on rozmarzony mówi: „Ach, jak fajnie będzie na emeryturze kupić tu gdzieś działkę i uprawiać róże". Ona tymczasem całe życie myślała, że na starość wreszcie będą podróżować po świecie, nawet mieli to obgadane.

Kiedy obgadane?

Jak dzieci były małe, czyli 15 lat wcześniej. Wtedy dużo rozmawiali o tych podróżach. I ona wciąż o tym marzy, kolekcjonuje książki podróżnicze.

No to jest dobry moment, żeby o tym znowu porozmawiać. Co wtedy w lesie odpowiedziała mężowi?

Powiedziała: „Aha", i zamilkła. Tak to tłumaczy: „Chciałabym, żeby on mnie uwzględniał. I żeby pamiętał, jak bardzo podróże były dla mnie ważne".

To najgorsze.

To chyba normalne, że chcemy, żeby ludzie najbliżsi nas uwzględniali?

Tylko że rzeczywistość nie jest taka piękna, że inni czytają w naszych myślach i są emanacją naszych marzeń. Są nieuważni, zmęczeni, przepracowani, mają swoje sprawy i własne potrzeby. Jak nie powiesz, czego chcesz, to mała szansa, że to dostaniesz. Więc to jest taki przepis na to, że się naburmuszę.

Przepis na samotność.

„Gdyby mnie kochał, toby wiedział, czego chcę" – myśli taka osoba. To przejaw jakiejś fantazji, która jest podsycana kulturowo, że zakochani ludzie powinni mieć rentgeny w oczach i czytać sobie w myślach.

Ale oni mieli to kiedyś obgadane.

Być może. Tylko warto pamiętać, że się zmieniamy z wiekiem. Zdarzają się przypadki, że ludzie po 15 latach są w tym samym miejscu, mają takie same marzenia, plany i potrzeby, tylko to nie zawsze są zdrowe przypadki. Zmiana to naturalny objaw życia psychicznego. Jeżeli kobieta jest zaskoczona, że mąż po 15 latach związku ma inne marzenia dotyczące ich wspólnej starości, to pewnie coś przeoczyła.

Inny przykład. „Mój mąż z tryskającego pomysłami energicznego faceta w magiczny sposób zmienił się w nudziarza siedzącego przed telewizorem" – żali się pewna kobieta. Opisuje tego męża jako Homera Simpsona z kreskówki, który siedzi na kanapie, żłopie piwo, beka i jednocześnie twierdzi, że wcale tego nie robi.

Partnerka w pewnym sensie musi najpierw zniknąć ze świata emocjonalnego tego człowieka, żeby mógł sobie tak siedzieć w kalesonach rozwalony na kanapie. Bo gdyby nadal była dla niego odrębną dorosłą osobą, toby się wstydził. Natomiast ona zwykle wchodzi w rolę zrzędzącej jędzy, wymówki koncentruje na nim, że jest leniwy, taki i owaki, z czego nic nie wynika. To może być podtrzymywanie układu. „Nienawidzę się w roli tej zrzędy, ale zawsze w końcu wpadam w tę pułapkę" – mówi pacjentka. Ma rację. Bo to pułapka, którą on zastawia. Wtedy może się dystansować, chować w swojej mentalnej kanciapie, którą sobie urządził na kanapie przed telewizorem, i może uważać, że dlatego się tam chowa, bo ona zrzędzi.

To co ona powinna robić?

Zawsze, jak jest problem, to trzeba rozpoznać, co jest przyczyną. Dlaczego on siedzi przed telewizorem i pije piwo? Dlaczego książki przestał czytać? Jak z kimś jestem, to zwykle wiem, czy przeżywa jakiś kryzys, czy z czymś innym się zmaga. Może potrzebuje wsparcia.

Ale jak powinno wyglądać takie wsparcie, żeby to nie było zrzędzenie?

„Widzę, że coś się z tobą dzieje. Nie wiem, co to jest". Albo: „Wiem, co to jest, domyślam się, pogadajmy". „Pomyślmy o tym, co z tym zrobić". A nie że jesteś taki, siaki i owaki.

Na ale on na to mówi: „Nic się nie dzieje". I milczy.

Więc powinna zadbać o siebie. Jeżeli będzie się zapadać w osamotnienie, to na pewno partnerowi nie pomoże, a jeśli znajdzie dla siebie przestrzeń gdzie indziej i zacznie żyć, to przynajmniej jedna osoba w tym domu będzie względnie zdrowa psychicznie. Nie mówię tu o wchodzeniu w romans, porzucaniu partnera, ale po prostu o zadbaniu o własne potrzeby. On chce siedzieć w domu przed telewizorem? No to do teatru pójdę z koleżankami.

Bywa, że partnerzy zapadają się razem. Oboje są nieszczęśliwi, ale się trzymają, bo po to się dobrali, żeby kontynuować znajomy dramat samotności. Jednoczenie się z kimś w jego mentalnej kanciapie nie służy nikomu. Często tak jest rozumiane poświęcenie w związku: jak ty na dole, to i ja na dole. Lojalnie się musimy zdołować. To bardzo zły pomysł.

Jak przeżyć
zdradę
i czy romans
zawsze oznacza
koniec?

Krwawiące serca

Z WOJCIECHEM EICHELBERGEREM
rozmawia Grzegorz Sroczyński

Tu nie chodzi o seks jako taki, najważniejszy jest ten element zachwytu, zainteresowania i poczucie bycia wybranym.

W przypadku mężczyzn obsesyjne romansowanie sygnalizuje problem z matką. W dzieciństwie zabrakło miłości wysokiej jakości, miłości prawdziwie matczynej, bezwarunkowej – a za dużo było uwodzicielskiej, przechwalającej albo dewaluującej, wiecznie nieusatysfakcjonowanej czy nadmiernie opiekuńczej i kastrującej.

Kobiety wchodzące w związki z mężczyznami, którzy je zdradzają, mają na to prostą obronną odpowiedź: „Bo wszyscy faceci zdradzają". Nieprawda, nie wszyscy.

Część ludzi, którzy mają związki trójkątne, deklaruje, że kocha dwie osoby jednocześnie. Coraz częściej obserwuję to w gabinecie.

Bond w jednym z filmów mówi do dziewczyny: „Nie jesteś w moim typie, bo nie masz męża". Dlaczego?

Zamężna kobieta to dla Bonda bardziej wartościowa zdobycz. Pokonuje jednocześnie jej partnera, zyskuje przewagę właściwą dla samców alfa, do których niewątpliwie sam siebie zalicza. To jeden powód. A drugi, głębszy, to pierwotna sytuacja edypalna.

Czyli?

Pozostańmy przy fikcyjnej postaci Bonda. Prawdopodobnie jako dorastający młodzieniec znajdował się w edypalnej sytuacji rodzinnej – czyli rywalizował z ojcem o matkę.

Jak każdy.

Prawie każdy w mniejszym lub większym stopniu. Sytuacja edypalna polega jednak na tym, że matka daje sygnały mogące świadczyć o tym, że wybiera syna kosztem ojca. Ojciec zamienia się więc w rywala syna, a matka w potencjalną kochankę, co oznacza, że syn w gruncie rzeczy traci oboje rodziców, a zwłaszcza bezinteresowną miłość matki.

Oczywiście są różne niuanse tej sytuacji, ale tego rodzaju doświadczenie w okresie dorastania może trójkątny układ uczynić nadmiernie atrakcyjnym w życiu dorosłym. Dążymy wtedy do odtwarzania tamtej pierwotnej sytuacji. Z tym że w dorosłym życiu można cudzą kobietę zdobyć całkowicie, także seksualnie, i wygrać z rywalem mężczyzną do końca.

To częsty powód wchodzenia w romanse?

Z gabinetowych i życiowych obserwacji wynika, że w przypadku mężczyzn obsesyjne romansowanie sygnalizuje tego rodzaju problem z matką. W dzieciństwie zabrakło miłości wysokiej jakości, miłości prawdziwie matczynej, bezwarunkowej – a za dużo było uwodzicielskiej, przechwalającej albo dewaluującej, wiecznie nieusatysfakcjonowanej czy nadmiernie opiekuńczej i kastrującej. Jakość matczynej miłości ma ogromny wpływ na późniejszą dojrzałość psychologiczną męskiego potomka.

Brak miłości prawdziwie matczynej – lub przynajmniej wystarczająco dobrej – powoduje, że jako młodzi mężczyźni wychodzimy z relacji z matką przekonani, że coś jest z nami nie tak. Że nie zasługujemy na miłość hojną i bezwarunkową. Nasza potrzeba dowartościowania w relacjach z pierwszą, najważniejszą kobietą naszego życia pozostała niezaspokojona. To skazuje nas na uprawianie w dorosłym życiu matrymonialnego kłusownictwa, na uwodzenie, kogo się da, gdzie się da i jak się da, by choć trochę zaspokoić głód słodyczy, ciepła, zachwytu i upewniać się w swojej męskiej wartości. Często staje się to rodzajem silnego uzależnienia. Niezbędna jest codzienna, świeża dawka narkotycznej mieszanki: kobiecego zachwytu, uwagi, atencji, pożądania i… nadziei. Aby się od tego uwolnić, musimy zrozumieć, że to, w jaki sposób zostaliśmy potraktowani przez matkę, nie świadczy o nas, o naszej nadzwyczajnie dużej czy szczególnie małej wartości ani o naszej zdolności do bycia kochanymi i wybieranymi przez kobiety, lecz o tym, że mama miała jakiś swój problem, który uniemożliwiał jej nawiązanie optymalnej relacji z synem. W przeciwnym razie będziemy w nieskończoność uprawiać ów narkotyczny proceder.

Nawet w Ciechocinku na starość.

Oczywiście. Tu nie chodzi o seks jako taki, najważniejszy jest ten element zachwytu, zainteresowania i poczucie bycia wybranym. Wielu wręcz unika ostatecznej konsumpcji swoich podbojów. Ze strachu, że w praktycznej próbie nie okażą się tak cudowni, jak to obiecywał uwodzący czar, który roztoczyli wcześniej wokół siebie.

Jeśli mamy graniczącą z przymusem potrzebę systematycznego wyruszania na takie łowy, to bezpieczniej się na nich czujemy, gdy już jesteśmy w jakimś stałym związku. Mamy wtedy alibi, którego używamy, gdy sytuacja wymyka się spod kontroli, bo uwiedziona ofiara oczekuje czegoś więcej niż sporadyczne kontakty czy bycie zakonspirowaną kochanką. „No sama rozumiesz, żona, dzieci... Chyba nie chciałabyś unieszczęśliwić mojego potomstwa?". Działając z takiej bezpiecznej pozycji, nie musimy się narażać na ryzyko wejścia w nowy trwały związek. Ktoś trafnie wyraził tego typu niechęć do wszelkich trwałych związków: „Moja żona ma przechlapane, bo ją już zdobyłem, a w dodatku naprawdę mnie kocha".

Perfidne.

Byłoby perfidne, gdyby było wyrachowane. Ale nie jest – bo bardzo rzadko jest to świadoma, wyrachowana strategia. A gdy zostaje uświadomiona, to na ogół obudzone sumienie nie pozwala jej dalej realizować.

Tylko co to za usprawiedliwienie?

Wyrachowanie czyniłoby to wszystko mniej nasyconym cierpieniem. A ci mężczyźni autentycznie cierpią. Są zaangażowani zarówno w kochanki, jak i w dom, dzieci i stałą partnerkę. To jest prawdziwe i bolesne rozdarcie, lęk, wyrzuty sumienia.

Weźmy parę z opowiadania Simone de Beauvoir „Kobieta zawiedziona". Oboje są po czterdziestce, paryska klasa średnia, inteligenci. Maurycy jest naukowcem odnoszącym spore sukcesy, Monika zrezygnowała z kariery, zajęła się wychowywaniem dzieci, które teraz wyfrunęły z rodzinnego gniazda. Któregoś dnia Maurycy wraca do domu, siada na brzegu łóżka i oznajmia: „Mam romans". Dobrze, że jej to mówi?

Różnie można komentować wyznanie Maurycego. Po pierwsze, może to być nieświadome okrucieństwo, czyli jakaś forma zemsty na partnerce. Po drugie, może to być objaw uczciwości: złamałem pewną umowę, więc czuję się w obowiązku o tym poinformować i położyć sprawę na stole do dalszej wspólnej obróbki. Nie wiadomo, jakim tonem Maurycy to powiedział, ale jest też trzecia możliwość, charakterystyczna dla bardzo narcystycznych mężczyzn: demonstracja niezależności, akt samczej dumy.

Pochwalił się?

Tak bywa. „Wcale nie jesteś taka najważniejsza, nie wyobrażaj sobie" – tak mógłby się rozwijać ten monolog, gdyby ta potrzeba była przez Maurycego uświadomiona. Ale bywa także, że mężczyźni mówią o romansie swojej stałej partnerce, bo poszukują w niej matczynego wsparcia i współczucia.

„Taki jestem biedny".

Tak. W podtekście: ta zła kobieta mnie uwiodła, to nie moja wina, musisz mi jakoś pomóc.

Ta ostatnia możliwość budzi we mnie najgorsze emocje. Taki mężczyzna właściwie wchodzi w rolę dziecka.

Bo tego nieświadomie potrzebuje. Więc przychodzi do mamy ze skruszoną miną. „Mamo, nabroiłem, pomóż".

A czy w ogóle przyznawać się do romansu? Mój znajomy mówi tak: „Muszę się żonie wyspowiadać, być uczciwym wobec niej". Co by pan mu powiedział?

Sprawdziłbym. Bo trudno z marszu uwierzyć takim deklaracjom. Często mogą mieć bardzo obronny charakter. Znajomy może się bronić przed zobaczeniem jakichś własnych mniej szlachetnych motywów. W tym jednym krótkim zdaniu – „Muszę się jej wyspowiadać" – zawiera się prawdopodobnie kilka równoległych splątanych ze sobą intencji.

A z zasady jak się zachowywać? Mówić?

Z zasady? Nic nie należy robić w takich sytuacjach „z zasady". Bo to znaczy, że odstawiamy w kąt naszą intuicję, wrażliwość, sumienie i ocenę realnej sytuacji. Więc mogę odpowiedzieć tylko: to zależy.

Wiele osób radzi, żeby absolutnie nie mówić. Nawet jakiś ksiądz w telewizji tak radził: „Sam musisz ten krzyż nieść, nie obarczaj nim żony". Słusznie?

Czasami tak. Ale z tego też nie czyniłbym zasady. Jeśli więc z tą trzecią osobą ma taki charakter i taką intensywność, że istotnie zagraża związkowi, no to wypada poinformować partnera, z którym zawarliśmy umowę o lojalności, że coś takiego się dzieje. Nie powinniśmy załatwiać takiej sprawy nagłym pakowaniem walizki i wychodzeniem na zawsze z domu. To niemądre i bardzo raniące.

W wypadku zdrad mało ważnych, efektów jakiegoś chwilowego szaleństwa, zapomnienia lub utraty kontroli pod silnym wpływem alkoholu czy innych używek, chyba lepiej iść za radą księdza i wstydzić się w samotności – nie dawać ulgi swemu sumieniu fałszywym aktem cnoty prawdomówności, który zadaje bliskiej osobie niepotrzebne cierpienie. Lepiej nieść samemu ten krzyż. Ale wtedy trzeba go nieść, a nie odkładać na później.

A za tydzień to samo, kolejna impreza, kolejny alkohol...

No właśnie. Jak w tym kawale, kiedy to kochanek ze strachu przed mężem, który właśnie chrobocze kluczem w drzwiach, wyskakuje przez okno z wysokiego piętra, leci dłuższą chwilę i spadając, modli się żarliwie: „Panie Boże, jeśli przeżyję, to już nigdy więcej nie będę uwodzić cudzych żon! Już nigdy nie będę takim głupcem!". Jakimś cudem spada na koronę rozłożystego drzewa, wyhamowuje na gałęziach, ląduje na ziemi, otrzepuje się, wkłada spodnie, koszulę i półgłosem mówi do siebie: „Cholera, co za głupie myśli przychodzą człowiekowi do głowy w stresie!".

Ten stary dowcip dobrze pokazuje naszą niezawodną umiejętność zamiatania trudnych spraw pod dywan.

A niezamiecenie tego pod dywan co by oznaczało?

Jeśli robię coś, czego się wstydzę sam przed sobą, i nie chcę komunikować tego partnerce, bo zrobiłem to z błahego powodu, po prostu obiecuję sobie, że nie będę robił tego więcej.

A potem robię, bo pojawiła się nowa atrakcyjna koleżanka w pracy.

No, to znaczy, że skruchę i wstyd po poprzedniej obsuwie zamiotłem pod dywan.

Chodzi mi o to, że kiedy sprawa nie wychodzi na jaw – jak radzi ksiądz – to niestety mamy taką tendencję, żeby ją powtarzać. Raz się zdarzyło, było mi trochę głupio, no ale jakoś mi przeszło i robię za chwilę to samo.

W takim razie mam poważny problem. Albo ze sobą, albo zarówno ze sobą, jak i w relacji z partnerką. Coś nie działa. Zdrad nie można rozpatrywać poza relacją. Taka obowiązuje zasada w związkach międzyludzkich, że jeśli którejś stronie coś takiego się zdarza, to obie ponoszą za to odpowiedzialność. Niekoniecznie fifty-fifty, niech to będzie dziewięćdziesiąt procent do dziesięciu procent, ale każda strona ma jakiś swój udział. No, chyba że mamy do czynienia ze skrajną patologią któregoś z partnerów, lecz wtedy ta druga osoba powinna wziąć odpowiedzialność za to, że związała się z kimś takim. I poznać powody, dla których to zrobiła.

Czyli?

Są kobiety – częściej kobiet to dotyczy – niepoprawnie wchodzące w związki z mężczyznami, którzy je zdradzają. Mają na to prostą obronną odpowiedź: „Bo wszyscy faceci zdradzają". Nieprawda, nie wszyscy. Trzeba wziąć odpowiedzialność i zapytać siebie, co jest we mnie takiego, co każe mi takich mężczyzn wybierać, jakie nieuświadomione przekonanie na swój własny temat hoduję w swoim sercu.

A jakie?

Na przykład że nie zasługuję na prawdziwą miłość, nie zasługuję, żeby być wybraną, najważniejszą. Często są to kobiety, których ojcowie byli od czegoś uzależnieni. Od idei, pracy, alkoholu. Ojciec jest pierwszym męskim wzorcem. I pierwszym sędzią wartości dziewczynki, jej zdolności do bycia kochaną. A większość ojców była od wieków uwikłana w jakieś wojny, ideologie, powstania, misje itp. – a przez ostatnie 25 lat w pracę, zarabianie i karierę. Ojcowie nagminnie emocjonalnie zdradzali swoje córki i dzieci z czymś, co w danych okolicznościach było dla nich ważniejsze. Wtedy córka wzrasta w poczuciu, że coś jest z nią nie tak, że nawet własny ojciec jej nie wybiera jako najważniejszej. W efekcie jako dorosła będzie się nieświadomie wiązać z takimi osobami, dla których nigdy nie będzie dostatecznie ważna.

Stare terapeutyczne powiedzenie: jeśli chcesz wiedzieć, dlaczego coś robisz, to po prostu popatrz na to, co robisz. Rozpoznanie schematu sytuacji powtarzających się w naszym życiu jest ważną informacją na przyszłość. Bo nic nie przydarza się ot tak, bez żadnego naszego udziału.

Dzisiaj często mamy taki pomysł na życie, że można mieć wszystko. I żonę, i kochankę czy kochanka. Niektórzy latami ciągną podwójne życie. To zresztą nie jest nowy wynalazek.

Nienowy, ale nadal bardzo ryzykowny. Bo w naszym kręgu kulturowym i cywilizacyjnym – poza szczególnymi enklawami – nie da się niestety takiego wyboru obyczajowo i moralnie uzasadnić.

Niestety?

Tak. Bo część ludzi, którzy mają związki trójkątne, deklaruje, że kocha dwie osoby jednocześnie. Więc w ich odbiorze konieczność dokonania wyboru to wielka niesprawiedliwość i gwałt na szczerze kochającym sercu. Ostatnio coraz częściej obserwuję to w gabinecie, co zmusza do zastanowienia, czy rzeczywiście ogólna, większościowa norma społeczna powinna regulować zachowania również takich ludzi. Co ciekawe, taki stan uczuć zdecydowanie częściej jest udziałem kobiet. Tak jakby miały bardziej pojemne serca. Kobieta uwikłana w taką sytuację jest często autentycznie zrozpaczona koniecznością dokonania wyboru, skoro spokojnie mieści obu mężczyzn zarówno w sercu, jak i w łóżku.

Co pan wtedy mówi?

Przypominam, że żyjemy w takim, a nie innym świecie i kulturze – i trzeba to uwzględniać w naszych decyzjach. Terapeuta nie może komunikować, a nawet sugerować decyzji, jakie ma podjąć pacjent. Zostawia wolność wyboru, upewniwszy się wcześniej, że jest to wybór świadomy, że wszystkie dające się przewidzieć konsekwencje zostały wzięte pod uwagę. Jedną z najważniejszych jest rozważenie, czy w tego typu związku ktoś się czuje pokrzywdzony. W takiej sytuacji zwykle dwie osoby mogą czuć się skrzywdzone: stały partner tej zdradzającej osoby i stały partner kochanki/kochanka. To oczywiste.

Przyznam jednak, że spotkałem się z sytuacjami, gdy trzy albo cztery osoby biorące udział w takim niezwykłym związku nie zdradzały objawów psychicznej patologii ani moralnej atrofii, a ich problem polegał na lęku przed społecznym napiętnowaniem.

Poliamoria, czyli że wszyscy o wszystkim wiedzą?

Z tego, co wiem, poliamoria polega nie tylko na tym, że wszyscy wiedzą o wszystkich, lecz także na tym, że wszyscy się nawzajem kochają, przyjaźnią i szanują. W przeciwnym razie nie byłoby to możliwe. Trudno w to uwierzyć, ale tak bywa. Do tego też jesteśmy zdolni.

Jakie są konsekwencje psychologiczne ciągnięcia tajemnych romansów na boku przez wiele lat?

Lęk i wyrzuty sumienia. Lęk przed psychologiczną banicją, byciem wyrzuconym poza grupę odniesienia, poza system. Gdy łamiemy powszechnie przyjęte tabu, nie sposób się takich obaw ustrzec. Sytuacja staje się z reguły tak trudna i wyczerpująca, że w końcu niszczy każdy układ niezgodny z powszechnie przyjętą normą. Dlatego wypaleni społecznie ryzykownym związkiem ludzie wybierają czasami całkowitą rezygnację z wchodzenia w jakiekolwiek relacje, zamykają się w sobie, w domu, szukają ulgi w uzależnieniach lub idą do klasztoru.

A czy są osoby, które z takim podwójnym życiem nie mają kłopotu?

Być może, jeśli mamy do czynienia z kimś bardzo świadomie nonkonformistycznym albo kimś, kto znajduje wystarczające oparcie w jakiejś wąskiej grupie odniesienia. Kłopotów nie będzie też odczuwać osoba posiadająca silny rys psychopatyczny. Gdy ta ostatnia właściwość jest naszym udziałem, tracimy zdolność do empatii i współczucia, a także do podporządkowania się ogólnie panującym normom obyczajowym i prawnym, które a priori kontestujemy i lekceważymy. Jeśli nie żyjemy w sposób bardzo ryzykowny, odmienny niż wszyscy, to nie czujemy życia. W swoich wyborach nie bierzemy pod uwagę wyższych wartości ani wyższych uczuć. Nie mamy do nich dostępu i nie rozumiemy ich. Nie chcemy i nie potrafimy uczyć się na błędach, wyciągać wniosków z doświadczeń. Wtedy, siłą rzeczy, nasze związki mają niewiele wspólnego z miłością – więcej z transakcją i posiadaniem. Upodabniają się do kolekcjonowania przedmiotów – im więcej, tym lepiej. Nie ma też wtedy powodów dla wyrzutów sumienia ani szukania pomocy u terapeuty.

Chyba że się wyda.

Wtedy też nie. Bez względu na wszystko: „Ja jestem w porządku, a świat nie jest w porządku". Takie widzenie siebie i świata chroni przed wszelkimi wątpliwościami.

Chciałem jeszcze wrócić do pary z opowiadania Simone de Beauvoir. Kiedy Maurycy przyznaje się do romansu, Monika – zamiast się na niego wściec – zaczyna się nad nim litować. Co pan o tym sądzi?

To prawdopodobnie reakcja kobiety nadmiernie opiekuńczej i masochistycznej. Ale i tak nie jest źle. Bo w pełni masochistyczna osoba wzięłaby całą winę na siebie. „Co ja takiego złego zrobiłam, że wpadłeś w takie tarapaty?". Tego typu ludzie, częściej kobiety, są często źle traktowani, nawet bici. Lecz nigdy nie oskarżają partnera, tylko siebie. „Mój Boże, jak mogłam doprowadzić go do takiego stanu, że aż mnie biedaczek musiał pobić?! Moja wina, coś jest ze mną nie tak!".

A jak w sposób dojrzały powinna zareagować na romans partnera?

Nie ma czegoś takiego jak reakcje modelowe na każdą okazję. Złość, gniew, oburzenie – to naturalne w takiej sytuacji uczucia, które domagają się wyrazu. A potem dobrze jest zapytać: „Dlaczego mi to mówisz?" i „Co masz zamiar z tym zrobić?".

Maurycy zaczyna się usprawiedliwiać. Tłumaczy: „Tamta kobieta jest przeciwieństwem ciebie, chciałem wiedzieć, czy spodobam się kobiecie tego typu".

A więc własną żonę ustawia w roli mamy – a może to ona sama się tak ustawiła już wcześniej. Maurycy przeżywa regresję, powrót do okresu dojrzewania. Przychodzi do mamy i mówi: „A wiesz, mamo, mam dziewczynę! I ona jest bardzo różna od ciebie!". Może odreagowuje brak doświadczenia nastoletniego buntu przeciw matce. Może nigdy nie odważył się powiedzieć zaborczej mamie, że ma dziewczynę.

Często pan słyszy rozpaczliwe samousprawiedliwienia od pacjentów, którzy mają romanse?

Prawie wszyscy mamy problem z wzięciem odpowiedzialności za swoje postępowanie. Szczególnie za postępowanie obarczone tak negatywną moralną i społeczną oceną jak zdrada. Ale tyle ważnych biologicznych i psychologicznych potrzeb próbuje doznać ukojenia w zdradzaniu, że nasze sumienie i superego czasami nie mają szans. Aby mieć większe szanse w tych trudnych zmaganiach, trzeba najpierw dobrze siebie poznać i zrozumieć, a potem nauczyć się zaspokajać te potrzeby w sposób bardziej adekwatny, a z tych nierealistycznych, przynoszących więcej cierpień niż pożytku, świadomie rezygnować. Więc zanim to wszystko zrobimy, to nierzadko mamy o tym jakąś prawdziwą opowieść: „No coś takiego się stało, że nie zdołałem się powstrzymać przed tą znajomością", „Zawróciła mi w głowie, no i co miałem zrobić?", „Tak się napraszał, że dla świętego spokoju mu uległam", „Wiesz, jak wypiję, to po prostu dostaję małpiego rozumu, no i każda moja, bo wszystkie na mnie lecą" itd.

Można się z tego śmiać – ale kto bez winy, niech pierwszy rzuci kamieniem. Nasza radosna gotowość do piętnowania tych, którzy sobie z tym trudnym wyzwaniem nie radzą, których intymne wpadki i nietypowe intymne życie zostało upublicznione, z reguły grzeszy hipokryzją. Obrażamy, poniżamy i wyśmiewamy tych ludzi, bo chcemy sobie samym poprawić kiepskie moralne samopoczucie. Przy okazji nieświadomie umieszczamy w ujawnionych grzesznikach i skandalistach niezbyt chwalebną część nas samych i dokonujemy na niej zaocznej, przeniesionej egzekucji. A nierzadko – wstyd się przyznać – z niejasnych powodów zazdroszcząc skandalistom odwagi, cieszymy się, że zostali ukarani za to, na co my nie potrafiliśmy się odważyć. W ten sposób potwierdzamy sobie słuszność wyboru drogi, której ciągle doświadczamy jako wielkiego wyrzeczenia.

Ale równie często przy okazji zdrady można usłyszeć opowieść o sprawach dużego kalibru, o sprawach zasadniczych: „Zakochałem się po raz pierwszy w życiu, nigdy tak nie kochałem żadnej kobiety". I bywa to po prostu prawdą, a nie jakąś ściemą czy produktem mechanizmu obronnego. To się naprawdę przydarza wielu ludziom.

Często pierwsze nasze związki, a nawet kilka pierwszych związków, zawieramy w sposób półświadomy. Można powiedzieć, że zawierają je całkiem inni ludzie niż ci, którymi się stają na przykład 20 lat później. I nagle on lub ona spotkają na swojej drodze kogoś, kto wydaje się ową wyczekiwaną drugą połową. A tu dzieci, rodzina, dom, znajomi, przyjaciele i całe wypracowane przez lata dobre życie. Często po obu stronach.

To są ogromnie bolesne, niesłychanie trudne sytuacje. Latami stoimy w rozkroku, nie mogąc rozstrzygnąć, co jest lepszym rozwiązaniem. Gdy wracamy z takiej miłosnej eskapady do starego związku tylko po to, by mieć święty spokój, to przez resztę życia możemy żałować, że zdradziliśmy swoją wielką, prawdziwą miłość. I wtedy wszyscy członkowie rodziny staną się ofiarami naszej frustracji i żalu. A najbardziej partner/partnerka, niesprawiedliwie obarczani winą za to, że „musieliśmy" z nim/nią zostać.

Takie sytuacje zostawiają pole do bolesnych masochistycznych fantazji typu „co by było, gdyby". Bywamy skrajnie nieodporni na takie jałowe, udręczające myślenie, nie potrafimy tych myśli ucinać i żyjemy przez resztę życia w „stanie pomiędzy". Dzieje się tak dlatego, że nasza decyzja w istocie nie była świadomym, odpowiedzialnym wyborem, lecz wymuszonym przez innych, normy społeczne, religijne, konformistycznym odruchem.

A co robić z tym „co by było, gdyby"?

Jak najszybciej uciekać od tej tortury. Tego się nie da rozstrzygnąć. Być może byłoby cudownie z tamtą osobą, a być może strasznie. Jałowe myślenie i znęcanie się nad sobą. Okropny stan. Uniemożliwia zaangażowanie w cokolwiek, bo wszędzie jesteśmy tylko jedną nogą. Jak się już na coś zdecydowaliśmy, to żyjmy to życie, które mamy, z klasą. Lepiej nie spędzać reszty cennego czasu w pozie rozkapryszonych dzieciaków, którym ktoś zabrał ulubioną zabawkę.

Żeby uniknąć koszmaru „co by było, gdyby", wielu ludzi działa według zasady, że lepiej spróbować i potem żałować, niż żałować, że się nie spróbowało.

I?

Jest to jakieś rozwiązanie. Jeśli ktoś ma spędzić resztę życia w przestrzeni „co by było, gdyby", to lepiej, niech podejmie ryzyko i sprawdzi. To trochę uspokaja, choć i tak dalej nie będziemy wiedzieć, co by było, gdybyśmy nie zrobili tego, co zrobiliśmy.

Zdradzane osoby często robią bilans własnego życia erotycznego. Na przykład Monika z opowiadania de Beauvoir wspomina, że miała kiedyś flirt z kolegą z pracy, do niczego nie doszło, skończyło się na wymianie przeciągłych spojrzeń. Teraz żałuje i myśli z goryczą: „Gdybym tylko chciała...".

Bo chciałaby wyrównać rachunki z mężem, przynajmniej w fantazjach: „Gdybym wtedy go zdradziła, byłoby przynajmniej symetrycznie".

Byłoby?

Dążenie do symetrii, rewanżu, często się pojawia w umysłach zdradzonych. Czasami decydują się na skok w bok, ale to wcale nie poprawia im samopoczucia. No bo jak może poprawić samopoczucie zrobienie czegoś, co u innych się potępia? Ale zdarza się, że obu stronom przynosi to ulgę. Grzesznik nie czuje się osamotniony, a ofiara przestaje być ofiarą i awansuje do roli grzesznika. Na ogół jednak ogromna fala rozliczeniowych uczuć sprawia, że wszystkie strony czują się wykorzystane – zarówno zdradzający, jak i zdradzani, a także ich wzięci z łapanki kochankowie.

Nie można mieć na złość udanego romansu?

To nie jest dobra motywacja do romansu. Druga strona zawsze poczuje się użyta.

A kobiece motywacje do romansów? Są inne niż motywacje mężczyzn?

Z obserwacji i z badań seksuologicznych wynika, że coraz więcej kobiet ryzykuje trójkątne związki – niejawne i jawne. Śmiało uwodzą atrakcyjnych partnerów z wtórnego rynku, czyli tych, którzy już są w jakichś związkach. Wielu z tych mężczyzn nie stawia heroicznego oporu, o ich motywach wcześniej mówiliśmy. Kobiety bywają zrozpaczone, zdeterminowane, by załapać się na trwały związek i macierzyństwo, bo czas leci i żyją w przekonaniu, że podaż sensownych wolnych mężczyzn jest bliska zera. Niestety statystyki częściowo to potwierdzają. Na przykład w Warszawie na stu mężczyzn przypada sto dziewięć kobiet. W ciepłe wieczory na deptakach Warszawy widać liczne grupy pięknych dziewczyn, które ewidentnie są na łowach. Część z nich wchodzi w trójkątne związki w nadziei, że wygrają tego mężczyznę dla siebie. Ale to rzadko się zdarza, bo – jak przecież wiemy – wielu mężczyznom nie o to chodzi. Wtedy kobiety bardzo cierpią, lecz mimo to próbują zadowolić się tym, co możliwe: no bo jest jakiś seks, jakieś wsparcie, jakieś emocje i nadzieja, która – jak wiadomo – umiera ostatnia.

A zamężne kobiety, które angażują się w romanse?

Motywacje są symetryczne do tych, o których mówiliśmy w przypadku mężczyzn. Żeby podbudować własną wartość albo/i żeby symbolicznie zdobyć ojca i wygrać z mamą.

Mąż kocha się ze mną raz w miesiącu, już nie patrzy na mnie z zainteresowaniem – o to chodzi?

Też o to. „Chcę się poczuć kobietą" – to często zgłaszany powód. Faktem jest, że wielu mężczyzn zaniedbuje swoje partnerki, ale też wiele kobiet zaniedbuje swoich mężczyzn. To wzajemne zaniedbywanie się nakręca spiralę żalu i frustracji, pojawia się tendencja do szukania zadośćuczynienia poza związkiem. Któreś z ukrytych motywów, takich jak kompleks Edypa czy kompleks Elektry, też mogą wchodzić w grę. Motywy zdrady i poligamii są bardzo złożone.

Mężczyźni często wypytują swoje partnerki o poprzedników: „Powiedz, ilu miałaś". Po co im to?

Takie śledztwa to chyba rzeczywiście męska specjalność. Wielu mężczyzn ma zadziwiająco wielką potrzebę posiadania nietkniętej kobiety: „Chcę być tym pierwszym i jedynym". To oczywiście nie znaczy, że my dla nich mamy również być tymi pierwszymi i jedynymi. Jest w tym chciwość i niepewność wynikająca z niskiego poczucia własnej wartości. Stąd poczucie zagrożenia mniejszym lub większym orszakiem poprzednich mężczyzn, z którymi w jakimś wyobrażeniowym świecie taki mężczyzna dzieli „swoją" kobietę. Nie bez znaczenia jest zagrożenie jakąś druzgocącą oceną sprawności i wydolności seksualnej na tle wcześniejszych kochanków.

Wchodzić w takie rozmowy?
A po co? Załatwiać to krótko i zdecydowanie: „Nie chcę o tym mówić", „To nie ma żadnego znaczenia dla naszego związku".

Znam parę, w której on zdradza, a ona w końcu się z tym pogodziła. Wyznaczyła mu dwa wieczory w tygodniu, które może spędzać z kochanką. I połowę zimowych wakacji.
Wygląda na to, że ta kobieta wchodzi w rolę matki swojego mężczyzny: „No, synku, na wakacjach możesz sobie poszaleć, ale potem wracaj do domu i bądź znowu grzecznym synkiem". Ale kto wie – może dzielenie się z inną kobietą własnym mężem wynika ze szczerego współczucia i kobiecej solidarności? Taka postawa zasługiwałaby na szacunek i uznanie. Ale to mało prawdopodobne, bo kobieta tak dojrzała i autonomiczna zapewne wybrałaby sobie bardziej dojrzałego mężczyznę.

On ją ciągle zwodzi: „Wiesz, to nie jest poważne, jeszcze tylko miesiąc i kończę ten romans". I tak to trwa już trzy lata.
Teraz dopiero widać, że sytuacja jest upokarzająca dla obu stron. To, że ona się zgadza na coraz więcej, na pewno nie budzi szacunku w partnerze. A z drugiej strony sama traktuje partnera jak smarkacza, któremu wyznacza się czas trwania wakacji z kochanką – co z kolei ruinuje jej szacunek do niego. Krótko mówiąc, mamy do czynienia ze stopniową destrukcją związku.

Głębokie rany.
Tak. Byłyby nie tak bolesne, gdyby powiedziała: „Spakuj walizki, spędźmy pół roku osobno, nie rozmawiajmy, nie kontaktujmy się, a potem zobaczymy, czy jeszcze chcemy być razem".

Zdradzani często robią obchód wspólnych znajomych, żeby się wyżalić i wysłuchać rozmaitych dobrych rad. W takich sytuacjach zawsze mam problem, wobec kogo zachować lojalność.

To okropne. Najlepiej nie radzić i nie opowiadać się po żadnej ze stron.

Tego oczekują od nas przyjaciele. Jakiejś ulgi.

Wystarczy słuchać i kierować uwagę tej osoby na nią samą. Żeby wzięła na siebie przynajmniej część odpowiedzialności za kryzys, który się wydarzył.

Znajoma jest w fatalnym nastroju, płacze, a ja mam ją jeszcze dobijać radami, żeby się zastanowiła, czy to nie jej wina?

Wystarczy zapytać: „Czy chcesz być w tej sytuacji tylko ofiarą? A jeśli tak – to dlaczego?". Bycie ofiarą jest bardzo pociągające, bo daje komfort moralny i pozwala skierować cały ogień na sprawcę.

Gdy para przychodzi z problemem zdrady, to podstawowy kierunek jest taki, żeby jak najszybciej oboje zainteresowali się swoim wkładem w kryzys i próbowali wejść w buty tego drugiego. Na przykład podjęli rolę adwokata drugiej strony i wygłosili przekonującą mowę obrończą.

Okrutne.

Wręcz przeciwnie. Odkrywcze i pouczające! Fantastyczne ćwiczenie. Jak ofiara podejmie taką próbę, to odzyskuje poczucie godności i kontroli nad swoim losem.

Na koniec powinniśmy wspomnieć o jeszcze jednym wątku. Partnerzy często wchodzą w romanse z nieuświadomioną intencją ratowania swojego pierwotnego związku. Bo w romansie ujawnia się wszystko, czego w pierwotnym związku brakowało. I tę bezcenną wiedzę można wnieść z powrotem w pierwotny związek. Wtedy warto wysłuchać szczegółów, choćby były bolesne. Nie chodzi o opowiadanie sobie, w czym kochanek czy kochanka jest lepszy od ciebie, tylko o próbę zobaczenia, czego zabrakło w naszej relacji. I dlaczego to dla mnie takie ważne, że aż trzeba było szukać tego na zewnątrz.

Jeśli para jest mądra i naprawdę chce wyjść z kryzysu, to taką wiedzę zdoła zasymilować. A potem kochance męża lub kochankowi żony – czyli tym, których krwawiące serca zostały złożone w ofierze na ołtarzu naszego związku – wysłać kwiaty.

Romans jako szansa?

Każdy kryzys jest szansą. Pod warunkiem że obie strony wykazują wolę ratowania związku. Lecz jeśli się okazuje, że tego, czego w związku zabrakło, nikt nie może lub nie chce dostarczyć ani nikt z tego nie chce lub nie może zrezygnować, to tej woli zabraknie. Wtedy rozstanie będzie nieuniknione.

SPIS TREŚCI

REDAKCJA:
Mariusz Burchart

KOREKTA:
Emilia Niedzielak

PROJEKT GRAFICZNY OKŁADKI I RYSUNKI:
Ula Pągowska

OPRACOWANIE GRAFICZNE:
Elżbieta Wastkowska

AGORA.ₛₐ ul. Czerska 8/10, 00-732 Warszawa

WYDAWNICTWO KSIĄŻKOWE:
DYREKTOR WYDAWNICZY: Małgorzata Skowrońska
REDAKTOR NACZELNY: Paweł Goźliński
KOORDYNACJA PROJEKTU: Katarzyna Kubicka

DRUK: Drukarnia Perfekt